인간은 노동해야 하는가

저자 정문헌

인간은 노동해야 하는가

발행일 2025년 8월 31일
저　자 정문헌
발행인 남광규
발행처 도서출판 매봉
등　록 제6-479호
주　소 서울시 영등포구 국회대로 800

ISBN 978-89-92799-36-2 93340
정　가 20,000원

차 례

3부 AI시대, 인간 노동은 어떻게 변하는가

4부 어떤 사회를 구성할 것인가: 탈노동 시대의 공동체 상상

들어가며

"세발솥마다 밑에 황금 바퀴를 달아 저절로 신(神)들의 회의장으로 갔다가 도로 그의 집으로 돌아올 수 있게 해 놓았으니 보기에 장관이었다. … (헤파이스토스가) 단단한 지팡이를 들고 절룩거리며 걸어 나왔다. 그러자 황금으로 만든 하녀들이 주인을 부축해주었다. 이들은 살아 있는 소녀들과 똑같아 보였는데 가슴 속에 이해력과 음성과 힘도 가졌으며 불사신들에게 수공예도 배워 알고 있었다."

『일리아스』, 제18권 中[1)]

그리스 신화에 등장하는 수많은 오토마타(자동기계)는, 지금 우리가 접하는 인공지능(AI) 로봇과 닮았다. 그중에서도 고대 그리스 문학의 시초인 호메로스의 서사시, 『일리아스』에 등장하는 '황금으로 만든 하녀'는 끝없는 상상력의 결정체다. 구체적 명령에 따라 스스로 움직이고, 흠잡을 데 없이 깔끔하게 일 처리를 한다. 심지어 이해할 수 있는 능력뿐만 아니라 인간과의 소통 능력도 갖췄다. 무려 2,800년 전에 씌여진 이야기다.

---

1) 호메로스, 『일리아스』 제18권 375~420행, 천병희 옮김, 도서출판 숲, 2022, pp.544~545. 테티스가 아들 아킬레우스의 새로운 무구(武具) 제작을 부탁하기 위해 헤파이스토스의 대장간을 찾아간 대목이다. 헤파이스토스가 황금 하녀들을 만든 주인이다.

4차 산업혁명 시대의 거대한 물결 속에서 인공지능(AI)·사물인터넷(IoT)·클라우드컴퓨팅·빅데이터 기술들은 급속도로 발전하며 전례 없는 혁신을 거듭하고 있다. 그저 수천 년 전의 허무맹랑한 이야기로 치부해 버리기에는 이제 눈앞의 현실이 됐다.

데이터 기반의 생성형 AI는, 혁신적인 두뇌와 물리적 신체를 갖고 현실 세계와 상호작용할 수 있는 피지컬(Physical) AI로 변화하고 있다. 세계 최대 가전·정보기술(IT) 전시회 'CES 2025'에서 화두로 떠올랐을 만큼 피지컬 AI가 차세대 AI로 급부상하면서, 이미 전 세계 많은 기업들은 다양한 산업에 휴머노이드(인간형 로봇)를 활용할 준비를 하고 있다.

피지컬 AI가 불러일으킬 물리적 노동 영역의 재편은 기술의 발전 속도만큼이나 급속도로 본격화될 것이다. AI 혁신 속도는, 이미 '무어의 법칙[2)]'보다 훨씬 빠르게, 인간의 상상을 뛰어넘고 있다. 최근 오픈AI社는, AI가 앞으로 챗봇이나 추론하는 단계를 넘어, 다단계의 복잡한 노동을 대신하고, 세상에 없던 일을 만들어내기도 하며, 나아가 조직(회사) 단위 일도 혼자 처리할 수 있는 수준의 AGI[3)]로 진화할 것이라 내다봤다.[4)] 그

2) 1965년 인텔의 공동 설립자인 고든 무어(Gordon Moore)가 주장한 것으로, 반도체 집적회로의 성능이 24개월마다 2배로 증가한다는 법칙이다. 2025년 2월, 오픈AI社 샘 올트먼 최고경영자는 자신의 블로그에 게재한 '세 가지 관찰(Three Observations)'에서, "현재 AI 발전 속도가 무어의 법칙을 능가하며, 믿을 수 없을 정도로 빠르다"라고 했다.

3) AGI(Artificial General Intelligence, 인공일반지능)는 한 분야가 아니라 모든 면에서 '특이점',

렇게 된다면 기계가 기계를 설계·생산하는 단계, 나아가 생산 조직 전체를 관장할 수 있는 단계로까지 진척될 수 있고, 이 경우 노동에 관한 한 인간의 존재는 필요 없어질 수 있다.

원시 공산사회 이후 인간은 자유롭지도 평등하지도 않았다. 특히 산업혁명 이후 인간은 철저한 자본의 원리로 움직이는 경제 구조 속에서 단순한 도구로 전락한 '자본의 노예'였다. 그리고 일련의 역사를 거쳐 자유롭고 평등한 인간으로서 자유의지에 따라 노동력을 사고 팔 수 있는 주체로 진화했다고 자부했다. 그리고 자유를 흉내 낸 인간은 이제, 제레미 리프킨이 예견한 '노동의 종말'[5]이 현실이 될 수 있는, 혹은 노동으로부터의 강제 추방이 아니라 노동으로부터의 해방, 자본으로부터의 근원적 자유를 되찾을 수도 있는, 한 번도 경험해보지 못한 새로운 시대의 갈림길 위에 서 있다.

즉 인간의 지능을 능가하는 AI를 일컫는다.

4) 오픈AI社의 'AGI 발전 5단계'는 챗봇(1단계) → 추론자(2단계) → 에이전트(3단계) → 혁신자(4단계) → 조직(5단계)이다. 1단계는 대화형 인공지능인 '챗봇', 2단계는 전문가 수준의 문헌 조사나 비교연구를 수행할 수 있는 '추론가', 3단계는 다단계의 복잡한 일을 AI 혼자 자율적으로 수행하는 '에이전트', 4단계는 기존에 세상에 없던 일을 만들어내는 '혁신가', 5단계는 회사 단위의 일도 AI 혼자 처리 가능한 '조직'으로 구분했다. 그리고 5단계에 이르면, 적어도 일에 관한 한 인간의 노동은 필요 없어질 것이라고 전망했다.

5) 제레미 리프킨은 『노동의 종말 *The End of Work*』(1995)에서 정보통신 기술의 발달로 결국 인간의 육체, 정신노동 모두가 기계에 의해 대체되면서 대규모 실업 등 인류는 노동으로부터의 소외 또는 추방이라는 암울한 미래를 맞이할 수 있다고 예견하면서, 이를 해결하기 위해 노동시간 단축과 기계가 대체할 수 없는 제3 부문(NGO등 시민사회 전반)의 직업 창출을 대안으로 제시한다.

기술의 발전은 희망이 가득한 유토피아를 꿈꾸게 한다. 플라톤의 '유토피아' 『국가 *The Republic*』에서는 노동을 전담하는 생산자와 노예의 존재가 필수적이다. 국가는 각 구성원들이 각자의 덕목에 따라 각자의 역할에 전념할 때 가장 정의로운 상태에 이른다. 노동을 전담한 계층의 존재로 인해, 노동에서 벗어난 자유로운 개인들은, 각자에게 부여된 공적 역할을 수행하며 공동체의 정의를 완성한다.

그 노동의 자리를, 이제 AI가 대신할 수 있다. 고도화된 도구를 통해서 우리는 선택받은 자만이 아닌 모두가 공평하게 문명의 이기(利器)를 누리며 노동에서 해방된 새로운 유토피아를 꿈꿀 수 있다.

그러나 지금의 자본주의와 근대민족국가 시스템이 지속되는 한, 영화 <엘리시움>(2013)의 세상을 현실에서 감내해야 할 수도 있다. <엘리시움>에서는 AI와 로봇이 창출하는 부가가치의 대부분을 소수의 상위계층이 독점한다.[6] 그들이 사는 최첨단 '엘리시움'에는 집집마다 쾌적한 환경에서 질병을 고칠 수 있는 치료기까지 있지만, 대부분은 극빈층의 삶을 살며 로봇들에 통제 받는다. 99%와 1%의 삶이 극명하게 구분된, 선택받은 자들을 위한 사회다. 천박한 자본주의와 이를 지키고 유지하는 근대민

---

6) '엘리시움(*Elysium*)' 혹은 '엘리시온(*Elysion*)'은 그리스 신화에 나오는 사후(死後) 세계의 천국이나 무릉도원을 말한다. 신들의 총애를 받는 영웅들이 불사의 존재가 되어, 혹은 지상에서의 삶을 마친 뒤에 들어간다는 복 받은 땅으로 엘리시온 들판(Elysian Fields)으로도 불린다. 프랑스의 유명한 거리, 샹젤리제는 <엘리시온의 들판>이라는 뜻이다.

족국가 그리고 AI가 결합해 파생한 참혹한 디스토피아다.

유토피아와 디스토피아의 극명한 대비는 두 세계를 지배하는 서로 다른 패러다임으로부터 기인한다. 패러다임이란 한 시대의 사회 전체가 공유하는 사고방식이나 관점을 의미한다. 사물에 대한 이론적인 틀과 인식의 체계를 뜻하는 개념이다.

미국의 사상가 토머스 쿤 (Thomas Samuel Kuhn; 1922~1996)은 한 시대를 지배했던 총체적인 인식에 반기를 든 새로운 이론이 등장함으로써 균열이 발생하고, 과학혁명을 통해 새로운 이론이 수용되는 과정을 '패러다임 전환(paradigm shift)'이라 설명했다. 기존의 지구 평면설은 '먼 바다에서 배가 항구로 들어올 때, 왜 돛배부터 보이는가' 등과 같은 반대의견이나 변칙사례와 계속 충돌해야 했고, 마침내 '지구 구형론(球形論)'이 '정상과학(normal science)'으로서 패러다임 전환된 것이다.

결국 '지구는 둥글다'의 정상과학은, 중세 시대 서회(西回)항로 개척의 용기와 투자 요인이 됐으며, 콜럼버스의 신대륙 발견과 함께 유럽과 아메리카 대륙의 역사를 완전히 뒤바꿨다. 패러다임의 전환이 불러온 나비효과이자, 대항해와 식민지 경쟁의 시대를 열었던, 세계질서의 혁명적 변화였다.

과학에 의한 패러다임 전환이 인식의 패러다임 전환과 결합했을 때 그 파급효과는 더 극적이었다. 인간 모두가 똑같이 신과 직접 소통하게 된 16세기 종교개혁, 이후 베스트팔렌 조약[7]과 시민혁명으로 왕과 귀족의 봉건 왕국에서 시민의 국가로 탈바꿈한 근대 민족국가의 등장은, 영원히 지속될 것 같았던 영적, 세속적 계급구조를 벗어나 모두가 평등한 인간으로 자각하는 인식의 패러다임 전환이었다.

그리고 이는 인구와 가축의 숫자가 아니라 기술과 기계의 힘으로 생산력과 국력 수준을 뒤바꾼 18세기 산업혁명, 즉 패러다임 전환과 맞물려 자유 경쟁을 통해 원초적 궁핍으로부터의 해방, 자본주의의 풍요를 만들어냈다.

어느새 AI가 인간 노동을 대체하는 시대가 되었다. AI가 인간 노동을 밀어내고 있고, 어떤 직업군은 영원히 사라질지도 모른다는 위협까지 받고 있다. 이제껏 경험해 보지 못한 양극화와 인간 소외 등 최악의 상황을 마주하지 않으려면, 세상을 바라보는 우리 인식의 패러다임 전환이 수반되어야 한다. 인식 전환 없이, 오직 과학에 의한 패러다임 전환은 디스토피아로 가는 결정적 기제(機制)가 될 수도 있기 때문이다.

---

7) 신성로마제국의 황제, 페르디난트 2세의 반종교개혁에 대한 반란에서 시작된 30년 전쟁을 끝마치기 위해 1648년에 체결된 평화조약이다. 덴마크와 네덜란드, 스웨덴, 프랑스, 에스파냐 등 유럽의 여러 나라들이 얽힌 가운데 벌어진 30년 전쟁은 한마디로 '종교'가 불붙이고, '국가'로 종결된 전쟁이었다. 베스트팔렌 조약 이후 가톨릭 제국으로서의 신성로마제국은 사실상 붕괴되고 근대 유럽 주권 국가들이 탄생하는 계기가 되었다.

AI 파고가 가져온 과학에 의한 패러다임 전환과 함께 세상을 관통할 인식의 패러다임 전환으로, 진정한 개인의 자유와 공동체의 행복을 설계해나가야 한다.

어떠한 경합도 없고 누구나 기술의 편익을 자유롭게 활용하고 접근할 수 있는 사회라면 어떨까. AI가 보편적 편익을 창출할 수 있는 사회에서는, 은밀한 착취도, 노동에 얽매여 있어야 하는 부자유도 없을 것이다. 생산성은 계속 늘어나는데 소비 주체가 없어, 자본주의 스스로가 그 시스템을 멈추게 하는 결과도 미리 걱정할 필요 없다. 오로지 기계는 할 수 없는 인간만의 가치를 실현하며 행복을 추구하는 일만 하면 된다.

'경제(자본)'라는 하부구조(토대)가 '국가(정치/시민사회)'라는 상부구조를 규정하는 시장경제를 넘어서는 사회, 가족이나 지역 등 특정한 공동체에 국한되는 호혜적 교환을 넘어서는 사회가 그 대안이 될 수 있다.[8)]

그리고 '누미노제'[9)] 정치로 구현될 공동체주의적 변화가 그 동력이 될 수 있다. 지금의 자본주의와 개인주의가 지속되면서 AI시대를 맞았을 때 인간이 겪게 되는 배타적, 파괴적 인간 소외로 인해 집단적 '누미노제'가

---

8) 가라타니 고진, 조영일 옮김, 『세계사의 구조』, 비고, 2024

9) '누미노제'(*Numinose*)란 신을 만나는 순간에 느끼는 원초적이고 본원적인 감정으로, 새로운 각성, 감동, 경외, 성스러움 등을 포함하는 개념이다. 저자는 인류가 경험한 주요 혁명에서 누미노제가 있었으며, 이것이 바로 사람을 바꾸고 세상을 바꿀 수 있는 원동력이라고 보았다. 최영종, 『신을 만난 이후에: 누미노제 정치와 공동체 변혁』, 가톨릭대학교출판부, 2024.

일어날 수 있다. 그 '누미노제'로 인해 우리는 공유와 공동선의 탈자본적 공동체주의 사회로 변혁할 수 있고, 우리의 AI시대는 '엘리시움'이 아니라 새로운 '유토피아'가 될 수 있다.

아니면 인간의 현재 이성으로는 도저히 상상하거나 추론해 낼 수 없는, 어쩌면 과학에 의한 패러다임 전환으로 변화된 인간의 새로운 이성이 창조해 낼 수 있는 모든 경우의 사회 형태가 대안이 될 수도 있다.

어떠한 직업을 가져야 하는지에 대한 고민과 스트레스도 줄어들고, 생산수단으로서 기계를 넘어서려 발버둥 칠 필요가 없는, 기계가 대신할 수 있어도 인간 스스로가 환희심(歡喜心)[10]을 즐길 수 있는 일을 할 수 있는 사회, '변형된 유한계급'[11]을 꿈꾸면 된다. 자본이 아니라 오로지 인간 스스로의 가치를 위한 노동, 놀이와의 경계선이 사라진 노동, 그러하기에 더 이상 근대 노동의 개념으로는 절대 설명할 수 없는 패러다임 전환이다.

---

10) 국어사전에서 '환희심(歡喜心)'은 '매우 기뻐하는 마음'을 뜻하는 말이다. 불교 영역에서도 흔히 사용되기도 하는데, 필자는 단순히 기분이 좋아서 기뻐하는 의미도 있지만 경탄과 감동, 보람, 그리고 참맛이 가미된 '즐기는 노동', '기쁨이 있는 노동'의 의미를 담아 '환희심'이라는 단어를 사용하였다.

11) 소스타인 베블런은 『유한계급론』(1899)에서, 생산 활동에 종사하지 않으면서 물질적 재화로 자신의 사회경제적 지위를 과시하는 부유하고 게으른 특정 집단으로서 '유한계급(有閑階級 : leisure class)'을 비판했다. 하지만 여기에서 필자가 주장하는 '변형된 유한계급'은 노동에서 자유로우며 AI의 보편적 편익으로 물질적 궁핍이 없고 노동과 놀이의 경계가 사라져 인간 스스로의 환희심을 즐길 수 있는, 새로운 시대의 일반 시민으로 정의한다.

이제 시간이 얼마 남지 않았다. 우리가 마주할 미증유(未曾有)의 AI시대, 당신은 어떤 패러다임으로 세상을 바라볼 것인가. 인간은 자유로운가? 인간은 노동해야 하는가?

이 책은, 이 두 가지 질문에 대한 답을 찾는 여정이다.

이 여정을 준비하는 과정에서 생성형 인공지능 챗봇인 Chat GPT-o3와 Claude 3.7 Sonnet를 길잡이로 활용하고, 논의를 심화시켰다는 점을 미리 밝혀둔다.

1부

자유는 어디에 있는가: 인간 존재의 근본을 묻다

1장

자유의 기원: 인간은 본래 자유로운 존재인가

1. 신화 속의 자유와 노동: 신들의 자유와 노동 그리고 『일리아스』의 황금 하녀

신화는 인간이 세계를 이해하는 창(窓)이자, 지식의 원형이며 상상력의 보고(寶庫)이다. 그리스 신화는 신과 인간이 공존하는 풍부한 상징계를 제시하며, 인간의 노동과 자유가 어떤 의미를 갖는지 가늠할 단서를 제공한다. 특히 호메로스의 『일리아스』에 등장하는 '황금 하녀들'은 신이 만든 자율적 존재이자 노동을 수행하기 위해 만들어진 기계적 존재로서 흥미롭다.

호메로스의 『일리아스』 제18권에는 대장장이 신 헤파이스토스가 아킬레우스를 위해 무구(武具)를 만드는 장면이 나온다. 이 과정을 돕는 '황금으로 만든 시녀들'은 신의 명령에 따라 자율적으로 움직이고, 필요한 일을 처리하며, 신과 대화까지 나눈다. 오늘날로 보면 인공지능 로봇을 연상시킨다.[12)]

---

12) '탈로스(Talos)'는 제우스의 명을 받아 헤파이스토스가 만든 또 다른 인공로봇이다. 제우스는 이 청동거인(a bronze giant), 탈로스를 크레타섬의 미노스(Minos)왕에게 선물한다. 탈로스는 매일 세 차례씩 섬을 순찰하고, 해적선이 나타나면 큰 돌을 던져 침몰시키는 등 크레타섬의 수호자 역할을 하는 일종의 신화 속, 인공지능 로봇이라 할 수 있다.

그리스 신화 속 신들은 '절대적 자유'를 상징한다. 그들은 불멸하며, 생존을 위해 일할 필요가 없고, 인간처럼 노동의 수고를 모른다. 반면 대장장이 신 헤파이스토스는 '노동하는 신'이다.[13] 그의 노동은 평범한 '고단함'이 아닌 '창조적 예술'에 가깝다. 호메로스는 그의 하녀들이 황금으로 빚어졌지만, "살아 숨쉬는 소녀와 같았고, 심장은 지혜로 채워졌으며, 뼈대에는 목소리와 근력이 붙여졌으며, 불멸의 신으로부터 작업도 배워왔다"고 묘사한다.[14]

이 대목은 '노동'을 담당할 휴머노이드의 첫시작을 보여주며, 자유로운 신들의 세계에서 노동을 수행하는 존재의 이중적 의미를 상징한다. 신들은 직접 노동하지 않고도 의도한 결과물을 얻을 수 있으며, 그렇게 하도록 고안된 것이 바로 '황금 하녀'이다.

신화 속 황금 하녀가 보여주는 '자유로운 신'과 '노동하는 존재'의 대비는, '자유'가 누군가의 노동을 전제로 한 상대적 특권이라는 것을 드러낸다. 자유로움은 '노동으로부터의 해방'을 전제하지만, 그 해방을 위해서는 일을 대신할 대리자가 필요하다.

고대 그리스에서는 노예가, 『일리아스』에서는 황금 하녀가 그 역할을

---

13) 헤파이스토스는 올림포스 12신 중 유일하게 '노동하는 신'으로 묘사된다. 불과 대장간을 관장하며, 그의 노동이 곧 예술적 창조 행위이기도 하다.

14) "… all cast in gold but a match for living, breathing girls. Intelligence fills their hearts, voice and strength their frames, from the deathless gods they've learned their works of hand." Homer, (translated by) Robert Fagles, *The Iliad*, Penguin Classics(Paperback), 1991, Book 18(The Shield of Achilles), p.481. [409-420]

맡았다. '신이 만든 로봇이 신을 위해 노동한다'는 호메로스의 설정은 우리가 마주한 새로운 전환기와도 겹친다. 인간은 증기기관, 전기, 컴퓨터, AI에 이르기까지 기술로 노동을 대체하려 해왔고, 기계가 업무를 담당할수록 인간이 더 많은 여가를 누릴 것이라 기대했다.[15)]

그러나 문제는 이 '해방'이 모두에게 평등하게 주어지는가 하는 점이다. 신화에서도 황금 하녀는 신들만 돕고, 인간 세계에는 내려오지 않는다. 고대 그리스 시민의 자유도 노예·여성·외국인의 희생 위에 성립된 제한적 자유였다. 오늘날도 마찬가지다. AI 기술이 소수에게 집중된다면, 대다수는 노동에서 벗어나지 못할 것이다.

여기서 '인간은 본래 자유로운 존재인가'라는 질문이 제기된다. 근대 이후 '인간은 태어날 때부터 자유롭다'고 믿는 경향이 강하지만,[16)] 고대 신화에서 인간은 신에게 예속된 존재이며, 소수만 제한적 자유를 누렸다. 신화는 '인간은 신처럼 자유롭지 못하다'는 현실을 보여준다.

헤파이스토스의 노동은 노동자이자 기술자로서의 자아실현이자, 노동력 대체 기계를 생산하여 자신의 가치를 증명한 사례다. 이는 인류가 기

---

15) 제레미 리프킨(Jeremy Rifkin)이 『노동의 종말』에서 제시한 전망은 '기계가 더 많은 노동을 대신하게 될 것'이라는 예견이다. 제레미 리프킨, 『노동의 종말』, 이영호 옮김, 민음사, 1996.

16) 근대 이후 '인간은 본래 자유롭고 평등하다'는 관념은 존 로크(John Locke), 장자크 루소(Jean-Jacques Rousseau) 등 계몽주의 사상가들의 사회계약론과 함께 서구 사상의 주축을 이루었다.

술을 개발해 온 과정과 닮아있다. 인류는 기계에 더 많은 노동을 맡기는 방법을 고민해 왔고, 그 기술이 사회경제적 권력을 재편해 왔다.[17)]

호메로스가 그린 '자유로운 신'과 '노동하는 존재' 사이의 경계는 '누가 노동을 떠맡는가'라는 질문을 제기한다. 그 지점에 노예, 하인, '황금 하녀' 같은 매개체가 등장한다. 이들은 자율성을 지닌 듯 보이나, 사실은 명령자에게 복종할 수밖에 없는 종속된 존재다.

고대 사회에서 '인간은 신에게 속한 존재'라는 시각이 우세했고, 일부 시민의 자유는 노예제를 통해 성립했다. 근대에 이르러서야 '인간은 모두 본래부터 자유롭다'는 사상이 보편화되었다.

그러나 역사적으로 보면 자연적 자유 개념은 투쟁과 제도 변화, 재분배를 통해 확대된 후천적 성취에 가깝다.[18)] 현대에도 제도적·경제적 격차로 실질적 자유가 제약된다. 신화의 통찰은 명확하다. 자유에는 밑거름이 되는 노동이 필요하며, 그 배분에 따라 자유가 특정 그룹에만 허락될 수도, 더 많은 이에게 보장될 수도 있다.

호메로스 시대 인간도 신들의 권능을 동경했지만, 이는 본질적으로 노동으로부터의 해방에 대한 동경이었다.[19)] 인간은 역사적으로 노동 대행

17) 대장간 기술이나 증기기관 등 인류의 핵심 기술이 발전할 때마다, 기존 사회질서는 패러다임 전환을 맞았다.

18) 근대적 시민권과 자유권이 확립되는 과정에서는 종교개혁, 시민혁명, 계몽사상 등 일련의 역사적 사건이 누적되어 왔다.

19) 헤파이스토스가 황금 하녀를 만들어 노동의 많은 부분을 대행케 했다는 설정은, 고대인의 '자동화 욕망'을 보여주는 일일종의 사이언스 픽션의 원형(Proto-Science Fiction)이라 할 수

자를 창조하는데 몰두해왔다. 산업혁명은 기계가 육체노동을 대체하는 시발점이었고, 이제 AI는 복잡한 추론과 결정까지 담당하려 한다.

문제는 자원 집중과 격차 심화다. AI 개발·운영 자본이 소수에게만 있다면, 그들은 기술을 독점하고 나머지는 노동을 계속하거나 생존 위기에 처할 수 있다.[20] 고대 그리스 노예제와 폴리스 시민 관계에서 예고된 문제는 수천 년이 지난 21세기 AI 사회에서도 여전하다. 소수 기술·자본 소유자의 자유가 다수의 소외를 낳을 수 있다.

고대 신화는 '인간은 자유롭지 않으며, 신만이 자유롭다'는 전제를 깔고 있다. 반면 근대적 자유주의는 인간에게 타고난 이성과 천부인권이 있다고 주장한다.[21] 하지만 그 자유도 자본주의 체제에서 임금노동 형태로 재조직되었다.

'인간은 본래 자유롭다'는 말은 역사적으로 단순한 사실이 아닌 이상적 규범에 가깝다. 고대에는 자유로운 인간이 소수였고, 중세에는 신분제가, 근대에는 자본주의 노동이 개인의 삶을 규정했다. AI시대에도 또 다른 형태의 종속이나 불평등이 등장할 수 있다.

있다.

20) AI 기술과 그 데이터 인프라가 소수 빅테크 기업에 집중되는 현상은 이미 현실이다. 이는 '디지털 봉건제'로 불릴 수 있는 새로운 소유·지배 구조의 출현을 예고한다. 쇼샤나 주보프, 『감시 자본주의 시대』, 김보영 옮김, 문학사상, 2021 참조.

21) '인간은 신분이나 종교 권위가 아니라 자기 이성에 의해 스스로를 규율할 수 있다'는 주장은 근대 자유주의 혁명의 이념적 기반이었다. 임마누엘 칸트, 『계몽이란 무엇인가』, 임홍배 옮김, 길, 2020.

'황금 하녀들'은 노동을 짊어지면서도 신적 지혜와 힘을 부분적으로 지닌다. 이는 AI 로봇에게 기대하는 자동화와 의사결정 능력을 연상시키지만, 궁극적으로는 신의 명령에 복종한다는 점에서 자율적이지 않다. 오히려 로봇의 입장에서는 신의 명령에 따른 강제노역이다.[22] 신화는 타인의 의도에 따라 노동을 수행하는 인공적 주체를 이미 설정했다. 이는 고대인들도 '노동에서 벗어나고 싶다'는 바람을 가졌고, 그 노동 대행자가 지성을 갖추더라도 결국 주인에게 종속된다고 가정했음을 보여준다.[23]

호메로스의 '황금 하녀'는 노동과 자유의 관계, 그 배분 구조는 어떻게 형성되는가라는 화두를 전해주는 상징이다. 이는 AI시대를 준비하는 우리에게 '노동에서 벗어나려는 인간의 욕망과 그 결과, 자유는 누구에게 허락되는가'라는 질문을 던진다.

자유는 역사적으로도, 신화적으로도 '일부'의 전유물이었다. 근대 시민혁명과 민주주의가 그 범위를 확장했지만, 자본주의는 또 다른 형태의 종속과 격차를 낳았다. AI가 확대될 때 격차가 심화될지, 모두가 자유를 누리는 세상이 올지는 예단하기 어렵다.

---

22) 로봇(robot)이란 단어는 원래는 체코어, '*robota*'에서 나온 말로 '강제노동(forced labor)'이란 뜻을 담고 있다. 1921년 체코 프라하 국립극장에서 극작가 카렐 차페크(Karel Capek)의 작품, <R.U.R.(which stands for "Rossum's Universal Robots"-로숨의 유니버셜 로봇)>이 공연되었는데, 여기서 처음으로 '로봇'이란 단어가 등장했다. Steven Pinker, 1997, *How The Mind Works*, Penguin Books, p.3.

23) 황금 하녀의 학습 능력과 자율성에 대한 언급은 호메로스 서사에서 이례적이다. 로봇공학적 시선으로 재해석한 논의는 Adrienne Mayor(2018), *Gods and Robots: Myths, Machines, and Ancient Dreams of Technology*, Princeton University Press. 참고

자유에는 항상 전제조건이 따르며, 이는 누가 노동하고, 누가 그 결과물을 향유하는가라는 물음으로 수렴된다. 호메로스의 신들이나 근대 자본가들, AI 기술을 선점한 기업들은 같은 원리를 공유한다. 노동을 대행시키는 자가 더 많은 자유를 누린다.

이 구조가 변화하려면, 노동 대행 장치와 구성원 관계, 분배구조에 대한 새로운 패러다임이 필요하다. 신화에서 구현되지 않았던 보편적 '해방'이 지금 시대에 가능할지는 불투명하지만, 문제를 인식하고 대책을 모색하는 것이 우리의 책무이다.

2. 원시사회에서 고대와 중세까지: 인간의 자유는 어떻게 변천해 왔는가

신화 속 자유와 노동의 이야기는 인간이 본래 전면적 자유를 누리지 못했다는 통찰로 귀결되었다. 호메로스가 노래한 그리스 신화 속 '신들의 자유'와 '인간의 노동'은 극명하게 대비됐으며, 실제 역사에서도 그러한 구조—소수의 자유, 다수의 예속—가 오랫동안 유지되었다.

원시 공산사회 또는 원시사회는 사유재산과 계급이 존재하지 않았던 시기로 묘사되곤 한다. 마르크스주의에서는 이를 계급적·자본적 억압이 존재하지 않는 공동 생산과 공동 분배의 시대로 여겼다. 그러나 인류학·고고학의 최신 연구에 따르면, 원시사회 역시 결코 완전히 평등하고 자유로운 낙원은 아니었다.[24)]

원시사회는 주로 수렵·채집 경제에 의존했고, 작은 부족 단위로 분화되었다. 생존에 필요한 물자를 확보하려면, 가혹한 자연환경과 다른 부족의 위협에 맞서야 했고, 구성원의 협력이 필수적이었다.[25)] 물론, 사유재산이나 계급제도가 제대로 발달하지 않았다는 점에서, 수평적인 공동체

24) 원시공산사회가 완전히 평등하고 평화로운 시대로 묘사되는 것은 19세기 사회진화론 및 초기 인류학의 영향이 크다. 그러나 오늘날 인류학 연구는 부족 간 갈등, 강력한 관습 규제 등을 지적하며 완벽한 자유라기보다는 생존을 위한 긴밀한 협력체계에 가깝다고 본다.

25) 문화유물론(Cultural Materialism)의 입장에서 마빈 해리스(Marvin Harris)는 수렵·채집 사회 역시 척박한 자연 환경·부족간 전쟁 등으로 인해 구성원의 자율성이 제한되었음을 강조한다. 마빈 해리스 저, 정도영 옮김, 『식인문화의 수수께끼』, 한길사, 2019. 참조

적 관계가 중심이 되었을 가능성이 크다. 하지만 그것이 곧 개인의 절대적 자유를 의미하는 것은 아니다. 빈약한 기술력과 거친 자연환경은 인간을 끊임없이 구속하는 요인이었다.

인류가 점차 정착 농경으로 이행하면서, 더 큰 규모의 집단을 형성하고 잉여생산물이 늘어났다. 기존 역사학 관점에서는 농업이 계급과 국가를 필연적으로 만들어냈다고 보았지만, 최신 인류학 연구에 따르면 오랜 기간 동안 다양한 형태의 집단이 존재했고 일부 사회는 권력을 분산하는 방식을 선택했다. 따라서 최초의 도시 문명의 거대 건축물은 초기에는 강제 노동이 아니라 사회적 계약과 자발적 노동을 통해 건설되었을 가능성도 제기된다. 다만 환경적·문화적 맥락에 따라, 그리고 후기로 갈수록, 왕권이 강화되고 권력층이 등장하면서 사회 내부에 계급 분화가 생겨나는 단초가 되었다. 이들은 잉여생산물을 확보해 정치·종교 권력을 행사하면서 일반 대중을 통제했다.[26)]

그 결과, 자유는 더욱 명확한 계층적·신분적 구속 속에서 제한되었을 수 있다. 이 과정에서 피지배층은 통제를 받았고, 왕족·귀족·사제 등은 직접 노동에서 해방되어 일정한 자유를 누렸다. 자유는 소수 권력자의 전

---

26) 데이비드 그레이버(David Graber)와 데이비드 웬그로(David Wengrow)의 연구 또한 최초 도시 문명에서 환경적, 문화적 맥락에 따라 일부 지역에서는 족장이나 엘리트 계급이 등장했고, 또 후기로 갈수록 왕권이 강화되었다는 점을 인정한다. 이들은 최초 도시 문명의 계급적 구조 전체를 부인하는 것이 아니라, 다양한 정치 실험과 협력적 구조 속에서 성장했다는 점을 주장하며, 국가와 계층 사회는 여러 선택지 중 하나였을 뿐 필연적 발전과정이 아니었다는 점을 강조한다. David Graber & David Wengrow, *The Dawn of Everything: A New History of Humanity*, Penguin Books, 2021.

유물에 가까웠다. 신화 속 신들의 절대적 자유와는 달리, 이들은 인간 세계에서 상대적·제한적 자유를 향유했지만, 적어도 일상적 노동의 굴레에서 벗어나는 지위에 올라 있었다. 소수 지배자들의 자유는 곧 피지배층의 노동에 빚진 것이었다.

고대 그리스에 이르면, 폴리스(도시국가)의 발전과 함께 '시민의 자유'라는 개념이 보다 뚜렷하게 부상한다.[27)] 아테네를 비롯한 일부 폴리스에서 민주정이 구현되었고, 시민들은 정치적·법적 권리를 누릴 수 있었다. 그러나 이는 어디까지나 성인 남성 시민에 한정된 권리였다. 여성, 노예, 외국인은 배제되었고, 폴리스 시민으로 인정받지 못한 이들은 이러한 자유를 누리지 못했고, 당연시 했다.[28)]

대표적으로 아리스토텔레스는 자유시민과 노예의 구분을 당연시하고, 이것이 나름 '편한 세상' 유지에 도움이 되는 것으로 보았다.

---

27) 고대 그리스의 아테네 민주정은 '클레이스테네스 개혁'(기원전 508~507년경)을 통해 직접민주주의의 틀을 마련했다. 특히 BC 462~429년의 기간은 페리클레스가 통치했던 시기로, 아테네의 민주정치가 번영한 시대였다.

28) 당시 그리스 아테네의 민주주의, 자유시민권 등은 모두 극히 제한적이었다. 당시 시민권을 가진 자는 아테네 전체 인구의 약 1/10에 불과했다. 다른 도시 출신으로 아테네에 거주하는 자는 메토이코이(*metoikoi* or Metics : 거류 외국인)라 불렸고, 이들은 인두세(人頭稅)를 납부하면서도 정치적으로는 아무 권리도 없었다. 여성 또한 정치적으로 무권리 상태였고, 또 인구의 약 1/2은 노예였다. 그래서 아테네는 안으로는 메토이코이나 노예들을 압박하고, 밖으로는 델로스 동맹의 회원국들인 타 도시들을 경제적으로 압박하는, 편협한 배타주의를 토대로 아테네 민주주의가 성립되어 있었다. 때문에 동맹 도시들의 반란이 잇달아 일어났다. 東京大学出版会 엮음, 편집부 옮김, 『철학사강의』, 미래신서14, 미래사, 1985. p.135.

"어떤 사람은 (타인을) 지배해야 하고, 또 다른 이는 지배를 받아야 하는 것은 필연적일 뿐만 아니라 편리하다. 태어날 때부터, 누구는 지배(통치)할 사람으로, 또 누구는 복종해야할 사람으로 낙점되어 있다. … 어떤 사람은 본래(본성적으로, 태어날 때부터) 자유롭고(자유 시민)인 반면, 또 어떤 사람은 노예로 태어난다. 노예들에게는 노예제가 편리하고, 합당하다."[29)]

요컨대 아리스토텔레스의 시각에선 인간은 본래부터 평등한 것도 아니고, 태어날 때부터 혹자는 노예로, 혹자는 지배자로 태어나는 것이다. 이는 마치 인간의 영혼(*psyche* / soul)이 지배자로서 몸(*soma* / body)을 다스리는 것처럼, 또 인간의 감정이 지성과 이성에 복종하고 지배를 받는 것이 자연스럽고 유익한 것처럼, 노예는 통치자의 지배를 받는 것이 당연한 것으로 본 것이다.

이어 로마 제국으로 넘어가면, 자유의 문제는 다시 복잡해진다. 로마는 엄격한 법률 체계를 마련했고, 로마 시민권은 강력한 특권이었다.[30)] 하지만 시민권을 얻는 경로는 제한적이었고, 다수 피정복민은 속주(屬州)로

---

29) "… some should rule and others be ruled is a thing not only necessary, but expedient; **from the hour of their birth**, some are marked out for subjection, others for rule.(1254a20) … that some men are **by nature free, and others slaves**, and that for these latter slavery is both expedient and right.(1254b39)" Jonathan Barnes, ed. *The Complete Works of Aristotle*, The Revised Oxford Translation(One Volume Digital Edition). Princeton University Press, 1995. pp. 4273~4275.

30) 로마 시민권을 부여받으면 여러 법적 특권을 누릴 수 있었고, 특히 외국인 처벌이나 지방 통치 문제에서 유리했다. 그러나 속주민 대다수나 노예는 쉽게 시민권을 취득하지 못했다.

편입되어 세금·부역을 부담해야 했으며, 여전히 노예는 제국 경제의 중요한 기반이었다.

로마 제국의 붕괴 이후, 중세 봉건제에서는 농노(農奴)가 영주의 토지에 묶여 부역과 세금을 부담했으며, 법적으로나 관습적으로 영주에게 종속되었다.[31] 대다수 농민은 토지와 함께 거래될 수 있을 정도로 자유와 거리가 멀었다.

물론 중세라고 해서 전부 같은 형태는 아니었다. 지역과 시기에 따라, 상공업이 발달한 도시가 등장해 자유도시(Bourg)라는 모델이 확산되기도 했다. 이곳에서는 영주의 힘이 미치지 못하거나 약화된 틈을 타, 상인과 수공업자들이 자치권을 행사하고 어느 정도 자유롭게 재산을 축적했다.[32]

종교 측면에서도, 중세는 가톨릭 교회가 정신세계를 지배한 시기다. 교황이 지상 최고의 권위를 갖고, 주교·수도원 체계가 세속 권력과 결탁해 막강한 영향력을 행사했다. 개인의 영적 자유 역시 교회 교리에 철저히 종속되었고, 이단이나 이교로 간주되면 박해를 면하기 어려웠다.[33]

---

31) 봉건제의 전형적 모습은 영주-농노 관계로, 농노는 개인적 자유가 매우 제한되어 있었다. 이들은 토지를 떠나고 싶어도 마음대로 이동하기 어려웠으며, 영주에게 부역·공납 의무를 졌다.

32) 이탈리아 북부나 독일 지역의 일부 도시에서는 봉건 영주 권력이 약해지며 도시 자치가 발달했다. 이를 통해 상인·수공업자가 일정한 자유를 확보했고, 길드(guild) 조직을 통해 내부를 자치적으로 운영했다. 중세 유럽 '부르크' 내에 거주하는 '성 안의 사람들'을 뜻하는 단어가 바로 '부르주아지(bourgeois)'다. 즉 도시 상공민으로 도시 자치를 주도하는 시민 계급으로 성장하게 된다.

33) 교황 인노첸시오 3세(재위 1198~1216) 이후, 이단 심문(*inkvisitio* / inquisition)과 종교재판이 제도화되어 종교적 자유를 대폭 억압했다. 알비파(Albigenses)나 왈도파(Waldenses) 등이 대표적 박해 대상이었다.

중세 말기로 오면서, 유럽 사회는 흑사병, 십자군 전쟁, 상공업 발전 등으로 큰 변동을 맞이한다. 흑사병으로 인해 인구가 급감하자 노동력 수요가 상대적으로 높아졌고, 일부 농노가 높은 임금을 약속하는 지역으로 이동하는 일이 늘어났다.[34] 십자군 전쟁 이후 교황권도 흔들렸으며, 도시 상인의 부상(浮上)으로 인해 봉건 영주의 힘이 약화되었다.

사상적(思想的)으로도 변화가 일어났다. 14~15세기에 걸친 르네상스는 이렇게 교황의 권위가 무너지면서, 신에 대한 관심이 인간으로 옮겨간 것을 배경으로 하고 있다. 인간 중심의 세계관과 개인의 가치가 재조명되었고, 특히 예술·과학 분야에서 새로운 성취가 이뤄졌다. 교회와 성직자의 무능력과 부조리는 물론, 권위에 대한 의심도 서서히 제기되기 시작했다.[35]

이어지는 16세기 종교개혁은 교회의 '형식'과 '권위'에 대한 저항인 동시에, 자유에 대한 새로운 패러다임 전환이었다. 성직자를 거치지 않고서, '모든 신자가 성서와 직접 대면할 수 있으며 교황이나 사제가 절대 권위자가 될 수 없다'는 주장은, 최소한 영적 차원에서 '인간은 스스로

---

34) 14세기 흑사병으로 전체 유럽인구의 1/3이 희생되었다. 이후 유럽 인구의 급감은 봉건 질서의 해체를 촉진한 요인 중 하나로 꼽힌다. 성직자의 말에 따라 아무리 기도를 해봤자 병세가 호전될 리도 없었고, 성직자들도 죽어나가는 것은 매한가지였다. 이는 곧 성직자에 대한 불신과 교회의 권위 약화를 의미했다. 또한 인구감소로 인해 일손이 귀해지고, 농노들의 임금이 급등하는 가운데, 도시 상공업자들도 구인난을 겪게 된다. 결국 농노들은 봉건 영주를 떠나 도시로 이동해 도시 상공업자로 변신했고, 농노와 장원을 기반으로 한 봉건영주의 경제 기반은 흔들리게 된다.

35) 르네상스는 고대 그리스·르마 고전을 재발굴하며 '인간 중심주의(Humanism)'를 강조했다. 예술·과학·문학 분야에서 개인 창조성을 존중하는 흐름이 발달했다.

신과 만날 자유가 있다'는 선언이었다.[36)]

이 일련의 흐름은, 근대 시민혁명으로 이어지는 사상적 기반이 되었다. 중세 말부터 점진적으로 축적된 도시 자치, 상공업 발전, 종교개혁, 르네상스 인문주의가 서로 결합하면서 인간은 스스로 생각하고 자유롭게 의사결정할 수 있는 존재라는 새 패러다임을 형성했다.[37)]

결국, 원시사회에서 고대에서 중세를 거치는 동안 자유는 소수 특권층이 누리는 상대적 자유였고 대다수 민중은 늘 예속되거나 한정된 자유만 누렸다. 근대로 넘어가면서, 본격적으로 '인간은 원래 자유롭다'라는 인식과 함께 그에 따른 제도적 정비가 시도되는 큰 전환점을 맞게 된다.

일반적으로 자유를 말할 때, 소극적 자유(negative freedom)와 적극적 자유(positive freedom)로 구분한다. 이 구분은 근대 자유주의와 공화주의, 사회주의 담론 등 다양한 이념적 맥락에서 중요한 개념으로 자리잡아 왔다.[38)]

---

36) 마르틴 루터(Martin Luther), 장 칼뱅(Jean Calvin) 등 종교개혁가들은 '신 앞에 모든 인간은 평등하다'는 관념을 강조했다. 단, 현실에서는 여전히 종교분쟁이 치열했으며, 이단으로 규정된 그룹은 탄압받기도 했다.

37) 이 사상적 기반은 훗날 17~18세기 계몽주의(로크, 루소, 볼테르, 몽테스키외 등)로 이어지고, 시민혁명을 통해 근대 헌법 국가가 등장하는 단초가 된다.

38) 이사야 벌린(Isaiah Berlin)이 1958년 강연 <자유의 두 개념>(Two Concepts of Liberty)에서 소극적 자유와 적극적 자유를 구분해 논의를 체계화했다.

소극적 자유는, 남을 해치지 않는 한, 하고 싶은 일을 하는 데 있어 타인의 간섭이나 외부 권력으로부터 방해받지 않는 상태이다. 에리히 프롬의 표현을 빌리자면, 강제·억압(coercion·oppression)이 없는 "~으로부터의 자유(freedom from ~)"다. '종교(신)으로부터의 자유, 정부로부터의 자유'라는 식으로 생각해볼 수 있다. 예컨대, 중세 농노가 영주로부터 해방되어 자유롭게 토지를 떠날 수 있게 되었거나, 고대 아테네 시민이 왕이나 폭군의 자의적 지배로부터 벗어났다면, 이는 소극적 자유의 확대라고 할 수 있다.

적극적 자유는 단순히 방해가 없거나 억압받지 않는 상태를 넘어, 자기 자신을 실질적으로 실현하고, 삶을 주도적으로 꾸려갈 수 있는 조건과 능력을 포괄한다. 역시 에리히 프롬의 표현을 빌리면, "~을 향한 자유(freedom to ~)"다. 따라서 '내가 스스로 원하는 것을 할 수 있는지, 그럴 수 있는 자원과 기회를 갖췄는지'에 초점을 둔다. 고대나 중세에서 특정 계층—귀족, 성직자, 부유 상인—만이 문화·예술·정치·학문 활동을 향유할 수 있었다면, 이들은 적극적 자유를 어느 정도 누렸다고 볼 수 있다.[39]

역사적으로 보면, 소극적 자유가 확대되는 국면(가령 노예제 폐지, 봉

39) 적극적 자유는 '~을 향한 자유', '~의한 자유'라 할 수 있다. 소극적 자유가 '정부(국가)로부터의 자유'로 정부간섭을 받지 않는 자유라면, 적극적 자유는 '정부(국가)에 의한 자유'로 정부가 적극 나서서 빈민구제 등 자유·복지를 도모하는 것을 의미한다. '정부(국가)를 향한 자유'로 본다면, 어디 기댈 곳 없는 사람들이 국가에 기대고, 권위에 의지하게 되는데, 이것이 극단적으로 나타나면 '전체주의'로 흐를 수 있다는 것이 에리히 프롬의 주장이다. 즉, 그에게 '자유로부터의 도피(*Escape from Freedom*)'는 인류가 '자유'의 가치를 위해 그토록 피흘리며 싸워왔는데, 1차 대전 후 어느 순간 아주 독특한 정치체제, 그리고 그 체제의 권위에 복종함으로써 자유를 포기해 버리고, 파시즘을 선택한 패착을 지적한 것이다.

건 신분 해체, 법적 평등 선언 등)에도, 적극적 자유를 실제 누리는 사람은 여전히 소수에 불과했다. 예컨대, 중세 말 자유도시(Bourg)의 상인계급은 영주로부터 상대적 독립을 확보했지만, 도시 바깥 농민이나 도시에 편입되지 못한 계층은 여전히 빈곤의 구속에서 벗어나기 어려웠다.

적극적 자유를 상대적으로 많이 누린 이들은 주로 노동력을 지배·착취하는 지위에서 자신을 실현할 여유가 있었던 반면, 하층민은 생계를 위해 필사적으로 노동해야 했기 때문에 그런 기회를 갖기 어려웠다.

즉, 노동의 배분·대체 문제와 자유 문제는 불가분의 관계에 있었다. 다수의 고된 노동이 소수의 자유를 떠받치는 구조는, 근대에도 자본가와 노동자로 변주된 형태로 이어졌다.[40)]

따라서, 자유가 진정한 의미에서 얼마나 확대·실현되어 왔는지, 역사 속에서 어떻게 소극적 자유와 적극적 자유가 교차 충돌하고 서로를 보완하거나 억압했는지는, 노동과 권력 분배 구조와 함께 고려해야 할 문제다.

그래야 우리는, 오랜 기간 '노동 없는 자유'를 꿈꿨지만 실제로는 쉽게 도달하지 못했던 인간 역사의 실체에 한 발 더 다가설 수 있을 것이다. 또 전인미답의 AI시대에 소극적 자유와 적극적 자유가 어떤 식으로 인간의 삶을 재구성하게 될지 그 가능성의 실마리도 탐색할 수 있을 것이다.

---

40) 카를 마르크스(Karl Marx)는 봉건적 생산양식이 자본주의적 생산양식으로 이행해도, 본질적인 착취 관계가 변화하지 않는다는 주장을 내세운다.

3. 자유의 이중성: 소극적 자유 대(對) 적극적 자유

원시사회에서 중세에 이르는 인간 자유의 역사는, 자유가 결코 모든 사람에게 '본래부터' 주어진 것이 아니었다는 사실을 확인한다.

근대 이후 비로소 '인간은 누구나 본래 자유롭다'라는 선언이 등장했지만 실제 역사에서 이 선언이 온전히 구현된 적은 거의 없었다. 법적으로 신분제가 해체되고 시민혁명이 일어나면서 사람들은 자유를 공식적으로 요구할 수 있게 되었으나, 경제적 불평등과 새로운 형태의 종속이 동시에 나타났다.

여기에서 바로 자유의 이중성, 즉 소극적 자유(negative freedom)와 적극적 자유(positive freedom)에 대한 문제의식이 시작된다.[41] 이는 단순히 학술적 분류를 넘어 역사 속에서 이미 다양한 갈등과 모순을 드러내왔다.

근대 시민혁명 이후 법적·정치적 자유가 선언되었어도, 실제 경제적·사회적 불평등이 심해지면 대다수 사람들은 적극적 자유를 누리지 못할 수 있다. 합법적으로 아무 방해를 받지 않아도, 내가 원하는 삶을 살 수 있는 능력이나 자원이 없다면, '과연 진정한 자유인가'라는 물음이 생기는 것이다.

41) Isaiah Berlin, "Two Concepts Of Liberty," *Four Essays On Liberty*, Oxford University Press, 1969. pp. 118-172.

반면, 역사적으로 어떤 국가나 집단이 '모두가 행복해질 수 있도록 기회를 보장해야 한다'는 명분 아래, 개인에게 일방적 간섭을 하는 경우도 있었다.[42] 이때는 적극적 자유를 확보하기 위해 국가가 과도하게 간섭함으로써 소극적 자유를 침해하는 역설적 상황이 벌어지기도 한다.

결국, 소극적 자유와 적극적 자유는 상호 보완적이면서도 종종 충돌한다. "외부의 간섭 없이 자유롭고 싶다"는 욕구와 "무언가를 실현하려면 일정 정도의 제도·조직·지원이 필요하다"는 요구 사이에는 미묘한 긴장이 존재한다.

역사적으로 볼 때, 소극적 자유 개념은 근대 시민혁명 과정에서 가장 명확하게 드러났다. 영국 명예혁명(1688), 미국 독립혁명(1776), 프랑스 혁명(1789) 등을 거치며 시민들은 '왕이나 귀족, 국가가 함부로 개인 삶에 간섭하지 못하도록' 신체 자유, 재산권, 언론·출판·결사의 자유 등 기본적 인권을 요구했다.

이러한 요구는 종종 '자유방임'(*laissez-faire*) 혹은 '작은 정부론'과 맞물려 해석되곤 한다. 개인을 보호해야 할 국가가 오히려 개인을 억압하고 착취하는 전제정으로 변질될 우려가 있기 때문에, 국가는 최소한의 역할만 담당하고 개인의 자유와 시장 자율을 극대화해야 한다는 논리이다.

---

42) 예컨대 구소련 스탈린 시대나 중국 문화대혁명 등 자발적 검열이나 강제 동원 등을 통해 "이것이 모두를 위한 길"이라고 주장하는 전체주의적 체제는, 적극적 자유를 명분으로 소극적 자유를 심각하게 제한해 왔다.

소극적 자유를 옹호하는 입장에서는 '인간은 본래 이성적이며 자율적'이라는 믿음이 크게 작용한다. 존 로크 등은, 모든 인간이 자연상태에서 자유롭다고 가정하고, 사회계약을 통해 국가가 생겨난다고 보았다. 이때 국가의 존재 이유는 각 개인의 생명과 재산을 방어하는 데에 국한된다.[43)]

그러나 실제 현실에서, 국가는 더 많은 권한을 행사하려 했다. 역대 절대왕정이나 독재정권, 심지어는 공화정 체제에서도, 다양한 이유로 개인을 통제하고 검열하려 한다. 예컨대, 국가 안보나 사회질서 유지, 공공선을 명분으로, 개인의 표현의 자유나 이동의 자유를 제한하는 것이다.[44)]

소극적 자유가 제도적으로 확대되었을 때, 그 효과가 과연 모든 사람에게 고르게 돌아갔는지도 의문이다. '법 앞의 평등'이 선언되었어도, 재산이 없고 충분히 교육을 받지 못한 하층민이나 여성, 인종·민족 소수자는 온전히 자유를 행사하기 어렵다. 이 지점에서 우리는 자연스럽게 적극적 자유의 문제로 넘어가게 된다.

---

43) 존 로크(John Locke), 강정인·문지영 옮김, 『통치론』, 까치, 2022.

44) 국가가 헌법·법률로 소극적 자유를 보장한다고 해도, 국가비상사태나 치안·테러 방지 명목으로 개인의 자유는 물론, 표현·집회·언론 등 기본권이 제한되는 사례, 즉 '예외적인 상황(예외상태)'이 존재한다. 특히 주권자가 체제의 위기를 해결하기 위한 특단적인 조치를 일시적으로 취하는 상황이라 할 수 있다. 그런데 아감벤(Giorgio Agamben)은 현대 사회에서 '예외상태'는 결코 일시적이지 않은, 권력이 의도적으로 이 상태를 지속시킴으로써 일상적인 상황으로 전개됨으로써 일반인들의 정치 권리가 박탈된 삶이 지속되고 있다는 점을 부각시킨다. 그래서 국민들은 호모 사케르(*homo sacer*)와 같은 헐벗은 삶을 강요받게 된다는 점을 주장한다. 호모 사케르는 제물로 바쳐질 수도 없고, 그를 살해해도 어떤 처벌도 받지 않는, 법적 보호와 인간 존엄성이 박탈된 존재를 지칭한다. 즉, 정치적·사회적 권리는 없고, 오직 생물체로서의 권리만 남은 헐벗은 존재를 말한다. 아감벤은 '전쟁'이나 '비상계엄'과 같은, 일상의 법이 중단된 상태에서 정치권력이 국민들에게 헐벗은 삶을 강요한다는 점을 지적하고 있다. 조르조 아감벤, 박진우 옮김, 『호모 사케르(*Homo Sacer : Sovereign Power and Bare Life*)』, 새물결, 2018.

적극적 자유는 단순히 '구속 없음'을 넘어, 개인이 진정 스스로 원하는 바를 실현할 수 있는 여건, 즉 일정한 자원—재정적 기반, 교육, 의료, 안전망—이 뒷받침되어야 한다.[45]

이 개념은 종종 공화주의적 전통이나 사회적 자유주의(social liberalism)에서 강조되었다. T.H. 그린, 레너드 홉하우스 등은 빈곤·무지·질병 등으로 인해 실질적 선택지가 없는 상태라면, 아무리 법적으로 구속이 없어도 자유라 부르기 어렵다고 봤다.[46]

실제로, 가난한 사람이 아무런 간섭도 받고 있지 않은 채 굶주리고 있다면 그 상태를 과연 자유라고 할 수 있을까? 무언가를 선택할 물적·심리적 자원조차 없다면, 과연 자유라는 개념은 무슨 의미가 있는가?

이런 이유로 적극적 자유를 옹호하는 이들은, 국가나 사회가 복지, 교육, 의료, 주거 지원 등을 통해 개인이 자기계발과 실현을 할 수 있게 뒷받침해야 한다고 주장한다.[47] 개인이 오직 생존에만 매달리지 않고, 예술·학문·정치·종교 등 활동에 참여하거나, 창의적 삶을 영위할 수 있도록 보장해주어야 한다는 것이다.

문제는, 국가나 공동체가 이러한 복지·지원 정책을 실행하려면 필연적

45) T.H. 그린은 19세기 말 영국에서 "가난과 무지는 개인 자유의 실제적 원수"라며, 이 둘을 방치하면 아무리 법으로 소극적 자유를 보장해도 형식에 그친다고 강조했다.

46) 레너드 홉하우스(L.T. Hobhouse)는 '자유롭기 위해선 사회가 교육·복지·건강 등을 지원해야 한다'고 역설했는데, 이는 사회적 자유주의(social liberalism)의 기반이 됐다.

47) 존 메이너드 케인스(J. M. Keynes) 등은 정부가 시장개입의 경제정책을 통해 완전고용을 추구하고, 사회적 안전망을 구축하면, 개인이 '선택할 자유'를 확대할 수 있다고 봤다.

으로 세금 부과, 규제 도입, 재정 지출 등의 형태로 개인에게 영향을 미친다는 사실이다. 이는 소극적 자유 관점에서, '국가가 지나치게 관여해 개인의 자율성을 침해하는 것'이라는 반발을 가져올 수 있다.

20세기 초·중반에 등장했던 전체주의적 공산주의는, '모두가 평등하고 풍요로운 삶을 누릴 수 있게 하겠다'는 명분 아래 개인 생활을 전면적으로 규제하고 감시했다. 그 결과 소극적 자유가 심각하게 훼손되었고, 인간의 기본적 권리가 무시되었다.[48)]

그렇다고 해서, 적극적 자유가 반드시 전체주의를 귀결된다고 단정할 수는 없다. 실제로 사회민주주의 국가나 복지국가 모델은, 일정 수준의 세금과 정부 개입을 통해 교육·보건·사회보장을 확충함으로써, 개인이 보다 자유로운 선택을 할 수 있는 기반을 제공한다. 이는, 소극적 자유와 적극적 자유를 비교적 균형 있게 조화시킨 시도라고 평가받기도 한다.[49)]

역사를 돌아보면, 두 형태의 자유가 각각 다른 시기와 맥락에서 부각되었다. 소극적 자유가 확립되는 국면은 주로 전근대적 억압의 철폐라는 의제로 나타났고, 적극적 자유가 강조되는 국면은 근대적 자본주의 체제에서 발생하는 불평등을 시정하기 위한 움직임으로 나타났다. 이 두 흐름

48) 구소련, 구동독, 마오쩌둥 치하의 중국, 북한 등에서 국가가 평등을 표방했지만, 실제로는 개인의 사적 생활까지 감시·통제했기 때문에, 소극적 자유가 심각히 훼손되었다.

49) 스웨덴, 덴마크 등 스칸디나비아형 복지국가 모델이나 서유럽 일부 국가가 이 범주에 속한다. 이들은 높은 세율과 적극적 복지로 '적극적 자유'를 상당히 보장하되, 민주주의 제도를 통해 소극적 자유도 유지하려 애쓴다.

은 결코 상호 배타적이라기보다, 역사적 순차로 볼 수도 있다.

물론 실제 역사에서는 이 순차가 깔끔하게 진행되진 않았다. 국가가 나서서 불평등을 해결하려 하면, 또 다른 형태의 억압(소극적 자유 침해)이 발생하기도 했다. 반대로, 국가 개입을 최소화하자니, 빈부 격차가 더 커져서 많은 사람들이 적극적 자유를 누릴 수 없는 상황이 벌어지기도 했다.[50)]

정리컨대, 소극적 자유는 '인간은 자기 삶을 스스로 판단할 권리가 있으며, 국가나 타인의 개입은 최소화되어야 한다'는 전제가 있는데 반해, 적극적 자유는 인간이 단순히 간섭받지 않을 자유를 넘어 더 나은 삶, 더 자율적이고 풍요로운 선택지를 향해 능동적으로 나아가는 존재라고 본다.

결국, 소극적 자유와 적극적 자유는 단순히 어느 한쪽이 옳고 다른 쪽이 틀렸다고 나눌 수 있는 문제가 아니다. 개인이 구속받지 않는 것이 분명 자유의 필요조건이지만, 동시에 실질적인 삶의 실현 능력을 갖춰야만 자유가 완전해진다는 논의도 상당히 설득력 있다.

한편, 칸트는 "인간은 이성적 존재로서, 스스로 도덕 법칙을 세우고 따를 수 있다"고 주장했는데, 이는 내면의 자율(autonomy)을 통해 자신이

---

50) 1970~80년대 서구 복지국가가 재정 압박을 받으면서, 신자유주의가 등장했다. 밀턴 프리드먼(Milton Friedman), 프리드리히 하이에크(F. Hayek) 등이 정부 개입 축소를 주장하며 소극적 자유를 재강조했다.

진정 원하는 선(善)을 구현하는 삶을 의미한다. 즉, 단순히 '외부 간섭의 부재'가 아니라, '내면의 이성이 명령하는 바를 스스로 따를 자유'가 자유의 본질이라는 것이다. 헤겔 역시 『정신현상학』(1807)에서 '정신(*Geist*)의 자아실현'을 통해 역사적 발전이 이뤄진다고 보았다. 인간 사회가 점차 더 높은 자유 단계로 나아가며, 개인이 자신의 본질을 실현하는 과정이 곧 역사 발전의 핵심이라는 것이다. 그런데 여기에서 자유는, 일정한 사회 제도와 역사적 과정이 필수적이라는 전제가 깔린다.[51)]

칸트와 헤겔에서, 우리는 진정한 자유의 실마리를 엿볼 수 있다.

현대 사회와 AI시대에서의 적용

현대 사회는 과거 봉건제나 절대군주제에 비해 훨씬 더 소극적 자유를 훨씬 폭넓게 인정하고 헌법과 법률로 보장된 권리들이 많은 나라에서 기본적인 전제로 자리 잡았지만 적극적 자유의 문제, 즉 경제적 불평등과 사회적 배제 문제는 여전히 심각하다.

특히, 자본주의가 글로벌화 되면서 빈부 격차가 심화되고, 플랫폼 기업 등 새로운 권력 주체가 등장해 데이터 독점과 노동의 불안정화를 초래한다는 지적이 제기되고 있다.[52)] 이러한 상황에서 법적으로 자유롭지만

51) 헤겔에게 자유는 단순한 개인적 자율이 아니라 '객관적 정신(법, 국가, 제도)'을 통해 실현되는 과정으로 이해된다. 국가는 개인 자유의 적이 아니라, 더 높은 수준의 자유를 보장하는 매개체가 될 수 있다는 입장이다.

실제로는 선택권이 없는 사람들이 늘어나는 현상은, 적극적 자유의 부재를 명확히 드러낸다.

당면한 AI시대, AI가 노동과 의사결정의 많은 부분을 대체할 경우 사람들은 더 많은 여유를 누릴 수 있다는 낙관론과 AI를 보유한 소수 엘리트나 기업이 대부분의 부를 독점할 수 있다는 경고도 공존한다. 만약 후자의 상황이 현실화 되면, 다수는 일을 구하기조차 어려워지고, 생계유지와 자아실현의 기회에서 배제될 수 있다.[53] 이는 적극적 자유의 급격한 축소를 의미할 뿐 아니라, 개별 환경에 따라 생존을 위해 스스로 외부의 속박을 선택하게 되는, 소극적 자유의 포기까지 이어질 수 있다.

이렇듯, 소극적 자유와 적극적 자유를 둘러싼 쟁점은 과거의 역사적 논의를 넘어 미래 사회에서도 핵심적으로 부각될 수 있다. 특히 국가의 개입만이 아니라 거대 기업과 알고리즘, 데이터 독점 등 새로운 권력들이 자유의 속성과 본질에 대해 다시 근본적 의문을 던진다.

---

52) 쇼샤나 주보프(Shoshana Zuboff)의 『감시 자본주의 시대』(*The Age of Surveillance Capitalism*)는 빅테크 기업이 개인 데이터를 활용해 사람들의 행동을 예측·유도하는 구조가 확립된다고 주장한다.

53) AI가 대부분의 육체노동·지적 노동을 대체할 경우, 소수 AI 기업이나 자본가가 막대한 부를 독점할 수 있다. 이때, 노동 기회가 상실된 대다수 인구는 공동체 차원에서 총체적인 소득 재분배 제도가 없으면 삶이 어려워질 수 있다.

2장
자유의 제도화와 근대적 개인의 탄생

1. 시장이 부여한 자유는 진짜였는가?

역사적으로, 사람들은 억압적 왕권과 봉건 질서에서 벗어나기 위해 치열하게 투쟁하며 법과 제도를 만들어 왔다. 근대에 들어서면서, '인간은 누구나 자유롭고 평등하다'는 규범적 선언은 시민혁명과 시장경제의 등장으로 현실화되었고 자유가 제도화되는 전환점을 맞았다.

그러나 시장과 국가가 부여한 자유가 과연 진정한 자유인가라는 비판이 오래전부터 제기되어 왔다. 자본주의 체제에서, 개인이 노동 시장과 소비 시장을 통해 자유롭게 삶을 영위하는 것처럼 보이지만, 실상은 새로운 형태의 지배와 종속관계가 형성되었다는 문제의식이다.

근대적 개인의 탄생

근대적 개인(individual)이라는 개념은, 중세 봉건 사회와의 결별 과정에서 형성되었다. 봉건제도 하에서 사람들은 가문, 신분, 길드, 영주의 지배 속에서 집단적 관계에 묶여 있었다. 그러나 14세기 말부터 시작된 르네상스, 종교개혁, 상공업의 발달, 도시화의 진행과 함께 개인이 독립적인 경제·사회 단위로 활동할 수 있는 여건이 조성되었다.[54]

르네상스 인문주의는 인간을 사상과 예술의 중심에 놓았고, 종교개혁은 교황과 성직자 중심의 위계질서를 일부 붕괴시키며 개인의 양심과 신과의 직접적 소통을 강조했다.[55] 이러한 사상적 토대 위에서, 상업자본이 발달하고 도시가 성장했다. 중세 영주나 귀족의 봉건 지배에 묶여 있던 농민 중 일부는 도시로 이동해 자유도시(Bourg)의 상인·수공업자로 변모했다.

이렇게 촉발된 변화는 결국 근대 시민혁명으로 이어졌다. 전제군주와 봉건적 질서를 타파하고, 입헌주의와 시민권에 기반한 새로운 국가 체계를 확립했다. 이 과정에서 '인간은 태어날 때부터 자유롭고 평등하며, 그 권리는 국가가 함부로 침해할 수 없다'는 원칙이 헌법과 선언을 통해 제도화되었다.

근대적 개인은 이렇게 세 가지 축을 배경으로 탄생했다. '시민혁명과 헌법을 통한 법적·정치적 자유 확립', '시장을 통한 경제적 자립과 자발적 교환 확산', '인문주의·계몽주의 사상에서 비롯된 인간 이성과 개인적

---

54) 르네상스(14~16세기), 종교개혁(16세기), 대항해 시대 등의 변화는 중세 말 봉건질서를 흔들어 놓았다. 특히 인문주의가 인간 중심 세계관을 부각하며, 개별 인간의 능력과 가치에 관심을 집중시켰다.

55) 마르틴 루터(Martin Luther)의 '오직 신앙(*Sola Fide*)'과 '오직 성서(*Sola Scriptura*)'라는 구호는, 교회 권위 없이도, 성직자의 매개 없이도 개인이 성서를 읽고 신과 소통할 수 있다는 관념을 확산시켰다.

자율성에 대한 신념'이 그것이다.

시장이 부여한 자유의 실체

근대의 사상가들은 시장이야말로 개인의 자유를 실현하는 가장 효과적 메커니즘이라고 보았다. 애덤 스미스는 『국부론』(1776)에서, '보이지 않는 손'이 개인의 이기적 행위를 공익으로 이끈다고 주장했다.[56] 이로써 사람들은 봉건적 공납이나 영주의 명령 대신, 계약과 화폐에 따라 협력하게 되었다.

그러나 산업혁명 이후의 현실은 이론과 달랐다. 대규모 공장이 등장하고 자본가-노동자 간 격차가 심화되면서, 노동자들은 생존을 위해 임금노동에 종속될 수밖에 없는 구조가 형성되었다. 법적으로는 '근대적 개인'으로서 자유 계약을 맺지만, 실질적으로는 굶주림을 피하기 위해 저임금·장시간 노동을 감수해야 하는 상황에 놓였다.[57]

마르크스(K. Marx)는 이 점을 임금노동 착취 구조로 해석했다. 법과 제도는 '노동자가 자유롭게 계약한다'고 선언하지만, 그 배후에는 자본과 생산수단을 독점한 계급이 존재한다. 노동자에게 주어진 자유는 사실상

---

56) 애덤 스미스(Adam Smith)는 시장에서 각 개인이 합리적 이익을 추구하면, '보이지 않는 손'에 의해 생산이 증가하고 분업이 발전한다고 했다. 이는 자유주의 경제학의 기초다.

57) 산업혁명 시기 아동노동, 장시간 노동, 저임금, 작업환경 악화 등이 18~19세기 영국 등 노동자들의 현실이다. 법적으론 '자유 계약'이었으나, 실제로는 선택권이 거의 없었다.

자본가의 조건을 받아들이거나 굶어 죽는 것 사이의 선택에 불과하다는 것이다.[58] 칼 폴라니(Karl Polanyi) 역시 시장이 모든 사회 영역을 지배하려 하면 결과적으로 사람과 자연을 상품화해 파탄에 이른다고 지적했다. 본래 노동과 토지는 인간의 삶과 공동체의 토대였으나, 근대 자본주의 시장은 이를 '살아있는 노동 상품', '토지 상품'으로 변질시켰다.[59]

따라서 시장이 부여한 자유는, 법적으로는 평등과 자유를, 경제적으로는 자본 종속이라는 이중성을 띤다. 많은 시민혁명가와 자유주의 사상가들이 꿈꿨던 "모두가 자율적 주체로서 자유를 누리는 세상"은 실제 자본주의 전개 과정에서 심각하게 훼손되었다.

그렇다면, 왜 그럼에도 불구하고 사람들은 시장을 자유 실현의 장으로 받아들였을까? 개인의 소유권과 사적 이익을 보호해 주는 법·제도가 등장하고, 왕과 귀족의 전근대적 억압이 사라지면서 시장경제가 기존 체제보다 훨씬 개인의 자발적 의지를 존중하는 구조처럼 인식되었기 때문이다.

결국, 시장에 기반한 근대적 개인은 공식적으로 '자유인'으로 인정받았음에도, 실제 삶에서는 빈부 격차, 계급 불평등, 제국주의적 식민지 수탈 등을 통해 다양한 방식으로 종속되거나 소외되었다. 이는 시장이 부여한

---

58) 마르크스(Karl Marx), 『자본론(*Das Kapital*)』에서 "노동자는 생산수단을 소유하지 못한 채, 자기 노동력을 상품으로 판매하는 이중적 자유를 가진다"고 풍자했다. 즉, 봉건적 속박에서 해방되었지만, 동시에 자본가에게 노동력을 팔 수밖에 없는 구속에 갇힌 셈이다.

59) 칼 폴라니(Karl Polanyi)는 근대 자본주의 시장이 노동·토지·화폐를 상품화함으로써, 사회적 연대를 파괴하고 대규모 혼란을 야기한다고 지적했다. 칼 폴라니, 『거대한 전환』, 홍기빈 옮김, 길, 2009.

자유의 진정성에 대한 끊임없는 의심을 낳는다.

자유주의 이상과 현실 사이

시장이 부여한 자유를 이론적으로 뒷받침한 근대 사상은, 흔히 고전적 자유주의(classical liberalism)라 불린다. 존 로크, 애덤 스미스, 토머스 제퍼슨 등이 그 기틀을 다졌으며, 이들은 소유권과 계약의 자유, 국가권력의 제한 등을 핵심으로 삼았다.[60)]

고전적 자유주의가 등장할 당시에는, 전제군주와 봉건 귀족이 경제·정치 권력을 독점하며 개인을 억압하던 현실이 지배적이었다. 따라서 시장과 사유재산이 개인을 자유롭게 한다는 고전적 자유주의의 주장은, 당시로서는 상당히 해방적인 성격을 띠었다.

문제는, 왕권이나 귀족제도가 사라진 자리에 자본과 계급이 새롭게 등장하면서, 또 다른 형태의 부와 권력이 집중되었다는 점이다. 고전적 자유주의가 강조한 야경국가(night-watchman state)는 실질적으로 자본가들에게 유리하게 작동했다.[61)]

---

60) 고전적 자유주의는 개인의 재산권, 계약의 자유, 표현의 자유 등 기본권을 강조하며, 국가는 치안·외교·재판 등 최소 기능만 수행해야 한다고 주장했다. 존 로크, 애덤 스미스, 토머스 페인 등이 대표적 이론가다.

61) 야경국가론은 19세기 중반 영국 등지에서 부상했다. 경찰과 군대, 법정 등 최소 기능을 빼고는 국가가 아무것도 하지 말아야 한다는 입장이다.

19세기 중반 이후, 잦은 노동자 파업과 사회주의 운동, 공황 등이 발생하면서, 자유주의 이념은 개인의 자유를 유지하면서도 어떻게 실질적 복지를 보장할 것인가라는 딜레마에 봉착했다. 이는 사회적 자유주의(social liberalism)와 복지국가 모델로 이어졌다.[62)]

결국, 시장이 부여한 자유는 진정한 해방인지, 아니면 또 다른 지배 구조인지를 둘러싸고 근대 이후 지금까지 치열한 논쟁이 계속되고 있다. 오늘날 신자유주의(neoliberalism)가 다시금 시장 원리를 강조하며 복지와 규제를 축소하려는 흐름을 보이지만, 그 결과로 사회 양극화가 심화됐다는 비판도 만만치 않다.[63)]

근대적 개인의 일상: 자유로운 주체인가, 시장의 부속품인가

근대가 열리면서, 사람들은 이전 시대와 비교해 훨씬 자기 주도적인 삶을 상상할 수 있게 되었다. '어떤 직업을 택할지, 어떤 상품을 살지, 어떤 정치 후보를 지지할지 스스로 결정한다'는 의식이 확산되었다.

하지만 실제 산업사회에서 개인들은 공장·사무실·상점 등에서 임금을

62) T.H. 그린(Thomas Hill Green), 레너드 홉하우스(L.T. Hobhouse), 존 홉슨(John A. Hobson) 등이 전개한 사회적 자유주의는, 국가가 교육·보건 등 복지를 통해 개인의 실질적 자유를 돕는 것이 필요하다고 주장했다.

63) 1970~80년대 신자유주의(프리드먼, 하이에크 등)는 '시장의 자유'를 재강조하며 복지 축소, 규제 완화, 민영화를 추진했지만, 한편에선 공공부문의 약화와 함께 사회 불평등이 심화되었다는 비판이 제기되었다.

벌기 위해 하루 대부분의 시간을 일해야 했고, 저임금·장시간 노동에 시달리는 경우도 흔했다. 이들은 법적으로는 자율적 시민이었지만, 생계를 유지하려면 자본가가 지배하는 노동시장 질서를 따를 수밖에 없었다.64)

소비 영역에서도 마찬가지다. 시장을 통해 자유롭게 상품을 살 수 있다는 것은, 겉보기에 '내가 원하는 대로 선택한다'는 의미처럼 보이지만, 실제로는 광고·유행·기업 전략 등이 소비 패턴을 유도한다.65)

이처럼, 근대적 개인이 자유로운 주체인지, 아니면 시장 메커니즘의 부속품인지에 대한 해석은 동전의 양면처럼 공존한다. 개인이 왕과 봉건 영주에게서 해방된 것은 사실이나, 동시에 임금노동과 소비시장에 종속되는 또 다른 구속 상태에 들어갔다는 논리가 성립하는 것이다.

한편에서는 시장 자유가 노동력 착취를 은폐하는 이데올로기에 불과하다고 보기도 하고,66) 다른 한편에서는 국가 개입을 최소화해야 개인 자율성이 극대화된다고 주장한다. 또한 시장을 존중하되 국가 개입과 재분배를 통해 불평등을 완화해야 한다는 절충적인 접근도 있다.

---

64) 헨리 포드(Henry Ford)의 대량생산-대량소비 모델이 보급되면서, 노동자들은 안정적 임금을 받았지만, 단순화된 공장 노동에 매몰되기도 했다. 안토니오 그람시(Antonio Gramsci)는 이 방식에 '포디즘(Fordism)'이라는 이름을 붙였는데, 그 핵심은 인간의 노동이 기계와 하나가 되는 '결합노동'(Combined Labor) 즉 '인간의 기계화'이다.

65) 에드워드 버네이스(Edward Bernays) 등 선전·광고 전문가들은 대중 심리를 이용해 소비를 촉진하는 기법을 발달시켰다. 개인은 "내가 원해서 샀다"고 믿지만, 사실상 광고가 욕망을 조작했을 수 있다는 것이다.

66) 맑스주의에서는 근대 자유주의 국가가 자본가 계급의 이익을 보호하는 도구로서 기능한다고 파악한다. 즉, 법과 제도는 계급투쟁에서 자본 측의 우위를 보장하는 장치라는 것이다.

그러나 어떠한 입장이든, 근대적 개인이 시장 관계 속에서 구체적으로 어떻게 살아가는지를 살펴보지 않고서는 완전한 답을 내리기 어렵다. 어떤 사람들은 창업이나 투자를 통해 경제적 성공을 거두며 상당한 자유를 누리는 반면, 또 다른 다수는 저임금, 불안정 고용 때문에 자유를 체감하지 못한다.[67)]

따라서, 시장 자유가 근본적으로 '가짜 자유'라고 단정짓기도 어렵고, 그렇다고 '완전히 해방적'이라고 옹호하기도 어렵다. 이러한 애매한 위치로 인해, 근대적 개인은 줄곧 '내가 정말 나 자신을 위해 살고 있는가, 아니면 자본과 시장에 길들여진 존재인가'라는 내면적 갈등을 겪어왔다.

자본주의 시장과 근대 국가의 결합

여기서 한 가지 더 주목해야 할 점은, 근대민족국가(nation-state)가 시장경제와 결합했다는 사실이다. 1648년 베스트팔렌 조약 이후, 유럽을 중심으로 주권 국가 체제가 확립되면서, 각 국가는 내부 시장을 통합하고 외부와의 무역을 관리하며 경쟁하는 주체가 되었다.[68)]

---

67) 예컨대 동일한 시장 경제 체제하에서도, 상층 계급은 투자·창업 등 다양한 선택지를 누리지만, 하층 노동자는 저임금·불안정 직종에 몰린다. 같은 자유로운 시장이라 해도 계층에 따라 실질 내용이 달라진다.

68) 베스트팔렌 조약(1648)은 근대 국제질서의 시작점으로 간주된다. 이때부터 유럽을 중심으로 자율적 주권을 갖는 근대 민족국가들이 확립되었으며, 각국은 국가 단위로 시장을 발전시키고 해외 식민지를 개척했다.

시장과 근대민족국가의 결합은 국경 내에서는 개인의 재산권과 계약 자유를 확립하고, 국경 밖으로는 무역 경쟁과 식민 지배를 전개하는 형태로 나타났다. 이 과정에서, 자국민에게는 시장 자유를 제공하면서, 식민지 민족이나 하층 계급에 대해서는 폭력적이고 차별적인 통치를 행사하는 이중성을 보였다.[69]

또한 내부적으로도 국가는 헌법과 법률을 통해 개인의 자유를 보장한다고 표명했지만, 동시에 군사·세금·경찰 등의 기제를 통해 개인을 통제하는 권한도 확보했다. 이는 '자유를 보호한다는 명분으로 국가가 개인을 관리·감시하는 구조'로 발전할 가능성을 내재하고 있었다.

결국, 근대적 개인이 시장경제 속에서 자유를 보장받는다고 해도, 그것은 근대 민족국가라는 틀 안에서만 유효한 자유였다. 외부인이나 비(非)시민에게는 이러한 자유가 적용되지 않는 경우가 많았고, 내부에서도 공적 권력을 동원해 각종 규제와 제한이 가해졌다. 즉, 근대 민족국가가 구축한 시장 질서 안에서만 자유가 가능했던 것이다.

현대로 넘어오면, 시장 자유에 대한 평가가 더욱 복잡해진다.

20세기 중반, 대공황과 세계대전을 거치며, 서유럽 국가들은 복지국가를 발전시켜 사회적 안전망을 구축했다. 그러나 1970년대부터 신자유주의가 대두되면서 복지 축소와 규제 완화가 추진되었고, 이는 다시금 양극

69) 19~20세기 초 영국·프랑스·독일 등은 자유무역과 해상력, 식민 통치를 결합하여 자원을 수탈하고, 본국 시민에게는 경제적 번영과 자유를 제공했다.

화 문제를 심화시켰다.[70)]

최근에는 플랫폼 경제와 디지털 자본주의가 등장해, 개인들이 앱과 알고리즘을 통해 새로운 형태의 자유로운 거래를 누린다. 그러나 실제로는 빅테크 기업이 데이터를 독점해, 이용자의 선택권을 은밀히 제한하거나 조종하기도 한다.[71)] 시장의 형태가 변모했음에도 '개인이 정말 자율적으로 의사결정하는가, 아니면 기업과 알고리즘에 의해 유도되는가'라는 근본 문제는 여전히 남아 있다.

근대적 개인의 내면 형성: 자유 주체인가, 규율된 존재인가

근대 시장의 등장과 함께, 근대적 개인은 단지 경제·법적 지위만이 아니라, 자기 내면 역시 새롭게 형성하게 된다.

미셸 푸코(Michel Foucault)는 "근대적 권력은 개인의 몸과 내면을 규율(discipline)하여 스스로 통제하고 책임지는 주체를 만들어 낸다"고 분석했다. 가령 학교·공장·감옥·병원 등 제도가 개인에게 특정한 규칙과 습관을 내재화하고, 개인들은 자발적으로 그 틀에 맞춰 행동하게 된다는 것이다.[72)]

---

70) 20세기 중반 서유럽 복지국가는 1970년대 오일쇼크와 경기 침체를 겪으며 위기를 맞았고 영국의 마거릿 대처 정부, 미국의 로널드 레이건 정부 시기에 신자유주의가 부상했다.

71) 쇼샤나 주보프(Shoshana Zuboff), 『감시 자본주의 시대』(*The Age of Surveillance Capitalism*)는 빅데이터 기업이 이용자의 행동을 예측·조종하는 구조를 분석하며, 이것이 '새로운 형태의 종속'을 낳는다고 주장한다.

시장경제 하에서 개인은 합리적 주체로서 나의 욕망을 조절하고, 경제적 이익을 계산하며, 계약을 통해 타인과 협력한다는 자기 규율(self-discipline)을 내면화된다. 이는, 재화를 사고팔면서 이익을 극대화한다는 사고방식을 습득하고, 국가가 제시하는 윤리 기준에 따른 합법적 행위를 하는 것을 의미한다. 이러한 과정은 자유로운 선택처럼 보이지만, 실제로는 훈육된 욕망의 결과일 수도 있다. 개인은 시장이 허용한 범위 내에서만 욕망하고, 스스로를 통제하는 규율된 주체가 되는 것이다.

근대적 개인의 자유는 이처럼 자율과 규율의 결합으로 구성된다. 개인은 봉건적 억압에서 해방되어 자신이 원하는 것을 선택할 수 있지만, 국가와 시장이 설정한 제도·규칙을 내면화해, 합법적 욕망과 합리적 행동을 스스로 실천해야 한다. 자기 규율이 정립된 이런 자유를 '규율된 자유(disciplined freedom)'라 명명해 볼 수 있다.

이는 '자유의 제도화는 소외와 억압을 은폐하는가'라는 근본적인 질문으로 이어진다. 시장과 국가가 공식적으로 개인의 자유를 보장하는 것처럼 보이지만, 실제로는 특정 집단이나 계급, 나아가 전 지구적 차원에서

---

72) 미셸 푸코는 『감시와 처벌(*Discipline and Punish : The Birth of the Prison*)』(*Surveiller et punir*, 1975)에서, 인간관계 속에 존재하며 지식을 생산하는 권력, 나아가 인간 자체를 만들어내는 현대사회의 권력을 규율 권력(Disciplinary Power)이라 규정한다. 학교, 공장, 감옥, 수도원, 군대 등을 통해 확산되는 규율 권력은 전근대 시대의 권력처럼 단지 개인을 억압하고 처벌하는 것이 아니라 사회에 유용한 자원으로 빚어내는 것을 목적으로 한다고 주장한다. 이를 통해 현대사회의 거의 모든 분야에서 자기통제와 자기 감시가 이루어진다고 주장한다. 미셸 푸코, 『감시와 처벌』, 오생근 옮김, 나남, 2020.

소외와 억압을 정당화하는 메커니즘으로 작동했을 수도 있기 때문이다.

가령 식민지 시대 유럽 열강들이 자국민에게는 자유시장과 시민권을 강조하면서도 식민지 민족의 노동력을 착취했듯이, 또 자본가들은 더 많은 사회적·경제적 권력을 행사하는 반면 다수 대중은 '노동력 판매' 외에 달리 선택할 여지를 갖지 못할 수도 있듯이 말이다.[73)]

시장경제가 근대적 개인에게 부여한 자유는 분명 전근대적 구속으로부터의 중요한 해방이었다. 그러나 그 자유가 진정한 자유인지 아니면 새로운 형태의 구속인지는 단순히 판단하기 어렵다. 시장 자유는 인간사를 변화시킨 강력한 동력이면서, 수많은 모순과 갈등을 함께 낳은 복합적 현상이기 때문이다.

그렇다면 우리는 다시 근본적 질문을 던질 수 있다. 시장과 국가가 유지되는 한 자유의 이면에 있는 모순 즉, 소외와 억압이 끊임없이 재생산될 수 밖에 없는가? 만약 AI시대에 시장과 국가 시스템이 약화되거나 허물어진다면 마침내 인간은 본질적 자유 그 자체를 향유할 수 있을 것인가?

73) 법적 평등이 선언된 사회에서도, 자산·교육·사회적 자본이 부족한 계층은 사실상 불평등하게 출발한다. 소수자와 여성, 이민자 등은 더욱 차별받을 가능성이 크다.

2. 자유의 제도화는 소외와 억압을 은폐하는가?

근대 국가와 자본주의 시스템은 '인간은 본래 자유롭고 평등하다'는 선언을 헌법과 법률에 명문화하고, 이를 사회질서의 기본원리로 삼았다. 그런데 이 선언의 이면에는 실제 현실과 동떨어진 명목상 자유가 존재해 왔다는 지적, 즉 '자유의 제도화가 소외와 억압을 은폐하는 것 아닌가'라는 의문이 계속 제기되어 왔다.

시민혁명과 시장경제의 결합 속에서 탄생한 근대적 개인은 봉건적 신분제와 왕권의 굴레에서 벗어나, 법과 제도가 보장하는 근대 자유를 획득한 듯 보였지만, 실제로는 노동력 상품화·계급 불평등·착취 등 새로운 억압 구조에 놓였다. 정치적·제도적으로 포장한 자유 아래에서, 수많은 사람들은 실업이나 빈곤, 인종 차별, 젠더 억압, 이주민 차별 등으로 인해 실제로는 선택의 폭이 극도로 제한된 상태였다.

즉, 자유의 제도화 과정에서 사실상 소외와 억압이 공식화되고, 국가나 사회는 개인의 불만을 무마하거나 외면했다.

자유의 공개 선언과 이면의 실상들

1789년 프랑스혁명은 자유·평등·박애를 표방했지만, 실상 재산과 성별에 따라 '능동 시민'과 '수동 시민'으로 구분되었고 농민과 도시 빈민,

여성 등에는 참정권이 허락되지 않았다.[74] 혁명의 이념은 모든 인간을 포괄하는 것 같았으나, 실제로는 일정 수준의 재산을 가진 '능동 시민'인 부르주아 남성 중심으로 작동했다.

미국도 마찬가지였다. 1776년 '모든 인간은 평등하게 창조되었다(all men are created equal)'는 미국 독립선언문의 내용이 무색하게, 흑인 노예제와 원주민 학살은 독립 후에도 지속되었다. 심지어 미국 헌법은 노예를 온전한 인간이 아닌 '5분의 3' 인간으로 간주하는 조항을 두기도 했다.[75] 법적으로는 '자유로운 개인'이었지만, 이는 백인 남성에게만 한정됐다.

앞서 영국 명예혁명으로 입헌군주제가 탄생했을 때도, 실질적으로 참정권을 행사한 계층은 대지주나 상인 계급에 국한되었다. '법 앞의 평등'은 노동자와 하층민은 배제된 채 귀족·자본가만이 정치와 경제를 독점했다.[76] 이런 상황에서, '법이 자유를 보장한다'는 구호는 결과적으로 기존

---

74) <인간과 시민의 권리 선언(The Declaration of the Rights of Man and of the Citizen)>(1789)이 "인간은 태어날 때부터 자유롭고 평등하다"고 선언했지만, 여성과 하층민은 선거권이나 재산권을 누리지 못했다. Man을 '인간'으로, Citizen을 '시민'으로 번역해, '인간과 시민의 권리선언'이지만, 여기엔 여성은 인간도 시민도 되지 못했고, 여성의 인권도 없었다. 2년 후, 올랭프 드 구주(Olympe de Gouges)의 <여성과 여성 시민의 권리 선언(The Declaration of the Rights of Woman and of the Female Citizen)> (1791)이 이 점을 비판했다. 하지만 또다시 2년 후인 1793년 그녀는 로베스피에르의 자코뱅파들에 의해 체포되어 반역죄로 단두대에서 처형되었다. 그녀는 "여성이 단두대에 오를 권리가 있다면 연설 연단 위에 오를 권리도 있다(Women have the right to mount the scaffold, they must also have the right to mount the speaker's rostrum : 여성인권선언 제10조)"는 주장으로도 유명했고, 미술가 故 백남준 작가의 <올랭프 드 구즈> 작품이 '파리 모던아트 박물관'에 전시되어 있다.

75) 1787년 미국 헌법에서 인구 비례에 따라 하원 의석수와 세금을 배정할 때 1명의 노예는 5분의 3으로 계산하는 이른바 3/5 절충안(Three-Fifths Compromise)이 적용됐다. 이는 노예를 재산으로 취급하면서도 정치적 편의에 따라 일부 인구로 계산함으로써 백인 농장주들과 남부 주에 더 많은 정치적 영향력을 부여하는 야합의 결과였고, 사실상 흑인의 인간적 지위를 깎아내렸다.

특권층의 권력 기반을 합리화하는 역할을 했다.

근대 헌법과 법률이 명문화한 개인의 자유는 대중 다수에게는 비현실적 관념에 불과했고, 실제로는 엘리트층이나 특정 계급·인종·성별에게만 실질적 이익이 돌아갔다. 물론, 이러한 비판이 근대적 자유 자체를 전면적으로 부정해야 한다는 의미는 아니다. 시민권의 확대와 헌법의 탄생이 전근대적 질서보다 발전적 측면을 갖는 것도 사실이기 때문이다. 그러나 중요한 점은, 법적·공식적 자유와 실제 삶에서의 자유 사이에 현실적 괴리가 얼마나 컸는가 하는 점이다. 근대 민족국가는 그 괴리를 직시하지 않았을 뿐만 아니라, 오히려 제도화된 자유라는 명분으로 은폐했다.

법·제도는 어떻게 소외와 억압을 은폐하나

그렇다면, 근대 국가와 법·제도가 '자유를 보장한다'고 선언하면서, 동시에 소외와 억압을 은폐하는 기제는 어떻게 작동하는가? 몇 가지 구체적 매커니즘을 살펴볼 수 있다.

먼저, 형식적 자유·평등의 강조이다. 법이 명시적으로 '모든 국민은 자유롭고 평등하다'고 규정하면, 실제 현실에서 발생하는 차별·배제·빈곤 구조는 개인의 능력 부족이나 개인적 문제로 치부되기 쉽다. 국가나 제도

76) 명예혁명 이후 영국은 귀족·지주 계급 중심으로 참정권이 제한되었고, 노동자·하층민에게는 투표권이 주어지지 않았다. 참정권 확대는 19세기에 여러 차례 걸쳐 점진적으로 이뤄졌다.

의 불합리는 가려지고, 성공하지 못한 이들이 스스로를 탓하게 만드는 식이다.[77] 예컨대, 교육 기회나 자본이 충분치 않은 하층민이 시장에서 소외되어도, 법적으로는 '기회가 모두에게 열려 있다'는 명분이 강조되면 구조적 모순은 가려지고 개인의 게으름이나 능력 부족만 부각된다.

이중 규범의 사례도 있다. 근대 민족국가 헌법에서는 '개인의 인권과 자유'를 보장한다고 선언하면서 실제로는 특정 집단(가령 노동자, 식민지 주민, 여성 등)을 차별·감시·탄압하는 별도의 제도(경찰, 군대, 식민 행정 등)를 운용하기도 한다. 예컨대, 19세기 대영제국이 인도·아프리카 등을 통치할 때 본국 국민에게는 자유무역과 헌법주의를 강조했지만, 식민지인에게는 강제 노동과 폭력을 행사했다. 이때, 제도적으로는 본국과 식민지가 분리된 법적 지위를 가진다는 이유로, '자유를 침해하지 않는다'는 논리를 폈다.[78]

다음은 규율·훈육의 '자유' 명명이다. 미셸 푸코가 지적한 바와 같이, 근대 사회에는 감옥·학교·공장·병원 등 규율 장치가 등장해 개인의 의식과 행동을 통제한다. 그런데 공식적으로는 '이 모든 통제는 너의 자유와 권리를 보호하기 위해서'라는 명분을 내세운다.[79] 즉, 범죄를 막아 안전

77) 마이클 샌델(Michael Sandel)이나 찰스 테일러(Charles Taylor) 등 공동체주의 철학자들도, '공식적으로 기회가 열려 있다'는 말이 실제 구체적 자원·교육·가족배경의 격차를 무시한다고 지적한다.

78) 영국은 자유무역을 명분 삼아, 인도를 사실상 영국 정부의 통제 아래 두었고, 중국과는 아편전쟁을 일으켜 불평등 조약을 체결했다. 그 과정에서 영국 국민은 '영국은 자유를 전 세계에 확산한다'고 믿었으나, 식민지에는 폭력이 행사됐다.

을 보장한다거나, 학교 교육으로 시민의 자질을 키운다는 식이다. 물론, 규율과 교육이 반드시 나쁘다는 뜻이 아니다. 문제는, 이것이 개인의 욕망과 행동을 특정 틀—시장질서, 근면과 노동 윤리, 합리적 시민상—에 맞게 '조작'하면서도, 이를 '자유'라고 부른다는 점이다. 개인은 '내가 스스로 선택한다'고 믿지만, 실제로는 제도와 규율이 허용한 범주 내에서만 움직이는 '내면화된 복종' 상태일 수 있다.

이처럼, 근대 국가와 법·제도가 소외와 억압을 은폐하는 방식은 다양하다. 헌법의 이념과 현실 권력구조 간의 간극, 공식적 평등과 이중 규범의 병존, 규율을 통한 내면 통제를 자유로 명명하는 절차 등등, 수많은 메커니즘으로 작동한다. 그 결과, 개인들은 종종 명목상 자유를 누린다고 여기면서도, 실제로는 구조적 제약 속에서 소외된다.

소외, 자본주의와 근대 국가 속 인간상

소외(alienation)라는 개념은 주로 마르크스주의 전통에서 강조되어 왔다. 카를 마르크스에 따르면, 자본주의 체제에서 노동자는 자기 노동의 결과물(상품)과 생산 과정에서 소외되고, 동료와의 인간적 관계에서도 소외된다.[80] 이런 소외 상태에서 개인은 자유를 법적으로 인정받지만, 실제

---

79) 미셸 푸코는 『감시와 처벌』(*Surveiller et punir*, 1975)에서 감옥·학교·병원 등 규율 장치가 근대 국가에서 '인간성을 계몽한다'는 명분으로 통제를 가하는 방식을 서술했다. 미셸 푸코, 『감시와 처벌』, 오생근 옮김, 나남, 2020.

로는 자신의 삶을 통제하지 못한다.

마르크스가 말하는 소외는 단순한 임금착취 문제만을 지칭하지 않는다. 그는 사람들이 스스로 만든 사회적·물질적 세계(상품, 제도)에 지배당하고, 그 세계를 자기와 분리된 것으로 느끼게 된다고 보았다. 즉, 인간이 사물을 창조하고 제도를 만들었는데, 그 결과물에 자신이 예속당하는 기이한 현상이 발생하는 것이다. 이는 근대적 자유가 표방하는 주체적 개인과 모순되는 상태다.

이런 맥락에서, 근대 자유 제도는 오히려 소외를 심화한다고 볼 수도 있다. 사람들은 헌법과 법률을 통해 '나는 자유롭다'고 학습하지만, 실제 생산·소비 구조에서 소외되어 자기 행위를 통제하지 못한다. 마르크스주의는 이를 '허위의식'(false consciousness)이라 부르며, 지배이념이 현실 모순을 가리는 수단이 된다고 비판했다.[81)]

마르크스주의만이 아니라, 에리히 프롬(Erich Fromm) 등 20세기 사회심리학자들도 자본주의 대중사회의 소외를 지적했다. 개인은 자유롭다고 주장하지만, 사실상 타인의 인정과 소비문화에 얽매여 자기를 잃어버린다는 것이다. 프롬은 『자유로부터의 도피』에서, 근대인이 막연한 불안

---

80) 마르크스(Karl Marx)는 『경제학·철학 수고』에서 소외 개념을 체계화했다. 인간이 노동 과정을 통해 자기 본질을 표출해야 하는데, 자본주의 노동은 그 생산물을 인간에게서 분리·대립시키고, 노동자를 비인간화한다. 카를 마르크스, 『경제학-철학 수고』, 김태희 옮김, 필로소픽, 2024.

81) 허위의식(false consciousness)은 맑스주의에서, 피지배 계급이 지배이념을 받아들여 현실 모순을 인식하지 못하는 상태를 가리킨다. 이는 근대 자유 이념이 "누구나 성공할 수 있다"는 식으로 보편화된 사례에서도 볼 수 있다.

때문에 스스로 권위적 체제나 마케팅 심리에 휘둘린다고 분석했다.[82)]

소외된 개인은 자유를 가진 듯 보이지만, 본질적으로 비자발적·수동적 행동을 하게 된다. 경제 영역에서나 정치 영역에서나, 스스로 결정한다고 믿지만, 사실상 수많은 구조적 영향력에 굴복하는 것이다. 이런 상황에서, 법과 제도가 '당신은 자유롭다'고 말하면, 그 괴리는 더욱 커진다. 이 괴리가 극단으로 치닫게 되면 개인은 자책감이나 무력감에 빠지기 쉽다.

결국, '자유의 제도화가 소외와 억압을 은폐한다'는 비판은, 개인이 시스템 내에서 경험하는 실존적·사회적 괴리와 연결된다. 겉보기에는 자율적 주체지만, 실제로는 시스템이 제공하는 옵션 안에서만 움직이며, 시스템이 강요하는 규범을 내면화한 상태, 이것이 바로 근대의 자유가 지닌 내적 딜레마다.

제도화된 자유의 이면: '정상화' 이데올로기와 규율

한편, 근대 의학·법·교육 체계도 개인을 '정상적인' 주체로 규정하고, 그 기준에 맞지 않는 사람(범죄자, 정신병자, 장애인, 비표준적 성적 지향 등)을 '비정상'으로 분류해 통제한다.

미셸 푸코는 이런 과정을 '규율 권력(disciplinary power)의 작동'이라

82) 에리히 프롬은 『자유로부터의 도피』(1941)에서, 개인이 자유를 얻었지만 불안 속에서 권위나 소비 문화에 의지해 자발적으로 예속되거나 도피한다고 분석한다.

부르며, 근대 사회에서 '자유민주시민'을 육성한다는 명목으로 인간을 분류·감시하는 제도가 확립되었다고 분석했다. 즉, 개인에게 '너는 자유롭다'고 말하지만, 동시에 다양한 장치(병원, 교정시설, 학교, 공장)가 '너는 어떤 행동을 해야만 정상적 시민으로 인정받는다'는 규범을 주입하는 것(training and normalization)이다. 사람들은 '자유롭게' 그 규범을 내면화(internalization)하고 스스로를 감시하며, 동시에 이를 어기는 이들을 '비정상'으로 낙인찍어 배제한다.[83)]

결과적으로, 자유를 보장한다는 근대 국가 아래서도, 사람들은 '자발적 동의'를 통해 자기 삶을 규정해 가지만, 그 배후에는 대량의 통계·행정·의학 지식이 개인을 유형화하고 규정하며, 벗어나는 사람들을 처벌·치료·교정하는 방식이 구축된다. 이렇게 제도화된 자유는 본질적으로 순응적 존재를 양산하기 쉽다.

따라서, '자유의 제도화가 소외와 억압을 은폐한다'는 비판은, 단지 경제·계급 문제만이 아니라, 근대 전반의 규범·의학·교육·사법·행정 등 다양한 영역에 걸쳐 제기된다. 표면적으로는 자유, 이면적으론 규율·통제라는 이중 구조로 말이다.

83) 푸코는 과거 군주의 권력이 타인의 생과 사(生死)를 결정하는 힘(sovereign power)에 초점이 있었다면, 이 규제권력은 개인의 행동과 자율규범에 초점을 맞추고 있다. 즉 인간이 권력과 체제, 제도에 순응할 수 있도록 교육시키고, 정상화를 돕는 한편, 내면적으로 '해야할 것'과 '하면 안되는 것'에 대한 자기통제(self-regulation)를 익히도록 한다는 것이다. 나아가 이 모든 것이 잘 진행될 수 있도록 감시(monitoring)하고 위반사항에 대해서는 처벌하는 메커니즘이 구축되어 왔음을 지적하고 있다. 미셸 푸코, 『감시와 처벌』, 오생근 옮김, 나남, 2020. 참고.

신자유주의, 플랫폼 자본주의, 감시 기술

신자유주의(neoliberalism)가 1980년대 이후 전 세계로 확산되면서, 사람들은 이전 복지국가 체제보다 더 큰 개인 책임을 강조하는 담론에 노출되었다. "국가가 아닌 개인 스스로 삶을 개척해야 한다" "시장에서 자기 능력으로 성공하는 것이 참된 자유"라는 논리가 힘을 얻었다.[84)]

동시에, 플랫폼 자본주의가 등장했다. 현대의 개인은 앱과 온라인 플랫폼을 통해 일자리를 찾고, 상품을 사고팔고, SNS로 관계를 맺는다. 표면적으로, 이 시스템은 "누구나 스마트폰 하나로 자유롭게 경제·문화 활동을 누릴 수 있다"고 홍보한다. 그러나 그 뒤에는 빅데이터와 알고리즘을 통해 개인의 행동을 분석·예측·조종하는 권력이 있다.[85)]

감시 기술(CCTV, 온라인 추적, 생체인식 등) 또한 발달하면서, 국가나 기업은 안보·편의·서비스 개선 등을 명분으로 대량의 개인정보를 수집·활용한다. 공식적으로는 "범죄 예방, 이용자 맞춤 서비스"라는 '좋은 목적'으로, 개인 프라이버시와 자유를 침해할 위험이 커진다.[86)]

---

84) 신자유주의 이념은 "개인 스스로 시장에서 경쟁, 자기계발할 자유가 있다"는 담론을 앞세운다. 정부 개입은 비효율로 간주되고, 개인 책임론이 강화된다.

85) 쇼샤나 주보프는 『감시 자본주의 시대』(2019)에서, 빅테크 기업이 '개인 맞춤형 서비스'를 통해 대규모 데이터를 수집·분석하여 이용자 행동을 조종하는 구조를 고발했다.

86) 에드워드 스노든(Edward Snowden)이 폭로한 NSA(미국 국가안보국) 감청 사건 등은, 국가가 테러 방지를 명분으로 시민 데이터 대량 수집·도청을 하고 있음을 폭로했다.

결국, 현대의 제도화된 자유는 더욱 복합적인 모습을 띤다. 국가는 "국민의 안전과 자유를 위한다"며 감시·통제를 정당화하고, 기업은 "소비자의 편의를 위해" 빅데이터와 추천 알고리즘을 이용한다. 개인은 편리함을 누리면서도, 그 이면에는 심각한 소외와 억압—데이터 독점, 정보 왜곡, 사적 공간 침해—이 일어나고 있다는 것을 완전히 파악하기 어렵다.

제도와 기술이 결합된 현대 사회에서, 우리는 어느 때보다 개인적 선택이 자유롭다고 느끼지만, 동시에 그 선택이 시스템과 권력에 의해 세밀하게 관리·유도되고 있음을 목도하기도 한다.

그렇다고 해서, 제도화된 자유가 '전부 사기'라고 단정 짓는 것은 지나친 일반화일 수 있다. 헌법과 법률이 시민의 권리를 보장하고, 국가가 복지 제도를 통해 개인의 역량을 키워주는 경우도 있기 때문이다. 예컨대, 노동법은 최저임금제나 노동시간 제한, 산업재해 보상 등으로 그 범위가 확대되어 왔다. 이는 노동자의 처지를 개선하는 주요 계기가 되었고, 각국의 헌법에 '인간다운 생활을 할 권리' 조항과도 맞물렸다.[87] 또한, 인권조약과 국제기구(UN, ILO 등) 활동으로, 인종차별·성차별 등을 금지하는 국제 규범이 확산되면서, 많은 이들이 법적·제도적 보호를 일부나마 받게 되었다.

87) 최저임금, 노동시간 제한, 산재보험 등 노동법 제도는 자본 측의 무제한 착취를 억제하고, 노동자가 최소한의 인간다운 삶을 유지할 권리를 제도화한다.

그럼에도 우리가, 제도화된 자유가 소외와 억압을 은폐·정당화할 수 있다는 사실 그 자체를 외면하지 않는다면, 우리는 어떻게 소외에서 벗어날 수 있을까? 기존 이념과 제도만으로 분명한 한계가 있다면, 어떤 방식으로 '자유'를 구성해야 할까?

이에 대한 해답은 다양하다. 마르크스주의는 자본주의 철폐와 사회주의적 재조직을 모색했고, 아나키즘은 국가·시장 모두를 부정하며 자율적 공동체를 주장했다. 사회민주주의는 국가가 적극적 복지·재분배를 통해 시장의 문제를 보완해야 한다고 본다. 페미니즘과 탈식민주의, 생태주의 등도 각자 고유한 방식으로 구조적 억압을 해체하려 시도한다.

그러나 이러한 접근들이 실제로 '소외 없는 자유'를 달성할 수 있을지는 여전히 불투명하다. 국가와 시장 제도를 전복한다고 해서, 무의식적 욕망, 문화적 편향, 상호 의존성 등 수많은 요소가 사라지는 건 아니기 때문이다.

다가올 AI시대에서도 소외의 문제는 한층 더 복잡하다. AI와 로봇이 대부분의 노동을 대체한다면 인간은 노동 소외에서 해방될지 아니면 새로운 형태의 종속에 빠질지, 그리고 현재의 제도화된 자유가 소외를 양산한다면, 미래 기술이 이를 더욱 심화하거나 완화할 여지가 있는지까지도 탐색할 필요가 있다.

분명히 제도화된 자유가 인류 역사에 가져온 상당한 발전 역시 무시할 순 없다. 그러나 단순한 선언만으론 실제 소외를 해결하지 못한다는 사실이 중요하다.

어쩌면 AI시대 '소외 없는 자유'로 향하는 새로운 길은 고립된 개인을 넘어, 오히려 관계와 상호의존의 관점으로 인식의 패러다임이 전환할 때 비로소 열리기 시작할 수 있지 않을까.

3장
소외로부터의 자유, 관계로서의 인간

1. 고립된 개인 대 상호의존적 인간

근대 이념 속 개인은 주로 개별적 주체, 즉 이성적·자율적 존재로 그려진다. 사회란 이 개인들의 집합이며, 개인 간 계약과 교환을 통해 질서가 만들어진다는 것이 근대의 전형적 패러다임이다. 존 로크, 토머스 홉스 등은 사회를 개인 간 계약으로 이루어진 집합체로 이해했다.

이에 대한 대안적 관점은 인간이 고립된 주체가 아니라 본질적으로 상호의존적이며, 관계 속에서 비로소 자아실현이 가능하다는 것에서 시작한다. 즉 '관계로서의 인간'이다. 이는 소외로부터의 자유를 새로운 방식으로 해석하게 한다. 소외란 곧 '관계가 파괴된 상태'이며, 이를 극복하려면 관계적 존재로서 인간의 본질을 회복해야 한다는 것이다.

근대적 '고립된 개인'이 가져온 소외

근대 사상은 주로 인간을 자율적 이성을 갖춘 존재로 상정한다. 데카르트가 "나는 생각한다, 고로 존재한다"라고 말했을 때, 그는 "개인의 내면적 사유가 존재 근거가 된다"는 것을 기저에 두었다.[88] 이것은 근대 합리주의와 자유주의의 바탕이 되었고, 이후 계몽주의가 개인의 이성을 신봉하며, 봉건·교회 권위로부터 해방된 '주체적 인간'을 강조하는 데 중요한 기반이 되었다.

문제는 이 '주체적 인간'이 종종 '고립된 주체'로 이해된다는 점이다. 사회는 개인들의 합으로 간주되고, 개인 간의 자유로운 계약과 교환을 통해 질서가 형성된다고 보았다. 이때 개인은 자기자신의 이익을 합리적으로 계산하는 독립된 행위자로, 그 안에서 '내가 원하는 것'을 누구의 간섭 없이 선택하고 실행할 수 있는 것이 자유의 본질이라고 여기게 된다.

이 관점은 전근대적 신분 사회의 강제에서 벗어나 개인의 권리를 보장한다는 점에서 역사적 의의를 지닌다. 그러나 인간이 타인과 맺는 정서적·윤리적·공동체적 연대는 부차적으로 취급된다. 이로 인해 근대적 개인 관점은 소외를 낳았다. 인간의 삶은 실제로 타인과의 상호작용 속에서 유지되며, 정서·돌봄·문화적 공유가 중요한 역할을 하기 때문이다.

노동과 소비가 개인의 주된 사회 참여 방식이 되면, 사람들은 경쟁과 교환을 통해 자신의 이익과 욕망을 충족하기 바빠진다. 협력과 돌봄, 상호 의존의 가치는 상대적으로 가려진다. 이때 개인은 '자유롭다'면서도, 사실상 사회적 연대나 공동체적 유대에서 배제된 느낌을 받게 된다.[89]

---

88) 데카르트(René Descartes)는 『방법서설』(1637)에서 "나는 생각한다, 고로 존재한다(*cogito, ergo sum*)"의 명제를 통해 근대적 자아를 확립했다.

현대 자본주의는 개인에게 "네가 성공하지 못하면, 그것은 네 책임" 이라는 신자유주의적 메시지를 전달한다. 서로가 자율적 주체이고 공평한 출발점에서 경쟁한다고 가정하기 때문에, 실패나 고통은 개인의 책임이 되고, 이는 타인과 공동체로부터 멀어지게 만들고 더욱 깊은 소외를 낳는다.

상호의존적 인간, 새로운 자유의 상(像)

'인간은 본래 상호의존적인 존재'라는 관점은 동서양 여러 사상 전통에서 찾아볼 수 있다. 예컨대 동양의 유교·불교 사상은 인간이 가족·사회·우주와의 조화 속에서 살아가는 관계적 존재임을 강조한다.[90]

인간은 '폴리스적 동물'이라는 아리스토텔레스[91]나, '인간은 역사·문화·언어 공동체 속에 존재한다'는 공동체주의 철학 등도 비슷한 맥락을 갖는다.

이 관점에 따르면, 인간은 태어날 때부터 누군가의 돌봄 속에서 성장

89) 에밀 뒤르켐(Émile Durkheim)은 『자살론』(1897) 등에서, 현대 사회에서 개인이 공동체와의 유대가 약화됨으로써 아노미 상태와 소외가 심화된다고 지적했다.

90) 유교에서는 "인(仁)은 사람과 사람 사이 관계에서 실현된다"고 강조하고, 불교에서는 연기(緣起) 사상을 통해 "모든 존재가 서로 얽혀 있다"고 본다.

91) 아리스토텔레스는 『정치학』에서 인간은 정치적 동물(the state is a creation of nature, and that man is by nature a political animal - 1253a3)로, 공동체(폴리스) 안에서만 완전한 덕과 행복을 실현할 수 있다고 말한다. Jonathan Barnes, ed. *The Complete Works of Aristotle*, The Revised Oxford Translation(One Volume Digital Edition). Princeton University Press, 1995. p.4268.

하며, 자립한 이후에도 개인적으로나 경제적으로나 타인들과 교류·협력을 통해 존속한다. 삶의 모든 국면이 '함께 살아가는 관계'를 전제한다. 이 관계가 제대로 작동하지 않으면, 개인은 생존 자체가 어렵다.

그렇다면, 자유 또한 개인의 상호의존성과 분리해서는 실현되기 어려울 것이다. 이는 '정말 내가 자유를 누리려면, 다른 이들도 함께 자유로운 조건이 필요하다'는 인식으로 이어질 수 있다.92) '상호의존적 인간' 관점에서는, 돌봄과 생산, 공동체의 삶이 서로 유기적으로 얽혀 있다는 점을 중시한다. 자유란 결코 개인 혼자 달성할 수 없고, 상호 돌봄과 협력, 연대가 있어야만 성립한다.93)

이 맥락에서는, 소외는 곧 인간이 관계의 본질을 상실했을 때 생기는 현상이다. 개인주의적 경쟁 사회에서 타인을 잠재적 적이나 도구로만 여기고, 서로 간의 상호 배려와 협동이 사라진다면, 사람들은 점점 고립되고, 삶의 의미를 잃어버린다. 따라서, 소외로부터의 자유는 다시 관계성 회복이라는 길을 통해 가능해진다.

그렇다면 상호의존적 인간 관점에서 '소외로부터의 자유'는 어떻게 가

92) 존 롤스(John Rawls)의 『정의론』이나 아마티아 센(Amartya Sen)의 '역량 접근(capability approach)'에서도 개인이 상호 의존적 존재임을 전제하고, 공정한 분배와 사회적 협력을 통해 개인의 자유를 보장해야 한다고 강조한다.

93) 최영종은 "인간은 역설적으로 함께할 때 더 큰 자유를 누릴 수 있다"라는 논지를 펼친다. 최영종, 신을 만난 이후에: 누미노제 정치의 공동체 변혁, 가톨릭대학교출판부, 2024

능할까? 소외가 타인과의 건강한 관계가 단절된 상태라면, 그 관계를 회복하거나 재편하는 과정이 곧 해방의 실마리가 될 것이다.

먼저, 연대와 협동이다. 개인이 생존과 발전을 위해 타인과 협동하고 연대하는 구조가 확대되던, 소외가 감소할 가능성이 높다. 예컨대, 노동조합이나 협동조합, 지역 공동체 조직 등을 통해 공동의 이익을 추구하고, 권리를 보호하는 행위는 개인주의적 경쟁에서 오는 소외를 완화한다. 사람들은 거기서 정서적 안정과 소속감을 얻고 "나 혼자가 아니라, 우리 함께"라는 인식을 갖게 된다.

또한 돌봄과 상호 배려를 통해서도 '소외로부터의 자유'를 실현할 수 있다. 단, 돌봄과 배려가 일방적 희생이 아니라 상호 의존을 전제로 공유되어야 한다. 예컨대, 가족 내에서 육아·가사 노동을 성별 구분 없이 분담하고, 사회 제도가 이를 지원한다면, 돌봄이 소외와 희생의 상징이 아닌, 함께 성장하는 활동으로 변모할 수 있다.

공통 가치와 협력적 생활양식도 중요하다. 고립된 개인 관점은 각자도생과 경쟁 논리에 익숙하다. 반면, 상호의존 모델에서는 공동체적 가치에 기반한 생활양식을 제안한다. 공유경제와 마을공동체, 협동조합식 생산·소비 방식 등 같은 시도들이 그 예다. 이런 시도들은 관계성을 강화하고, 경쟁보다는 협동을 우선시하려 한다. 이는 상호협력으로 부를 창출하거나, 재화를 분배할 수 있다고 보는 점에서, 소외를 줄이는 전략이 될 수 있다.

고립 대 상호의존: 현대적 조건 속 재검토

현대 사회에서는 디지털 환경과 플랫폼 경제의 확산으로, 인간의 상호의존성이 더 다층적으로 전개된다. SNS나 온라인 커뮤니티 등을 통해 전 세계 사람들과 연결되지만, 실질적인 친밀도나 직접적인 대면 관계가 줄어들어, 정서적 고립이 심해진다는 우려도 있다.94)

수많은 온라인 연결이 있지만, 그 관계가 표면적 교류에 머무를 때, 개인은 더 심한 소외감을 느낄 수 있다. '관계의 양적 증가 對 질적 공허'라는 이중적 현상이 벌어지는 것이다.

이 문제를 해결하려면, 단순한 양적 연결을 넘어서는 질적 관계, 즉 상호 신뢰와 책임을 함께 나누는 공동체가 필요하다. 이런 시도가 성공하려면, 근대적 개인주의가 전제로 삼았던 "내 이익만 극대화하면 된다"는 태도에서 벗어나야 한다. '내 이익도 중요하지만, 그것을 추구하는 과정에서 공동체나 타인의 자유를 파괴하지 않는지'를 외면하거나 부인해서는 안 된다. 오히려 '내' 이익을 극대화하려는 시도가 종국에는 오히려 '내' 이익의 근간을 뒤흔들 수 있다. 생태·환경 문제에서 '내' 편의를 위해 무분별한 소비를 하면 결국 지구 환경이 악화되어 궁극적으로 '내' 자유와

---

94) 인터넷과 SNS를 활용한 on-line 상의 네트워크와 연결이 늘어났지만, 실제 대면 관계의 빈곤으로 외로움을 호소하는 '소셜미디어 패러독스'가 지적되어 왔다. Kraut, R., Patterson, M., Lundmark, V., Kiesler, S., Mukophadhyay, T., & Scherlis, W. (1998). Internet paradox: A social technology that reduces social involvement and psychological well-being?, *American Psychologist*, 53(9), 1017-1031.; 로버트 D. 퍼트넘, 『나 홀로 볼링 *Bowling Alone: The Collapse and Revival of American Community*』, 정승현 옮김, 페이퍼로드, 2016.

생존에도 해가 될 수 있는 것처럼 말이다.

상호의존적 인간 관점을 수용하면, 자유 개념도 바뀐다. 근대 자유가 "타인이나 국가의 간섭 없이 내 권리를 행사한다"는 소극적 의미에 치중했다면, 상호의존 관점에서는 "함께 하는 가운데 능동적으로 자기실현을 이룬다"는 적극적 측면이 강조된다. 즉, '네가 자유롭지 못하면 나도 자유롭지 못하다'는 인식이 자리 잡는다.

예컨대, 장애인을 위한 편의가 '나'에게도 이익이 될 수 있음을 이해하는 사회, 육아 지원이 사회 전체의 삶의 질을 높인다는 사실을 공유하는 사회가 형성된다면, 개인의 소외가 대폭 줄어들 수 있다. "나는 언제든 돌봄과 지원을 받을 수 있고, 나 또한 누군가를 도울 수 있다"는 안정감을 느끼게 되는 것이다.

물론, 이런 관계적 자유는 관계적 책임을 수반한다. '나는 자유롭되, 그 자유가 타인의 자유와 충돌하지 않고, 오히려 타인을 돕는 방식이 될 수 있는가'를 고민하게 만든다. 이 책임은 강제라기보다 '함께여야만 내가 더 자유로워진다'는 깨달음에서 나온다.[95)]

95) 알튀세르(Louis Althusser)의 제자인 에티엔 발리바르(Étienne Balibar)는 평등과 자유는 서로 배타적이지 않음을 강조하며, 두 개념의 보편성으로 인해 모든 인간에게로 확장되는 인권의 보편화를 주장한다. 그는 평등과 자유의 동일성을 표현하기 위해 '평등자유'(*égaliberté* / equaliberty)라는 신조어를 만들어, 참된 자유는 평등 없이 불가능하고 평등 역시 자유를 전제해야 한다고 주장한다.

근대 자본주의 사회에서, 노동은 개인이 소외된 상태로 경쟁하며 생존을 확보하는 과정이었고, '일하지 않아도 되는 자유'는 근대적 관념에서 이상향처럼 여겨져 왔다. AI와 자동화가 발전함에 따라, 실제로 미래에는 대량의 인간 노동이 불필요해질 수 있다는 예측도 나온다.

그런데 만약 이러한 사회가 상호의존 관점과 결합한다면 어떨까. 노동을 바라보는 태도 자체가 달라질 수 있고 소외를 줄일 기회가 될 수도 있다. 일을 통한 생존 경쟁이 줄어들수록, 사람들은 협동과 돌봄, 창의적 활동에 더 많은 시간을 할애할 수 있기 때문이다. 다만, 그 전제는 부와 자원의 분배가 공정하게 이루어지고, 소수 독점이 아니라 상호의존적 협력 체계가 구현되어야 한다. 그렇지 않고 기술과 자본이 독점되면, 즉 고립된 개인 관점이 지속되는 한, 노동 없는 자유는 일부 특권층만의 전유물이 될 것이다.

'일하지 않아도 되는 자유'가 근대적 개인주의 관점에서 구현된다면, '나는 노동하지 않고, 로봇·AI가 생산한 재화를 누릴 수 있다'는 장밋빛 상상으로 이어지겠지만, 이내 '누가 그 로봇과 AI를 소유하는가'라는 문제에 부딪힌다. 반면, 상호의존적 인간 관점에서는, 생산과 분배의 협력 구조가 중요해지므로, 사람들은 '노동 없는 시간'을 공동체 생활과 자기 계발, 돌봄 활동 등에 투자할 수 있다고 기대할 수 있다.

근대적 자유 모델은 분명 개인의 독립성과 권리를 진보시켰으나, 동시에 각자도생(各自圖生) 방식으로 인한 소외와 고립을 낳았다. 소외로부터 벗어나 진정한 자유를 실현하려면 인간을 고립된 개인이 아닌 상호의존적 존재로 재인식해야 한다.

삶은 크고 작은 공동체와 사회 제도, 심지어 생태계까지 아우르는 관계망 속에서 가능하다는 상호의존적 인간 관점이 확장되면, 자유 역시 다른 이와의 관계를 파괴하지 않으면서, 서로를 지지·협력·돌봄으로 연결할 때 비로소 온전하게 성립한다는 인식에 이른다.

이러한 인식은 "개인은 자기 이익을 합리적으로 추구한다"는 근대적 자유주의 가정을 재검토하게 만든다. 실제로 인간은 이익만 추구하는 기계가 아니며, 공동체 가치에 민감하게 반응하는 존재이기 때문이다.

결국, '소외로부터의 자유'는 타인과의 연결이 있고, 상호 의존이 보장되며, 그 안에서 개인이 스스로를 실현할 수 있을 때, 소외는 점진적으로 극복된다. 이는 추상적인 이상이 아니라, 협동조합이나 지역공동체, 사회적 경제 분야 등에서 실험되고 있는 현실이다.[96]

협동과 연대를 통해 얻어낸 자유는 '내가 남을 배제하거나 지배하지 않아도, 충분히 자아실현을 할 수 있는 상태'이다. AI시대 상호의존적 인

96) 토마 피케티(T. Piketty)는 『자본과 이데올로기』에서 재분배와 협동을 통한 더 공평한 사회경제 모델을 제안한다. 실제로 생태·지역공동체 운동, 협동조합 운동 등이 다양한 실험을 진행 중이다.

간관은 모두가 자유로워질 수 있는 구조를 상상하게 만든다. 이는 근대 자유주의가 강조했던 배타적·개별적 자유와 다른 그림이며, 우리는 '함께 자유롭다'는 새로운 지평을 맞이해야 할 것이다.

2. 일하지 않아도 되는 자유가 가능한가?

근대 자본주의 체제에서, 노동은 생존의 기본 수단이자, 자아실현의 통로로 여겨져 왔다. '일을 해야 먹고살 수 있다'는 상식이 지배적이었으며, 자본 축적의 논리도 노동을 통한 부가가치 창출에 기반했다. 따라서 노동하지 않으면 생존이 불가능하거나, 사회에서 소외되는 것이 당연시됐다.

그러나 오늘날, AI·로봇·디지털 자동화 기술이 폭발적으로 성장하면서, 일각에서는 "인간 노동의 상당 부분을 기계가 대신할 날이 머지않았다"고 예측한다. 정말로 일하지 않아도 되는 자유가 도래할까? 그렇다면 인간은 어떤 삶을 살게 될까?

우리는 이러한 근본적 질문에 대한 답을 찾아야 한다.

근대 산업사회에서 노동은 절대적인 비중을 차지했다. 막스 베버는 『프로테스탄트 윤리와 자본주의 정신』에서 종교개혁 이후 프로테스탄트의 금욕적 노동윤리가 자본주의 발전을 촉진했다고 분석했다.[97] 열심히 일하고 절약하는 것이 신의 소명으로 여겨졌고, 이를 통해 부를 쌓는 행위가 사회적으로 정당화되었다.

---

97) 막스 베버, 『프로테스탄트 윤리와 자본주의 정신』, 박성수 옮김, 문예출판사, 2023.

그렇게 형성된 근면·성실 가치관은 근대 전역에 퍼져 "일하지 않는 자는 먹지도 말라"[98]는 명제가 거의 절대선처럼 자리 잡았다. 봉건적 농노나 노예가 억압적 노동에 시달렸던 전근대와 달리, 근대 시민은 자유의지로 노동시장에 참여하는 것처럼 보였지만, 실제로는 생존을 위해 노동해야 하는 구조적 강제 하에 놓였다.[99]

특히 산업혁명 이후의 임금노동 체제는 사람들에게 '노동을 팔아 생계를 유지해야 한다'는 현실적 압박을 주었고, 법적으로는 자유계약을 체결하지만, 대안이 없는 경우가 많았다. 그래서 노동은 근대 시민에게 필수조건이 되어, 자유로운 개인이라 해도, 일하지 않으면 생존이 어려웠다.

이러한 노동 중심 세계관은 20세기에도 이어졌다. 공산주의 체제 역시 "모두가 국가 소유 공장에서 일하며 생산에 기여한다"는 이념을 내세웠고, 민주주의 국가에서도 일정 수준의 고용률 유지가 정치·경제 운영의 핵심 과제가 되었다. 노동을 포기한 채 사는 사람은 빈곤층이나 부랑자로 낙인찍혔고, 극소수 상속자·자산가가 아니라면 현실적으로 가능하지도 않았다.

---

98) 이 명제는 현대 기독교의 경전 중 하나인 <데살로니가후서> 3장 10절에 등장하는 표현으로 사도 바울이 자주 쓰던 격언으로 알려져 있는데, 근대에 자유계약 원리를 통해 이 강제가 더 개인화·내면화됐다. 아이러니하게도 종교를 부인한 공산주의 국가, 구 소비에트 연방의 헌법(제12조)에도 등장한다.

99) 카를 마르크스는 『자본론』(1867)에서 임금노동 체제를 "자유롭게 계약하는 것처럼 보이지만, 생존을 위해 자본가에게 고용되어야만 하는 구조적 강제"라고 해석했다.

결국, 근현대 사회에서 노동은 필연적이고 불가피했다. 여기에 노동윤리가 더해지면서, "노동이 인간을 윤리적으로 고양하고, 성실히 일해야 사회 구성원으로서 인정받는다"는 인식이 널리 퍼졌다. '일하지 않아도 되는 자유'는 근대적 패러다임 안에서 거의 불가능하게 보였다.

노동 가치관의 균열: 자동화와 탈노동 시대

최근 AI·로봇 자동화 기술의 발전은 이런 전제를 흔들고 있다. 머신러닝, 빅데이터, 딥러닝 등으로 인해 과거엔 사람만이 할 수 있다고 여겼던 지적 업무까지 기계가 빠르게 대체할 가능성이 제기된다. 가령 자율주행 기술(운전직), 로보어드바이저(금융 투자), 챗GPT 등 대규모 언어 모델(사무직) 등의 등장은 인간 노동시장의 대규모 변혁을 예고한다.

일부 미래학자들은 이를 탈노동 시대(post-work society)의 도래라 부른다. 기계가 거의 모든 산업 분야에서 고효율로 일해주면, 인간은 더 적은 시간만 일하거나, 아예 일하지 않아도 된다. 실업이 대규모로 발생하겠지만, 동시에 "기계가 창출한 부를 공정하게 분배하기만 하면, 모든 사람의 생계를 보장하는 것도 가능해진다"는 것이다.[100)]

---

100) 탈노동(post-work) 담론 중의 하나로 아론 바스타니(Aaron Bastani)의 『완전히 자동화된 화려한 공산주의(*Fully Automated Luxury Communism*)』(2019)를 들 수 있다. 그는 노동, 자원 등의 희소성이 사라지는 미래가 다가오면서 또 자동화로 인해 노동과 여가(레저)가 하나가 되는 노동의 종말을 초래할 것으로 주장한다.

그렇다면 인간이 일을 전혀 하지 않아도 되는 걸까? 과거의 노동은 생존을 위한 필수 행위였으나, 기술의 고도화로 자동화가 발달하면 생존을 보장하는 노동은 크게 줄어들 수 있다. 노동이 단순한 생존 수단 이상의 의미—예술·창의적 활동—를 지닐 수도 있다는 말이다. 전혀 새로운 형태의 자발적 노동, 취미·놀이와 경계 없는 노동의 부상이다.

일하지 않아도 되는 자유가 가능할 때, 노동을 통해 임금을 벌던 구조가 무너지고, 기계가 생산을 담당하게 되면, 소득은 어떻게 분배되어야 할까? 만약 AI와 로봇을 소수 자본가만이 소유한다면, 그들은 막대한 부를 독점할 것이고, 대부분의 사람은 소득원이 사라져 빈곤 상태가 될 수 있다. 이는 '일하지 않아도 되는 자유'가 아니라, 일할 수도 없고 기본적 생계마저도 위협받는 디스토피아적 상황이다.

반대로 AI 기술의 공공재화와 함께 AI와 로봇의 생산 잉여를 공유하고 사회보장이 제공되는 '협력적 분배체제'[101)]가 가능하다면, 인간은 노동 없이도 생계를 유지할 수 있다. '정말로 일하지 않아도 되는 자유'가 실현될 수 있다는 희망이 생기는 것이다. 하지만 그 전제는 정치적 합의와 사회적 연대, 분배 시스템이 제대로 마련되어야 한다는 것이다.

---

101) '협력적 분배체제'는 호혜(互惠)적이고 균점(均霑 : 고르게 이익이나 혜택을 받는 것)적 분배구조로 정의한다. 개인의 혈통이나 계급, 배경이 중심 기제로 작동했던 전근대적 분배나 자본의 소유나 노력의 유무, 성과의 정도에 따른 근대적 분배와는 다르게, 특정한 조건을 필요로 하지 않고 공동체의 구성원이기만 하면 누구나 충분하게 분배 체제의 수혜자가 될 수 있다는 점에서 차이가 있다.

노동이 사라졌을 때, 인간은 무엇으로 자신의 존재 가치를 확인할 것인가라는 철학적 성찰도 요구된다. 근대 이후 사람들은 직업을 통해 자기 정체성을 구축해 왔지만 노동 없는 시대에는 더 이상 유효하지 않을 수 있기 때문이다.

상호의존적 인간 관점이 구현된다면 노동이 크게 줄어들어도 사람들이 돌봄, 교육, 문화, 자발적 공헌 등 여러 활동을 공유하며, 삶의 의미와 공동체적 관계를 발전시킬 수 있다.[102] 예컨대, AI가 대부분의 생산활동을 맡고, 협력적 분배로 충분한 생계가 보장된다면, 개인들은 생존 부담에서 해방되어 '하고 싶은 활동'에 몰두할 수 있다. 이 과정에서 사람들은 타인과 협력과 연대를 통해 소외 대신 자유를 경험할 수 있게 된다.

물론, 소유와 분배 문제가 핵심이다. AI·로봇 기술의 공공재화가 필수적이며, 복수의 협동조합·공동체가 그것을 공동 소유·관리하거나 사기업의 경우 이익균점제[103] 도입 등 균등한 방식이 필요하다는 주장도 있다. 더 나아가 자본주의와 근대민족국가 체제를 해체하고, 새로운 패러다임 전환으로 대체된 완전히 새로운 정치경제체제를 기대할 수 있다.

---

102) 상호의존적 인간 관점에서 협동조합 방식으로 AI를 운영하거나, 공공 소유로 전환해 생산물 가치를 공유하면, 대다수 구성원이 일을 강제당하지 않고도 충분한 생계를 확보하며, 공동체 활동에 참여할 수 있다.

103) 이익균점제는 자본가가 자본을 출자하는 것처럼 노동자가 근로를 출자한다는 점에서 노동자와 자본가가 동일하게 이익점유 권리를 보장받아야 한다는 제헌헌법 상, 노동권 조항 중 하나다. 제헌국회에서 전진한 의원의 제안으로 도입돼 제헌헌법부터 4차 개헌 헌법까지 유지되다가 5.16 이후 5차 개헌에서 폐지됐다. 제헌의회에서의 이익균점법 추진과정과 역사적 의미에 대해서는 황승흠, '제헌헌법이 정한 근로자 이익균점법 제정의 좌절 또는 침묵'. 『법학논총』, 35(2), 2022, 9-46. 참고.

이 경우 노동의 의미는 '해야만 하는' 일에서 '자발적으로 하고 싶은 일'로 전환된다. 이는 곧, '소외되지 않은 노동'이나 '놀이와 경계가 희미한 활동'으로 이어질 수 있다.

일하지 않아도 되는 자유가 실현된다고 가정했을 때, AI와 로봇이 기본 생산을 담당해도, 사람들은 새로운 욕망에 사로잡혀 또 다른 노동 형태를 만들어낼 것이고, 결국 소외가 여전하리라는 비관론도 있다. 기술 발전만으로 인간의 내면적 욕망이 해소되진 않는다는 점은 충분히 그럴듯하다. 소외는 외부 구조뿐 아니라 인간 심리에서도 발생하기 때문이다. 고립이 해결되지 않는다면, 아무리 육체적 노동이 줄어도 정신적·사회적 소외는 지속될 가능성이 크다.

따라서, 노동 없는 자유를 온전히 누리려면, 욕망과 가치를 재정립하는 일이 필수적이다. 소비와 경쟁을 삶의 전부로 보지 않고, 상호협력 속에서 나누고 소통하는 문화를 만들어내야 한다.

결국, 노동이 없는 세상이 온다고 해서 자동으로 '소외 없는 사회'가 보장되는 건 아니다. 이는 상호협력적 시스템 설계 등 복합적 과제를 해결해야 가능한 일이다. 그렇지만, 적어도 기술적·경제적 측면에서 "인간이 꼭 노동을 해야만 부가가치가 창출되는 시대는 저물 수 있다"는 전망은 '노동 필수론'에 근본적 균열을 일으키고 있다.

4장
자유로운 존재로서의 인간, 새로운 가능성

1. 노동과 레저의 공존 : '노동=여가', '여가=노동'?

셰익스피어의 『맥베스(*Macbeth*)』는 천둥과 번개 속에 나타난 세 마녀의 알쏭달쏭한 대사, " Fair is foul, and foul is fair"로 시작된다. 국내 영문학자와 번역가들은 "선한 것은 악한 것이요, 악한 것은 선한 것이다" 라는 해석부터 '진실과 거짓', '아름다움과 추함', 그리고 '옳은 것(정의)과 그른 것(불의)'에 이르기까지 다양하다.

이 마녀들의 대사를 놓고 진선미(眞善美)와 의(義)의 의미를 담아 어떤 해석을 내놓든 간에, 결국 '선과 악 등 양자 개념의 경계가 모호하고 불완전'함을 의미한다. 경계의 선(線)이 지워지면서 마땅히 차별되고, 구별을 짓던 서로 다른 의미들이 가까워지고 닮아가게 되고, 결국 이분법적 사고(思考)는 '혼동'에 빠질 수밖에 없다.

이를 노동(labor)과 여가(leisure)에 적용시켜 보면, '노동이 여가요, 여가가 노동(Labor is leisure, leisure is labor)'이라는 생각에 이를 수 있다. 과연 노동과 여가 사이의 경계가 사라질 수 있을까? '먹고 살려고 하는 노동'과 '놀고먹자는 레저'가 과연 어떻게 같이 한 물에 어울릴 수 있을까?

노동은 먹고 살기(생존) 위한 강제이고, 피할 수 없는 고통이며, 생산을 위한 의무다. 다시 말해, 노동은 생존을 위한 강제적·의무적 생산활동이다. 사람의 능력마다 다르겠지만, 여기에는 시간투자를 비롯한 나름의 노력과 고통이 필요하다. '일하지 않는 자, 먹지도 말라'는 말을 역으로 생각해보면, '일해야만 먹고 살 수 있다'는 의미로, 노동이 생존과 직결되어 있다는 점을 잘 보여준다.

나아가 노동에 따른 고통분담, 수고분담에 참가하지 않은 사람은 어떤 혜택도 누릴 수 없다는 뜻으로 '노동 = 고통'의 등식을 나타내주고 있다. Labor는 아기를 낳는 출산을 뜻하기도 한다. 출산만큼 고통스럽고 고된 노동이 또 있겠는가.

반면, '여가/레저(leisure)'의 사전적 의미는 '노동이나 의무가 없는 시간' 또는 '활동 중지로 얻는 자유(freedom)'다.[104] 베블런(Veblen)은 '레저'를 '시간의 비생산적인 소모(nonproductive consumption of time)'로 정의한다. 생산적인 작업은 (나에겐) 별로 가치가 없다는 생각에서, 또 게으른 생활을 해도 감당해낼 정도의 재력을 (나는) 갖고 있다는 증거로 내세우기 위해 하는 것이 시간을 비생산적으로 소비하는, '레저'라고 규정

---

104) <Cambridge Dictionary (Web-page)> : "the time when you are not working or doing other duties" <Merriam-Webster Dictionary (Web-page)> : "freedom provided by the cessation of activities especially : time free from work or duties"

한다.[105)]

정리컨대, 노동은 수고가 들고 고통이지만, 꼭 해야만 하는 의무로서 생산 활동이다. 반면, 레저는 강제·의무의 노동이 없는 시간이나 이로써 얻는 자유로, 비생산적인 소비활동으로 요약할 수 있다. 그런데 문제는 '노동은 생산, 레저는 비생산'으로 양 갈래로 갈라놓으면 '즐기면서 하는 노동'은 '기쁨을 얻는 노동'은 설명하기 어렵다. 또한 현시대 '레저'는 어떤 사람들에겐 생산을 위한 귀중한 재충전의 시간이기도 하고, 보통사람들의 눈에는 '레저'이지만 다른 사람들에겐 본업으로서 생산적인 leisure 활동도 많다. 4차 산업혁명 시대, AI가 일상화되는 시대, 이제 노동과 레저의 공존·융합을 생각해야 할 때다.

105) Thorstein Veblen, *The Theory of the Leisure Class*, Oxford University Press. 2007(Originally published: New York : Macmillan, 1899). p.33.

2. '할 필요 없는 일'을 '자발적으로 하는' 인간

AI와 로봇 자동화 시대가 도래하면 생계를 위한 강제적 노동에서 해방될 가능성이 크다. '할 필요 없는 일'을 '자발적으로 하는' 존재로 인간이 거듭나면서, 소외를 극복하고 진정한 자유를 실현할 수 있는 전환점이 될 수 있다.

근대 산업사회에서 노동은 생존을 위한 필수 행위였고, 대체로 필요(necessity)에 의한 강제성을 띠었다. 이 구조가 본격적으로 흔들린 것은 AI·자동화가 등장하면서부터다.

이 구조 안에서 인간은 '필요에 묶이지 않은 일'을 하며 예술·과학·문화·돌봄·교육·종교 등 다양한 분야에서 '생존 압박 없이 자발적으로 이루어지는 활동'으로 훨씬 더 풍부하고 창의적인 결과를 낳을 수 있다.

이런 활동은 의무감이나 강제가 아니라 '하고 싶기 때문에 하는' 동기에서 비롯되며, 그 행위는 소외와 반대되는 자발적 창조가 된다.

예술 창작을 생각해보자. 생존을 위해 그림을 그리는 것이 아니라, 표현하고 싶은 욕구 때문에 심취하고 몰입해 그림을 그린다면, 그 행위는 깊은 만족과 정체성 확인, 때로는 환희심(歡喜心)까지 가져다준다. 자기 결정권이 강화되어 소외를 줄이는 효과도 크다. '내가 하고 싶은 일'을 통해 타인에게 기여하고 영향 받으면서 함께 상호 발전하는 긍정의 선순환이 일어날 수 있다.

여기서 필자가 '환희심'이라는 단어를 사용하는 것은 '노동=고통'의 기존관념을 넘어서는 차원이 다른, 새로운 세계를 표현하기 위해서다. 과학기술의 발달 혹은 개인의 열정에 의해 몰입과 심취로 이루어지는 새로운 영역의 노동이 있다면. '먹고 살아가기 위한 고통의 연속이 노동'이라는 고정관념을 깨뜨릴 필요가 있다.

국어사전에서는 환희심을 '매우 기뻐하는 마음'으로 풀이하고 있다. 불교에서도 흔히 사용되는 단어이지만, 필자는 감동과 경탄, 보람, 그리고 참맛이 가미되어 심취와 몰입이 있는 '즐기는 노동', '기쁨이 있는 노동'의 의미를 담아 '환희심'이라는 단어를 사용하였다. 삼매(三昧)의 환희심이 있는 노동의 세계를 표현하고자 한 것임을 밝혀둔다.

근대적 개인주의가 만든 인간상은 자기 이익을 위해 합리적 계산을 하는 존재였다. 그런 관점에서 '할 필요 없는 일'에 시간을 쓰는 것은 비합리적이었다. 하지만 현실에서 인간은 이익이 되지 않아도 예술·취미·봉사·연애·놀이 등 다양한 행동을 한다.

이는 인간이 호모 에코노미쿠스(*homo economicus*)에 국한되지 않음을 보여준다. 정서적 만족, 자기표현 욕구, 공감과 연대의 기쁨 등 이익 계산을 넘어서는 동기가 존재한다.

이는 동서양 철학에서도 찾아볼 수 있다. 그리스 신화나 플라톤의 이

상국가에서는 노예가 맡는 필수 노동(노역)에서 제외된 시민들이 철학·예술·정치를 누린다. 만약 AI와 로봇이 그 '노예' 역할을 대신한다면, 폭력 없이도 그런 이상 세계가 가능할 수 있다. 다만 여기서 소유와 통제 문제가 중요해진다. AI와 로봇의 소유 구조에 따라 소수만이 자발적 활동을 누리고 대다수는 배제될 위험이 있기 때문이다.

소외가 '타인의 지시나 제도적 강제에 의해 자신의 행위를 통제당하는 상태'에서 발생하기 때문에[106] '할 필요 없는 일'을 '자발적으로 하는' 인간상이 소외를 극복하는 열쇠가 될 수 있다. 자발적 활동은 "내가 스스로 목적과 동기를 설정해 행위한다"는 자기 결정성을 높여주고, 활동 결과물에 대한 성취감과 의미를 부여한다.

이 자발적 활동이 협력과 돌봄, 예술·학문·문화교류 등과 결합할 때, '나와 공동체가 그리고 세계가 함께 성장하고 있음을 느끼는' 경험이 가능해진다. 마을 공연을 기획하거나, 공동 텃밭을 운영하거나, 과학 프로젝트 협업 등이 그 구체적 사례다. 이것이 '소외 없는 자유'의 구체적 모습이다.

다만 자발적 활동이 모두 긍정적 결과를 보장하는 것은 아니다. 해악

106) 푸코(M. Foucault)의 규율 권력 개념이나 마르크스의 소외론은 "외부 통제나 강제"가 인간 주체성을 약화시켜 소외를 낳는다고 설명한다. 자본주의 임금노동이 대표적 예다. 미셸 푸코, 『감시와 처벌』, 오생근 옮김, 나남, 2020.

을 끼치는 취미나 활동도 존재할 수 있기 때문에 사회 윤리와 법적 규범의 가이드라인은 여전히 필요하다.

결국 '할 필요 없는 일'을 '자발적으로 하는' 인간상은 소외로부터의 해방을 상징한다. 근대적 노동 강제와 생존 경쟁에서 벗어난 사회에서 우리는 진정으로 의욕적이고 창의적인 새로운 형태의 활동을 전개할 수 있게 된다. 근대적 노동이 임금·생산성·효율 등 경제적 지표에 의해 평가되고 규정되었다면, 탈노동 시대에서 자발적 활동은 놀이나 예술, 창조적 활동의 성격을 띠게 된다.

충분한 생계가 보장된 상태에서 하는 활동은 곧, 노동과 놀이의 경계가 허물어진 '환희심 노동'이 된다. 인간이 스스로 원하는 행위에 몰입하여 즐거움을 얻고, 공동체와 연결되며 함께 즐거운 결과를 창출하는 형태다. 이처럼 '할 필요 없는 일'을 '자발적으로 하는' 인간상은 노동이 강제적 생존 수단이었을 때 불가피했던 소외를 극복하고, 자유롭고 창조적인 존재로 거듭나는 가능성을 보여준다.

3. 환희심 노동, 놀이와 경계 없는 삶

인류의 역사와 문화를 깊이 들여다보면, 노동과 놀이가 엄격하게 구별되지 않는 사례들을 발견할 수 있다. 전통적인 장인의 몰입된 작업, 예술가들의 창작 과정, 오픈소스 개발자들의 '커뮤니티 해커톤' 등은 노동이면서도 놀이와 같은 즐거움과 몰입감을 보여준다.

그렇다면 노동이 어떻게 환희심을 동반할 수 있는가? 그리고 그 결과 노동과 놀이의 경계가 사라진 삶은 우리에게 어떤 자유를 가져다주는가?

근대 산업체제에서 노동은 '노동=의무, 놀이=여가'라는 이분법을 더욱 강화했다. 이러한 이분법은 여러 문제점을 낳았다. 인간 존재가 지닌 창의성이나 자발적 몰입은 사실상 노동과 놀이 어느 쪽에도 속할 수 있고, 그 둘을 넘나들며 발현된다. 예컨대, 예술가나 발명가는 자신의 작업에서 놀라운 즐거움과 집중력을 체험하면서도, 사회적으로 가치 있는 결과물을 만들어낸다. 이는 노동이자 놀이, 놀이이자 노동으로 볼 수 있는 혼합 형태다.

근대는 다음 두 가지 이유에서 노동과 놀이를 철저히 분리했다. 우선 대량생산 구조, 즉 공장 체제와 분업 시스템에서 노동자는 철저히 효율·시간표·통제에 맞춰 일해야 했기 때문에 자발적 놀이 요소가 배제되었다.

아울러 자본축적의 측면에서도 놀이가 생산성을 떨어뜨린다고 여겨, 기업과 국가는 놀이를 여가로 밀쳐두고 노동 효율 극대화를 추구했다.[107]

그 결과, 사람들은 하루 중 대부분의 시간을 노동에 투입하며 '의무'를 수행하고, 그 대가로 임금을 받아 생계를 유지한다. 이러한 구조 속에서 놀이는 제한된 여유 시간에만 허용되며, 노동은 소외와 스트레스의 원인으로 인식되는 반면 놀이는 '해방감'을 제공하는 대립적 개념으로 자리 잡았다. 그러나 이러한 노동과 놀이의 이분법적 구분이 과연 절대적일까? 노동이 정말로 즐거움·자발성·놀이적 요소와 결합될 수는 없는가?

실제로 일부 분야에서는 노동과 놀이가 흐려질 때도 있다. 예술·스포츠·IT·스타트업 등의 영역에서는 개인이 자발적 열정을 바탕으로 작업을 수행하며, 몰입 상태에서 놀이하듯 일한다.

프로게이머나 게임 스트리머가 한 예다. 순수한 재미로 시작한 게임을 통해 훈련을 거쳐 프로 대회나 콘텐츠 스트리밍으로 수익을 창출한다. 오픈소스 개발자들 역시 비슷한 패턴을 보인다. 이들의 주된 동기는 금전적 대가 보다는, 자발적 협업에서 오는 즐거움이다. 디자인·예술 분야도 마찬가지다. 작곡가, 화가, 만화가 등은 자기표현 욕구와 창작의 즐거움에서 출발해 작품을 창조한다. 과학이나 학문 연구 분야 또한 마찬가지일 수 있다.

---

107) 자본주의의 대표적 생산방식인 테일러주의(Taylorism)와 포디즘(Fordism)은 공장 시스템에서 효율을 극대화하기 위해 노동 과정을 엄격히 규율했으며, 놀이 요소를 철저히 배제했다.

노동과 놀이를 구분하는 핵심 요소는 자발성과 의무성의 정도, 그리고 생존·경제적 필요가 얼마나 개입되는 지에 달려 있다. 놀이는 자발성이 극대화되고, 경제적 압박이 상대적으로 덜하다. 그러나 이 두 영역이 완전히 분리되어야 하는 것은 아니다. 실제로 놀이하듯 일하고, 일하면서 놀이적 즐거움을 찾는 상태가 충분히 가능하다.

환희심 노동: 몰입·창의·자발성

환희심 노동은, 일 자체에 자발적 몰입 상태가 되어 인간에게 기쁨·열정·성취감을 주는 것을 말한다. 즉 노동이 놀이이고 놀이가 노동인 상태다. 이는 미하이 칙센트미하이의 플로우(flow) 개념과도 통한다. 몰입 상태에서는 시간 감각이 사라지고, 개인은 강렬한 충만감을 느끼면서도 높은 생산성을 발휘한다.[108)]

놀이와 노동이 구분되지 않는 삶을 한번 구체적으로 상상해 보자. 어떤 이는 다른 사람들과 함께 쓰레기를 줍는 친환경 조깅, 플로깅(Plogging)을 기획해 여가를 즐기는 동시에 쾌적한 지역 생활 여건 유지

108) 미하이 칙센트미하이(Mihaly Csikszentmihalyi)는 몰입(flow)이란 자연스럽고, 부드럽게, 마치 물 흐르듯 집중과 행동이 자연스럽게 연결되는 상태로 정의했다. 일(노동)은 몰입을 통해 성취감을 줄 수 있지만, 여가(레저)는 멍하니 무기력에 빠질 수도 있기 때문에 목적·계획, 도전이 필요함을 주장한다. 이 몰입이 최적의 행복과 성취를 줄 수 있다고 보았다. 이희재 옮김, 『몰입의 즐거움(*Flow: The Psychology of Optimal Experience*)』, 해냄출판사. 2021. 참고.

에 기여할 수 있다.

이 상태에서는, 근대적 의미의 '월급 받는 직장'이나 '의무적 생산성' 관념이 사라지거나 크게 축소된다. 소외도 현저히 줄어든다. 왜냐하면, 개개인은 스스로 흥미를 느끼는 활동을 택하고, 그 과정에서 협동과 창의성을 발휘하기 때문이다. 불가피하게 반복되고 지루한 작업이 남아 있더라도, 이를 AI나 로봇이 맡거나, 공동체가 짧게 교대로 분담해 부담을 최소화할 수 있다.

이것이 '놀이와 노동의 경계 없는 삶'의 핵심이다. '노동=억압, 놀이=쾌락'이라는 도식을 깨고, '활동=즐거운 자발성과 유의미한 결과 생산'이라는 새로운 공식을 세우는 것이다. 그 과정에서 사람들은 전례 없이 넓은 범위의 자유를 누릴 수 있고, 소외는 크게 감소한다. 더 이상 '하기 싫지만 해야 하는 일'에 매달리지 않아도 되기 때문이다.

이러한 논의가 결코 공상만은 아니다. 이미 현대 사회 곳곳에서, 노동과 놀이가 결합된 활동이나 조직 운영 방식을 발견할 수 있다.

먼저, 오픈소스 프로젝트에서 실마리를 찾을 수 있다. 리눅스·파이썬 등은 수많은 개발자들이 자발적으로 참여해 코드를 기여하고, 버그를 수정하며, 개선점을 논의하는 방식으로 발전해 왔다. 참여자들에게는 임금이나 강제성이 없지만, '흥미·자부심·협업의 즐거움'이 주요 동기가 되었다.

또 유튜버, 스트리머, 웹툰 작가 등은 자신의 예술·재능·놀이 요소를 사회에 공개하며 수익과 명예를 얻는다. 예술·크리에이터 경제에서 그들은 '즐거움'에서 시작했지만, 점차 창작 활동이 직업화되는 과정을 보여준다.

또한 일부 IT·스타트업에서 나타나는 애자일(Agile) 조직은 자율성과 창의성을 극대화하기 위해, 팀원들이 스스로 목표와 일정을 설정하고, 짧은 주기로 피드백을 주고받으며 협력한다. 이 과정은 마치 놀이처럼 협동하고 몰입하는 모습과 유사하다.

이 모든 사례가 완벽하진 않지만, 공통적으로 강제적 의무가 아니라 흥미·자발성·협업을 특징으로 한다. 또한, 그것이 실제 성과나 사회적 가치로 이어진다는 점이 주목할 만하다. 이는 '노동=놀이'의 가능성을 시사한다. 만약 이러한 문화와 기술, 협력적 분배가 보편화된다면, 훨씬 많은 사람이 소외 없는 환희심 노동을 경험할 수 있을 것이다.

'환희심 노동'이 소외 극복과 직결되는 가장 큰 이유는, 자발성이 살아있기 때문이다. 근대 소외는 주로 '내가 원치 않아도 해야만 하는 작업', '결과물이 타인 혹은 자본가의 소유가 되는 구조', '노동 과정을 통제받는 상태' 등에서 발생한다. 반면, 환희심 노동에서는 개인이 스스로 목표를 설정하고, 과정에 몰입하며, 결과물과 직접 소통할 수 있다는 점이 핵심이다.

또한, 환희심 노동은 놀이의 속성이 강하기 때문에, 스트레스나 분리감이 줄어든다. 사람은 놀이에서 '내가 이 활동을 주도한다'는 느낌을 얻고, 규칙이 있어도 즐겁게 받아들인다. 근대 공장식 노동에서 '조직이 정한 규율에 억눌린다'는 감각과 대조적이다.

더 나아가, 환희심은 단순 개인 만족에만 그치지 않고, 공동체와 연결될 수 있다. 예컨대, 협동조합에서 상호 돌봄과 소통을 통해 프로젝트를 진행하면, 개인은 놀이적 열정으로 일하며, 동시에 조직도 탁월한 성과와 응집력을 얻는다. 이 상호작용은 인간이 근대 소외에서 벗어나 '함께하는 자유'를 경험할 수 있게 한다.

결국, 환희심 노동의 확산은 인간을 자유로운 존재로 재인식하게 만드는 길이다. 소외 대신 자발적 몰입과 창조를 통해, 인간은 더 이상 임금노동 기계나 부품이 아니라, 놀이·생산을 동시에 창출하는 주체가 된다.

놀이와 경계 없는 삶, 소외 없는 자유를 향해

'환희심 노동, 놀이와 경계 없는 삶'이란, 근대가 만들어놓은 '노동=의무, 놀이=여가' 이분법을 해체하고, 인간이 자발적·창의적·협력적 방식으로 일과 놀이를 융합하는 상태를 의미한다.

이 상태는 두 가지 주요 함의를 지닌다. 첫째, 노동이 더 이상 소외와 억압의 장이 되지 않는다는 점이다. 생존 압박이나 외부 통제가 아닌, 내적 열정과 즐거움이 원동력이기 때문에, 개인은 '내가 스스로 한다'는 주체성을 느끼며 몰입과 만족을 획득한다. 둘째, 놀이가 단순히 사적 즐거움에 머무르지 않고, 사회적 가치와 생산성을 지닐 수 있다는 점이다. 자발적 창작이나 공동체 활동이 경제·문화 발전에 기여할 수 있듯이 말이다.

이러한 미래가 가능하기 위해서는, 필수 노동을 인공지능과 로봇이 대체하거나, 공동체가 짧은 순환 근무로 분산하는 등 생존 노동의 부담을 크게 줄여야 한다. 또한, 협력적 분배체제가 이뤄져야, 누구나 경제적 안정 속에서 자발적 몰입을 시도할 수 있다. 이는 무엇보다, 인식의 패러다임 전환—놀이와 노동은 상충되지 않는다—이 반드시 수반되어야 가능하다.

물론, '노동=놀이화'가 자동으로 실현되리라는 보장은 없다. 기술 혁신과 정치·경제 구조 개혁, 분배 정의와 인식의 패러다임 전환 등이 동반돼야 한다. 그렇지 않으면, 일부만이 놀이하듯 자유로운 일을 누리고, 대다수는 소외된 임금노동이라도 할 수 있으면 다행일 정도로 극심한 양극화의 위험이 커지게 된다. 하지만 변화의 씨앗은 이미 존재한다.

결국, 환희심 노동은 인간의 자유를 재발견하게 만든다. 노동은 반드시 애증 어린 의무만이 아니다. 일과 놀이가 하나가 되어, 환희심을 통해 개인과 공동체가 함께 성장하는 미래가 충분히 가능하다. 인간은 본래 '놀이하는 존재(*Homo Ludens*)'이고, 결국 자유로울 수 있다.

2부

노동은 자유를 실현하는가

1장

노동의 기원과 구조

1. 인류학적 시각에서 본 노동 역사

인류의 역사에서 노동은 언제나 중요한 위치를 차지해왔다. 그러나 노동이라는 개념이 지금처럼 임금이나 직업과 동일시된 것은 비교적 최근의 일이다. 인류학적 연구는 노동을 단지 경제적 수단으로 보는 것이 아니라, 공동체 유대와 문화 형성에 직접 기여하는 사회·문화적 행위로 조명한다. 인간이 생존을 위해 투입하는 에너지가 곧 노동의 시초였으며, 그 과정에서 함께 일하고 나누는 문화가 자연스럽게 발전했다.

이 시각에서 인간 생활의 기반은 단순한 물질 교환이 아니라 상호 호혜와 증여를 통한 관계 맺기에 있으며, 이를 통해 노동 또한 단순한 생존 수단을 넘어 공동체와 문화 형성에 봉사하는 활동으로 해석된다.[109)]

노동을 <살아가기 위해 필요한 활동>으로 넓게 정의하면 노동의 역사는 초기 수렵·채집 시절까지 거슬러 올라간다. 인류학적 시각에서 이 시

109) 마르셀 모스(Marcel Mauss), 『증여론(*The Gift / Essai sur le don*)』, 이상률 옮김, 한길사, 2011. 모스는 쿨라(Kula) 교환 등 일종의 선물 교환이나 증여가 사회적 관계(네트워크)를 지속적으로 유지시키고 강화하는 데 핵심적인 역할을 한다고 주장한다. '주는 의무', '받는 의무', 그리고 '되갚는 의무'를 암묵적으로 서로 교감하고 공유하면서 단순히 경제적 거래에 국한되지 않고, 유대 강화, 집단 정체성 강화 등 사회 모든 영역을 포괄하는 총체적인 현상으로 바라볼 필요가 있음을 주장하고 있다.

기에 이미 공동체 내부에서 협동을 통한 자원 확보, 분배, 축제가 이뤄졌고, 이를 통해 노동은 생존 수단이자 문화적·사회적 결속의 매개로 자리 잡았다.

리처드 B. 리(Richard B. Lee)는 수렵·채집 사회를 조사하며, 이들이 생각보다 적은 시간만으로 충분한 식량을 구하고 나머지를 놀이와 휴식에 할애했다고 주장했다. 즉, 이들 사회에서 노동은 생존을 위한 필수행위이면서도, 공동체 생활의 일환으로 자연스럽게 융합된 것이었다.[110)]

마셜 살린스(Marshall Sahlins) 또한 수렵·채집 사회를 '원시적 풍요사회'라 부르며 이들의 노동이 생각보다 짧고 여유로운 시간 속에서 이뤄졌다고 분석했다. 이는 현대인이 '노동=고된 것'이라고 당연시하는 통념과 거리가 먼 사실을 보여주었다.[111)]

이처럼 수렵·채집 사회에서 노동은 생존과 밀접한 동시에, 사람들 사이의 상호 협력과 공동체 의식을 강화하는 동인이기도 했다. 예컨대 큰 짐승을 사냥했을 때 나누어 먹는 과정은 단지 식량 분배가 아니라, 협동에 대한 보상이자, 함께하는 의례를 통한 유대 확인이었다. 이는 인류가 공동체를 형성하고 유지하는 데 있어 노동이 핵심적 역할을 해왔음을 시

---

110) Richard B. Lee, *The !Kung San: Men, Women and Work in a Foraging Society*, Cambridge University Press, 2015.

111) 마셜 살린스, 『석기시대 경제학(*Stone Age Economics*)』, 박충환 옮김, 한울아카데미, 2014. 풍요는 수요를 충당하고도 남아도는 것이다. 많이 생산하는 것도 방법이지만, 수요를 줄이는 것도 방법이다. 살린스는 수렵채집민들이 덜 원함으로써, 굳이 잉여나 여분에 집착하지 않음으로써 풍요로움을 누렸음을 주장한다.

사한다.

그러나 인류가 점차 농경과 목축으로 전환하면서, 노동의 양상에 커다란 변화가 찾아온다. 신석기혁명이라 불리는 농경의 시작은 식량 생산을 더 안정적으로 만들었고, 인구 증가와 함께 공동체가 대형화·복합화되었다. 그 결과 노동은 단순한 생존활동에서 벗어나 '계획적 장기 투입'과 '잉여생산물' 창출의 성격을 띠게 된다. 또 농경과 시장경제가 결합해 노동이 시장에서 교환 가능한 '가상의 상품', 즉 상품화되면서 공동체 안에서 '호혜'나 '연대'로 이뤄지던 노동이 경제적 지배와 통제의 수단이 된다.[112)]

농경사회에서 사람들은 더 많은 식량을 확보할 수 있었지만, 그만큼 토지와 생산도구를 관리·분배하는 방식에서 권력구조가 생겼다. 대지주, 귀족, 왕, 사제 등 소수가 공동체의 노동력을 조직하거나 통제하는 체제가 가능해졌고, 이를 통해 노동이 생존활동을 넘어 정치적 권력의 기반으로 변모하는 계기가 되었다.

이집트나 메소포타미아 등 고대 문명에서 관개시설 건설, 피라미드 같은 거대 건축물 등 대규모 공사에 많은 인력이 동원됐다. 일부는 임금을 받거나 자발적으로 참여했지만, 일부는 강제노역이나 노예 노동 형태로 편입되었다.[113)] 이 시점부터 노동은 곧 국가권력에 복무하는 거대한 사

---

112) 칼 폴라니, 『거대한 전환(*The Great Transformation*)』, 홍기빈 옮김, 길, 2009.

113) 데이비드 그레이버와 데이비드 웬그로는 초기 메소포타미아 도시들의 대규모 공공 건축물(사원, 운하 등)이 강제 노동이 아닌 자발적 협력을 통해 건설되었고, 초기 이집트 피라미드의 경우에도 노동자들이 비교적 좋은 대우를 받으며 특정 기간 일하고 보수를 받는 사회적

회적 동력이 되기도 했다.

농경·도시국가 시대에는 공동체가 자연스럽게 협동하던 수렵·채집 시대와 달리, 지배층이 노동력을 징발하고 통제하는 방향으로 나아갔다. 인류학은 이 과정을 '노동의 제도화'로 해석한다. 생존을 위한 간단한 협력이 아니라, 거대한 사회 시스템이 노동을 조직하고 관리하는 구조로 변화한 것이다.

그렇다고 모든 사회가 일률적으로 농경을 채택한 것은 아니다. 일부 지역은 기후나 환경, 인구밀도 등의 이유로 계속 수렵·채집 방식에 머물렀거나, 부분적으로만 농경을 도입했다. 인류학자들은 이런 다양성을 통해, 노동의 발전이 어느 한 경로로만 수렴한 것이 아니라는 사실을 지적한다. 이런 점에서 노동을 인류 보편의 '단선 발전'으로 설명하기는 어렵다.

분업과 전문화는 농경사회에서 확연히 나타나는 노동 양상 중 하나다. 씨앗을 선별·관리하는 사람, 땅을 갈아엎고 관개를 책임지는 사람, 수확물을 저장하고 가공하는 사람 등 각각 다른 역할이 생겨났다. 생산 효율은 높아졌지만, 동시에 계급이 발생하거나 불평등이 심화될 수 있는 토대가 마련된다.

계약이나 자발적 노동을 통해 만들어졌을 가능성을 제시했다. 다만 이들 또한 환경적, 문화적 맥락에 따라 일부 지역에서 족장이나 엘리트 계급이 등장하고 후기 도시 문명으로 갈수록 왕권이 강화되었다는 점도 인정한다. 즉 국가와 계층 사회는 여러 선택지 중 하나였을 뿐 필연적 발전과정이 아니었다는 점을 강조한다. David Graeber & David Wengrow, *The Dawn of Everything: A New History of Humanity*, Penguin Books, 2022.

노동이 국가와 결합되면서부터, 농민이나 노예, 부역 형태로 동원되는 이들의 삶이 크게 변했다. 초기 농경국가에서 국가는 과세를 위한 인구조사나 군사력을 통해 광범위한 농업 인구를 관리했다.[114] 수렵·채집 시절에는 일정 정도의 노동 후 여유시간이 있었다면, 농경사회의 하층민이나 노예는 생존에 필요한 생산 외에도 지배층이 요구하는 잉여 생산을 위해 장시간 노동을 해야 했다. 이런 상황에서 노동은 공동체 협력 아닌 억압·착취의 수단이 될 위험이 커진다.

수렵·채집 사회에서도 갈등과 분쟁이 없었다고 말할 수는 없다. 그러나 대규모 국가나 제국이 등장하기 전까지는 노동 통제를 제도화하는 시스템이 비교적 느슨했음을 역사는 보여준다. 즉, 높은 인구밀도와 조직화된 권력이 없던 시절에는, 인간이 과도한 노동을 강제받기보다 환경과 수요에 맞춰 일하는 형태가 더 일반적이었다고 추정된다.

노동이 자발적 협력에서 강제적 통제로 변모해온 과정은 인류가 어떻게 권력과 계층화를 만들어왔는지와 직결된다. 공납이나 조세 제도는 농

---

114) 제임스 C. 스콧, 『농경의 배신(*Against the Grain: A Deep History of the Earliest States*)』, 전경훈 옮김, 책과함께, 2019. 스콧은 '농업의 발달로 인류의 정착생활이 시작되고, 보다 안전을 도모할 수 있었고, 번영을 누릴 수 있었다'는 기존의 주장에 반론을 제기한다. 오히려 농업으로 인해 사람들은 위계적인(hierarchical) 국가(권력)와 함께 살아갈 수밖에 없는 어쩔 수 없는, 강요된 선택이었음을 주장한다. 또 농업으로 먹을 것이 많아진 것이 아니라, 반대로 영양실조와 질병에 시달려야 했고, 무엇보다 노예 같은 삶을 누리게 되었다는 점을 지적한다. 이와 유사하게 유발 하라리(Yuval N. Harari) 또한 "평균적으로 농부들은 수렵채집인보다 더 열심히 일했지만, 그 대가로 더 열악한 식사를 했다. 농업혁명은 역사상 최대의 사기극(history's biggest fraud)"이었음을 주장한다. 유발 하라리 저, 조현욱 옮김, 『사피엔스(*Sapiens*)』, 김영사, 2016. p.124.

민의 노동 산물을 지배층이 흡수하는 기제가 되었고, 군주나 귀족, 사제 계층은 이를 통해 대규모 공사와 종교의식을 주관하며 권위를 더욱 강화했다.

최근 인류학 연구에서 피라미드는 일부 노동자가 임금을 받거나 숙식을 제공받으며 공사를 진행했을 가능성도 제시하지만, 중요한 것은 이 거대 사업이 농민·장인·노예 등 다양한 계층의 다수 노동 투입 없이 불가능했을 것이라는 점이다. 이는 노동이 생존을 넘어서 국가와 문명을 지탱하는 기둥 역할을 했음을 보여준다.

노동이 정치·종교적 권위와 결합될 때 노동은 종종 신적 권위로 포장되거나, 지배층의 의지로 정당화되곤 했다. 이는 수렵·채집 시절의 협력과 축제가 주를 이루던 노동 분위기와는 사뭇 다른 양상이다.

도시국가가 형성되고, 교역이 활발해지면서 상인 계층이 등장했다. 이때 노동은 농산물 생산뿐 아니라 수공업, 무역, 서비스 등으로 다변화했다. 이 과정에서 노동의 성격이 단순한 생존 수준을 넘어, 부를 창출하고 사회를 움직이는 동력으로 점차 확장되었다.

교역망이 넓어지면서, 노동이 생산한 물건이 먼 지역으로 수출되고, 현지에서 다른 물품과 교환되거나 판매되었다. 이렇게 노동 결과물이 시장에서 교환되는 형태가 보편화될수록, 생산자는 자신이 만든 물건이 누구에게, 어떤 식으로 쓰이는지를 직접 파악하기 어려워진다. 이는 곧 노동과 생산물의 분리를 심화시키는 시발점이었다.

'노동-생산물 분리'가 본격화된 시점은 현대적 의미의 노동 소외 문제를 이해하는 토대가 된다. 생존을 위한 협동 행위에서, 잉여를 축적하고 권력화하며 교역하는 단계로 넘어가면서, 노동은 시장 가치와 계급 관계에 예속되기 시작했다. 근대 자본주의는 이 과정을 극단으로 밀어붙였다.

물론 모든 지역이 동일한 속도와 형태로 '상품화'된 노동을 수용한 것은 아니었다. 예컨대 어떤 부족 사회나 산악 지대 공동체는 오랜 기간 외부 시장과 접촉을 최소화하며, 여전히 공동체적 노동 분담과 호혜적 분배를 유지했다. 이는 노동이 결코 단일한 진화 경로만 밟아온 것이 아님을 보여준다.

근대 산업혁명이 도래하면서 노동이 본격적으로 임금노동 형태를 띠게 되었다. 농민들이 땅을 잃고 도시로 몰려오고, 공장제 수공업과 기계화가 결합하면서 대규모 노동력이 한곳에서 집중되었다. 이는 봉건적 질서가 파괴되고 개인이 자유를 얻은 것처럼 보였지만, 동시에 노동력 상품화와 노동 착취가 심해지는 모순적 양상으로 나타났다.

이와 관련해 에드워드 P. 톰슨(Edward P. Thompson)은 『영국 노동계급의 형성(*The Making of the English Working Class*)』에서 산업혁명 전후 영국 노동자들의 삶이 어떻게 바뀌었는지 생생히 묘사했다. 농촌에서 비교적 자율적인 생업을 이어가던 사람들이 공장 규율에 편입되면서 전

통적 생활리듬이 무너지는 과정을 보여주었다.[115)]

이 같은 노동 전환은 미셸 푸코가 『감시와 처벌(*Discipline and Punish : The Birth of the Prison*)』에서 말한 근대 규율권력(disciplinary power)과도 관련된다. 노동자들은 시간표와 규칙에 따라 움직이는 공장 체제에 순응해야 했고, 그동안 상대적으로 자유로웠던 수렵·채집 혹은 소규모 농경사회적 생활방식과 완전히 다른 삶으로 흡수되었다. 효율과 이윤 창출이 노동의 주된 목적이 되면서, 노동의 본래 공동체적 면모는 사라지거나 크게 축소되었다.

노동이 이런 식으로 생산성과 효율성 논리에 종속되면서, 다양한 소외 문제도 불거졌다. 인류학은 이를 '노동이 원래 갖고 있던 창조적이고 공동체적인 성격이 희미해졌다'고 분석하는데, 이는 곧 노동이 생존뿐만 아니라 인간적 의미를 창출하던 기제가 자본과 국가 체제에 예속되었다는 의미이기도 하다.

하지만 이런 과정을 전 세계가 동일하게 겪은 것은 아니다. 아프리카나 아메리카, 오세아니아 등에서는 식민주의자들이 들어오면서 전통적 노동체계를 파괴하고, 현지인들을 대농장이나 광산 노동에 동원했는데, 이는 전통사회의 공동체적 노동방식과는 전혀 다른 형태였다. 식민통치는 현지의 노동관을 근대 자본주의 논리에 강제로 맞춰놓았다.

115) 에드워드 P. 톰슨, 『영국 노동계급의 형성』, 나종일 옮김, 창비, 2000.

이렇듯 인류의 노동 역사를 보면, 생존에 필요한 수렵·채집이 공동체적 협력을 이루던 시기에서 농경·국가 시대로 넘어가며 잉여와 계급이 발생하고 근대 이후 임금노동과 시장 경제가 전 지구적 체제로 자리 잡았다. 이 과정은 단선적 진화라기보다는 각 지역과 문화가 가진 독특한 맥락 속에서 노동이 변형되어 온 다원적 여정이다.

노동이 물질적 생산에 국한되지 않는다는 점도 중요하다. 사람들은 의례, 종교, 돌봄, 공동체 행사를 준비하는 데에 노동력을 투입해 왔다. 이러한 활동들은 경제학적 지표로 포착되지 않지만, 공동체 문화와 정체성을 지탱해 온 핵심적 기제다. 오늘날 '보이지 않는 노동'이나 '돌봄 노동' 등이 새삼 주목받는 현상은, 노동에 대한 이런 인류학적 통찰이 현대사회에서도 여전히 유효함을 보여준다.

특히 여성의 가사노동이나 돌봄활동은 전통사회에서는 당연한 일로 여겨졌지만, 실제로는 공동체 유지를 위한 필수적 노동이었다. 농경사회에서는 집안일과 육아, 노약자 돌봄은 인구 재생산과 공동체 안정에 직결되는 활동이었다. 이러한 노동이 자본주의 체제에서는 종종 저평가되거나 무급으로 취급됐으나, 결코 무시할 수 없는 생산적 기여이다. 이는 노동의 가치를 시장 교환 여부로만 판단하는 근대적 사고의 한계를 보여주는 사례이기도 하다.

이렇게 노동의 범위를 넓게 설정하면, 임금이나 시장 교환만으로 판단하기 어려운 일들을 함께 인식할 수 있게 된다. 결과적으로 노동은 언제, 어디서나 있었지만 그 형태와 의미는 사회·문화적 맥락에 따라 매우 달랐다는 사실이 명확해진다. 예컨대 수렵·채집 사회의 분배 의례와 자본주의 공장의 규율이 동일한 '노동'으로 불리지만, 그 성격은 큰 차이를 보인다.

한편, 근대화가 빠르게 진행된 지역에서는 노동이 국가 주도의 산업화와 결합해 짧은 시간에 전통 구조를 단기간에 해체했다. 우리나라나 일본의 근대화 초기에 농촌 인구가 도시 공장으로 대거 이동했고, 이 과정에서 기존 농촌 공동체 문화가 급격히 변했다. 노동이 이주와 도시화, 가족 구조 변화까지 함께 견인한 셈이다.

노동이 생존에 국한되지 않고 문화와 제도, 권력관계와 맞물려 있는 점은, 전쟁이나 무력충돌 상황에서도 잘 드러난다. 정복자나 식민지 권력이 현지 주민을 강제노역에 동원하거나 노예무역을 펼치는 등 노동을 도구화한 사례가 적지 않다. 이는 노동이 수렵·채집 시절의 '함께 일해 함께 먹는다'라는 순수 협력 상태와 얼마나 멀어질 수 있는지 여실히 보여준다.

이처럼 노동의 역사는 빛과 그림자를 함께 지닌다. 전통 공동체의 협동적 노동 문화는 인간적 유대를 강화했지만, 농경·국가 시대에 들어서는 계급과 착취 구조가 발생하기도 했다. 근대자본주의로 오면서 노동이 대규모 분업·상품화와 결합해 놀라운 생산력을 만들어내지만, 동시에 소외와 불평등을 심화시킨다는 지적이 있다.

노동은 본질적으로 '착취적'이거나, 아니면 본질적으로 '협력적'이라고 말하기 어렵다. 오히려, 한 사회가 노동을 어떻게 조직하고 그 결과물을 어떻게 분배하며, 어떤 가치를 부여하는지에 따라 노동의 성격이 달라진다. 이는 우리가 노동을 고정된 개념이 아니라, 사회적 구성물로 이해해야 함을 시사한다.

'노동이 특정 사회에서 어떻게 자리 잡았는가'를 좀 더 이해하기 위해서, 가령 밀림 부족의 공동 노동, 아프리카 농경민의 촌락 협동, 남태평양 교역제도인 쿨라(Kula) 교환 등 다양한 인류학 연구에서 그 실마리를 찾을 수 있다.

브로니스와프 말리노프스키(Bronisław Malinowski)의 트로브리안드 섬(諸島) 연구에서, 섬 주민들이 의례·교환·노동을 긴밀히 결합해 공동체를 유지하는 모습을 살펴볼 수 있다. 이곳에서 노동은 곧 놀이이자 축제, 그리고 호혜적 관계를 위한 활동이었다.[116)]

---

116) 쿨라 교환(Kula Exchange)은 사용가치는 특별히 없는 조개껍데기 장신구를 여러 섬을 항해하고 돌면서 교환하는 일종의 문화의례로 각 섬사람 마다 사회적 유대와 신뢰를 구축하는 중요한 역할을 한다. 조개껍질로 만든 팔찌(음왈리 ; *Mwali*)와 목걸이(술라바 ; *Soulava*)를 교환하는데, 기본 규칙은 자신의 쿨라 파트너에게 목걸이를 의례적·공식적으로 선사하며, 그는 다시 그것과 같은 가치를 지니는 조개팔찌를 돌려줘야 할 의무를 갖게 된다. 사람들은 대체로 다른 섬에 몇 명의 쿨라 파트너를 갖고 있고, 이들과의 교환은 다른 형태의 교환과 원조를 수반하는 상호관계의 일부분이다. 브로니스라브 말리노브스키, 『서태평양의 항해자들(*Argonauts of the Western Pacific: An Account of Native Enterprise and Adventure in the Archipelagoes of Melanesian New Guinea*)』, 최협 옮김, 민속원, 2024. 및 마르셀 모스, 이상률 옮김,『증여론』,

여기서 주목할 점은, 이런 전통사회의 노동 양상이 오늘날에도 다양한 방식으로 남아 있다는 것이다. 물론 글로벌 자본주의가 확산하면서, 임금노동과 시장경제가 빠르게 침투하는 추세지만, 공동체의 전통적 협동 방식을 유지하거나, 새로운 형태로 변용하는 움직임도 곳곳에서 나타난다. 예컨대 협동조합이나 지역공동체 경제 모델의 부상도 그 연장선에서 이해할 수 있다.

노동 역사를 통시적으로 보면, 노동은 어디까지나 인간 공동체의 핵심 동력이며, 그 형태는 시대와 문화에 따라 가변적이라는 점이 분명해진다. 자연환경과 인구 규모, 기술 수준, 권력관계와 문화적 가치 등이 결합해, 노동이 때로는 협력적 축제로 작동하거나, 때로는 계층 착취와 권력 유지를 위한 도구가 되기도 했다.

그렇다면 대전환의 AI시대, 노동은 어떻게 인간과 문화 속에서 재구성되고 있는가?

일각에서는 기술 발전으로 일자리가 줄어들면서 '노동 종말'을 예견하지만, 노동은 형태를 바꿀 뿐, 근본적으로 인간은 여전히 서로 상호 협력과 교류를 통해 문화와 공동체를 유지하고 창조하는 과정을 필요로 한다. 과거 수렵·채집, 농경, 산업, 정보 사회에서 인간은 늘 일의 방식을 재정

한길사, 2018. p.35 참조.

의하면서도 노동 자체는 지속적으로 수행해 왔다.

AI시대에는 창의적·돌봄·사회적 가치 영역에서 노동이 새롭게 자리잡을 가능성이 주목받고 있다. 그러나 역사는 대부분 발전과 착취가 함께 등장했다는 점에서, AI가 실제로 노동의 의미를 생존에서 해방된 창작과 연대로 바꿀지, 아니면 또 다른 착취 양상을 낳을지, 그 발전 경로를 단정하기는 어렵다.

그러나 한편으로, 오늘날에도 전통적 협동노동이나 공동체적 분배 원리를 유지하는 집단이 존재하고, 새로운 기술과 사회운동이 노동을 '연대와 창조의 장'으로 재편하려는 시도들이 계속되고 있다. 이는 노동이 단순 생존 수단이나 시장 논리를 넘어서, 인간이 서로를 어떻게 인식하고 어떻게 함께 살아가는가라는 근본적 질문에 답하는 활동임을 시사한다.

노동의 역사는 인류가 걸어온 거대한 여정과 궤를 같이한다. 처음에는 생존을 위해 몸과 시간을 투자하는 행위에서 출발했지만 협력과 축제, 권력과 착취, 창의와 소외, 연대와 변화가 복잡하게 얽혀왔다. 중요한 것은, 노동을 단순 경제 행위로 보지 않고 인간과 문화, 권력과 환경이 섞여 들어간 복합적 과정으로 바라보아야 한다는 것이다.

이를 통해 우리는, 노동이 과연 무엇이며 왜 인간은 일하는가라는 근본적 질문에 답하며, 나아가 인간 존재의 본질과 무한한 가능성으로 우리의 인식을 확장할 수 있다.

2. 노동의 미래, 노동의 가능성

노동은 과거와 현재에 머물지 않는다. 인류가 농경과 산업화를 거치며 끊임없이 노동의 형태와 의미를 바꿔온 것처럼, 미래 노동 역시 지금과는 다른 양상으로 진화할 것이다. AI, 자동화, 디지털 플랫폼, 기후위기 등 다양한 요인들이 급격한 변화를 주도하는 시대에서, 노동은 어느 방향으로 향하며 어떤 가치를 지니게 될까? 이러한 논의는 단순한 경제 전망을 넘어서 인간이 왜, 어떻게, 어떤 일을 하는가에 대한 근본적 성찰을 요구한다.

제4차 산업혁명 시대를 주도하는 AI와 로봇 기술은 상당수 일자리를 대체할 것이라는 전망이 지배적이다. 반복적·규칙적인 업무나 데이터 처리 영역에서는 기계가 인간보다 훨씬 효율적으로 작업을 수행할 수 있기 때문이다. 이에 대해 일각에서는 '노동의 종말'을 선언하고, 인간이 노동의 굴레서 해방될 것이라는 낙관적 전망을 내놓는다.[117)]

그러나 실제로 실현될지는 아직 불투명하다. 과거 산업혁명에서도 기계가 일자리를 빼앗아 인간을 실업으로 내몰 것이라는 우려가 컸지만, 새로운 산업과 서비스가 창출되면서 일자리 구조가 재편되었다. 비판적 시

117) 일론 머스크 테슬라 최고경영자(CEO)는 2024년 유로존 최대 스타트업 전시회 '비바 테크놀로지'에서 "장기적으로 볼 때 미래에는 인간이 노동을 해야 할 필요 자체가 없어질 가능성이 크다. 직업을 갖는 것이 필수가 아니라 선택사항이 될 가능성이 높고, 굳이 직업을 갖겠다면 그 경우의 직업은 직업이라기보다 취미 활동에 가까운 형태가 될 것이다"라고 AI 기술 발전으로 인한 미래를 예측했다. <Fortune>, May 24, 2024. Elon Musk predicts jobs will become '*kinda like a hobby*': The AI and robots will provide any goods and services you want.

각에서는 기계가 인간 노동을 완전히 대체하기보다, 오히려 더 복잡한 전문 분야나 감성과 창의력을 요구하는 새로운 노동이 등장할 것이라고 전망한다.

이 관점에서 노동이 완전히 사라질 미래보다는 노동이 근본적으로 변화할 미래를 상정하는 연구가 늘고 있다. 자동화가 이뤄지면 인간은 반복적이고 단순한 작업에서 해방되고 창의적이거나 사회적 상호작용이 요구되는 업무에 집중할 수 있다는 것이다. 즉, 기계가 기본적 생산 활동을 전담하고 인간은 가치 창출과 정서적 돌봄 영역을 담당하는 분담이 이뤄질 것이라는 전망이다.

이러한 전망은, 기존 임금노동 중심의 자본주의 체제가 영속할 것이라는 전제에서 벗어나야 한다는 논의와 연결된다. AI와 로봇이 필요한 재화·서비스 대부분을 생산하게 되면, 노동력을 임금으로 거래하는 전통적 경제 모델이 과연 지속 가능할지 의문이다.

노동이 자발적 선택의 문제가 된다면, 경제적 보상보다는 의미나 가치 추구가 중심이 될 수 있다. 예술, 과학 연구, 돌봄, 교육 등 분야는 단순 이윤 창출보다는 인간적이고 문화적인 성취를 우선시하는 노동 형태로 발전할 수 있다.

그러나 이러한 낙관은 지극히 현실적인 우려와 충돌한다. 기술적·경제적 격차가 심해질 때, 대다수 노동자는 더 열악해지는 상황으로 내몰릴 수 있다는 것이다. 자본과 기술을 독점한 사람들은 AI를 통해 수익을 극대화하는 반면, 노동자들에게는 불안정한 단기 일자리만 제공할 수도 있기 때문이다. 또 플랫폼 자본주의가 심화되면서, 노동이 오히려 고도로 파편화되고 단기화될 가능성도 높다.

데이비드 그레이버(David Graeber)는 현대사회가 의미 없는 일자리를 양산하고 있다고 비판하면서, 미래에 의미 있는 일, 가치 있는 노동이 무엇인가에 대한 근본적인 질문을 던진다.[118] 그리고 인간의 가치와 존엄성을 높이는 영역—가령 돌봄, 예술, 창조, 종교, 사회적 대화 등등—이야말로 미래 노동의 핵심이 되어야 한다고 주장한다.

농경과 수렵·채집 시절에도, 인간은 필요한 노동을 통해 의례나 축제를 열고 공동체 유대를 강화했다. 미래에도 노동이 단순한 생존 수단을 넘어, 공동체와 문화를 유지하고 발전시키는 중심 활동이 될 수 있다. 무엇보다 충분하게 생계가 보장되는 사회가 실현된다면, 인간은 보다 자발적이고 보다 협력적인 노동 형태를 창출할지도 모른다.

다른 한편에서는 노동 자체가 사라진다기보다, 현금거래나 임금 시스템에서 벗어난 다양한 형태로 존재할 것이라는 전망도 있다. 즉, 성장주의 경제 패러다임이 약화되면서 지역공동체나 협동조합, 공유경제, 자급

118) 데이비드 그레이버, 『불쉿 잡(*Bullshit Jobs*)』, 김병화 옮김, 민음사, 2021.

적 생산 등이 부상할 수 있고, 인간은 임금노동만이 아닌 방식으로 기여하고 교류하는 노동을 수행하게 될 수 있다는 것이다.

디지털 기술은 원격 협업이나 프로젝트 기반 활동을 용이하게 만들어, 국경과 시공간을 초월한 글로벌 노동 네트워크가 형성될 수 있다. 프리랜서 플랫폼, 메타버스나 VR 기술 등 활용한 가상공간에서의 노동이 현실 경제가 결합하면서 새로운 노동 시장이 열릴 가능성도 있다.

노동의 미래를 확정적으로 예단하기는 어렵다. 기술 발전이 일정 방향으로만 흐르지 않고, 각 지역과 문화의 특수성, 정치권력 관계, 경제구조 등에 따라 서로 다른 양상을 보이기 때문이다. 어떤 사회는 기술과 복지의 결합을 통해 노동시간을 줄이고 의미 중심의 노동으로 전환할 수 있지만, 다른 사회는 기술에 기반한 통제를 통해 노동자의 착취를 심화시킬 수도 있다.

가령 미셸 푸코의 '규율 권력'이 디지털 기술과 결합한다면, 미래에는 기술을 통해 노동자를 더욱 정교하게 감시·분석하고, 디지털 장치로 효율을 극대화하려는 시도가 늘어날 수 있다. 이러한 경우 노동자는 자기통제와 스스로에 대한 경쟁심을 내면화함으로써, 자발적 착취 상태가 더욱 심화될지도 모른다.

한편, 노동의 미래가 궁극적으로 인간과 기계의 협업 형태로 굳어질 것이라는 기대가 존재한다. 인간은 정서적·창의적 능력을, 기계는 계산·반복 작업을 담당해 상호 보완한다는 것이다. 이미 일부 산업 현장에서 인간-로봇 협업(코봇)이 이루어지고 있으며, 이를 통해 인간이 더 안전하고 의미 있는 일에 집중할 수 있게 된다.

돌봄의 가치가 높아지는 추세도 주목할 만하다. AI가 진단이나 약품 조제 등 전문 기술 영역을 담당하게 되면, 노인이나 환자를 정서적으로 지원하고 함께 시간을 보내는 인간적 노동이 미래의 중요 직종이 될 수 있다. 그러나 이 경우에도 돌봄노동이 시장 논리에 종속되면 보상은 낮고 노동강도는 높은 형태가 될 수 있다. 이 분야의 가치를 사회가 어떻게 평가·보상하느냐에 따라, 돌봄 분야가 존중받는 전문직이 될 수도, 저임금·고착취 업종이 될 수도 있다. 결국 사회가 노동을 어떻게 규정하고 분배하느냐가 핵심이다.

또 하나의 흐름은 문화·예술 분야에서 확장되는 창작 노동이다. 1인 미디어나 SNS가 발달하면서, 개개인이 콘텐츠를 만들고 공유하며 수익을 얻는 모델이 활발해졌다. 이는 자신의 아이디어와 개성을 펼치는 노동이 각광받는 시대가 열리는 듯 보이나, 플랫폼 기업이 대부분의 이익을 가져가고, 창작자는 불안정한 지위로 남을 수도 있다. 이 경우에서도 창작의 자유로움과 경제적 분배 사이의 긴장 관계가 드러나는 셈이다.

'플랫폼 자본주의'가 심화될수록, 노동은 여러 디지털 중개자에 의존해 일감을 얻고 계약을 체결하는 양상을 띠게 된다. 이런 구조는 전통적 고용관계를 해체하면서 노동을 더 유연하게 하기도 하지만, 동시에 노동자는 개별 사업자로서 노동 보호 체계에서 벗어나게 될 수 있다. 이 또한 결국 분배 문제와 연결된다.

결국 노동의 미래가 해방이냐 강화된 착취냐는, 사회정책과 제도, 시민운동과 교육, 문화적 합의 등 다양한 요인에 의해 좌우된다. 기술은 도구에 불과하며, 그 기술을 어떻게 배분하고 운영하는지는 인간의 선택에 달렸다. 환경 변화나 기술 발전이 자동적으로 미래를 결정하는 것이 아니라, 그 변화에 대한 해석과 활용에 대한 사회적 상상력과 집단적 의지가 결정적이다.

사회적 상상력 중 하나가 "노동의 가치를 재정립하자"는 흐름이다. 20세기 내내, 생산성 증대와 효율 극대화가 노동의 주된 목표로 간주되었다면, 21세기에는 지속가능성, 생태 보존, 인간적 존엄, 공동체적 연대 등 다른 가치들이 부상하고 있다. 이런 가치 전환의 실질적 구현 여부가 미래 노동의 향방을 좌우하게 될 것이다.

예를 들어 주(週) 4일제나 6시간 근무제 등 노동시간 단축 논의는 인간이 과연 얼마만큼의 시간을 일에 바쳐야 하는가라는 근본적 의문을 제기한다. 기술 발전으로 생산성이 향상되면, 같은 양의 상품을 만드는 데 필요한 노동시간이 줄어들게 되는데, 만약 그 혜택이 노동시간 단축으로 돌아간다면, 사람들은 여유 시간을 자기 삶과 문화 향유에 쓸 수 있게 된다. 이런 사회에서는 '노동=생존수단'이 아니라 '노동=자아실현+공동체 기여'라는 새로운 의미로 전환될 가능성이 크다.

AI시대는, 인간이 인간으로서 존립할 수 있는 영역 또는 기계가 할 수 있어도 인간 스스로 하고 싶어 하는 영역이 핵심 가치가 될 것으로 전망된다. 즉 인간적 특질이 '노동의 미래'를 좌우하는 자산으로 부각될 수 있다.

노동의 가능성은 무엇보다 어떤 사회적 규범과 제도가 자리 잡느냐에 의해 좌우될 것이다. 만약 자본주의가 계속 지배적이라면, 노동은 임금노동 형태를 유지하면서 기술 발전에 따라 일부 직종이 사라지고 일부가 새로 생기는 전통적 패턴을 반복하며, 노동 착취적 측면이 더욱 심화될 수 있다. 반면 협력적 분배체제나 AI 기술의 공공재화 등 대안적 경로가 실질적으로 실현된다면, 노동은 또 다른 모습으로 바뀔 수 있다.

노동은 결코 정태적이지 않으며, 다양한 역사·문화적 경험에 따라 재구성되어왔듯이, 앞으로도 노동이 고정된 운명을 갖는 게 아니라, 사회구성원들이 어떤 노동관을 지향하고 어떻게 조직할 것인가에 따라 다채롭게 변주될 수 있다. 최종적 귀결은 집단적 의지와 사회적 선택에 의해

결정될 것이다.

노동의 미래를 이야기할 때, 로봇이나 AI가 감정과 지능을 얼마나 대등하게 구현할 수 있는지도 중요한 쟁점이다. 만약 AI가 감정·공감·윤리 판단에서 상당한 수준에 이른다면, 예를 들어 로봇이 인간만큼의 돌봄까지 맡을 수 있다면, 인간은 존재 의미를 상실할 위험이 생긴다는 극단적 예상도 가능하다.

하지만 인간이 본래 공동체적 존재라는 사실을 망각하지 않고 협력적 분배체제가 현실에서 탄탄하게 뒷받침된다면, 상황은 완전히 달라질 수 있다. 인간에게 노동은 더 이상 생계를 위한 필수가 아니라 자발적 선택사항이 될 수 있기 때문이다. 이때 노동은 취미 활동이나 놀이가 될 수 있으며, 인간의 존재 의미는 효율성이나 생산성이 아닌 자발적으로 하고 싶어 선택한 활동에서 그 자체로 느끼게 되는 환희심에서 찾을 수 있을 것이다.

어쩌면 미래에는 노동이라는 단어 자체가 새로운 함의를 지닐 수 있다. 생존을 위한 강제적 투입이 아니라, 사회적 가치나 개인적 성취를 위해 자발적으로 에너지를 사용하는 행위를 통칭할지도 모른다. 이 경우, 여가와 노동의 경계가 흐릿해지고, 삶 전체가 하나의 놀이, 창조적 활동으로 인식되는 시대가 열릴 가능성도 있다.

물론 이런 전망이 실현되려면, 현재 체제가 안고 있는 불평등, 계급 갈등, 이윤 주도 경제구조 등이 크게 변화해야 한다. 노동이 단순 피고용 상태가 아니라 자율적 결정을 통해 삶의 의미를 찾는 활동으로 변화한다면 충분히 가능할 수 있다.

스페인의 몬드라곤 협동조합(Mondragon Corporation)이 노동자가 주인이 되는 생산조직도 실제 작동할 수 있음을 증명했던 것처럼, 노동의 가능성은 현재 구조 속에서 실험과 변화를 시도하며 도달하게 되는 패러다임 전환에 달려 있다.

현재 진행되고 있는 과학기술의 급속한 발전은 단지 생산방식만을 바꾸는 것이 아니라, 인간의 인식과 가치관에도 근본적 균열과 전환을 가져올 수 있다.

AI가 광범위한 지적 업무까지 수행 가능해지면, 인간은 더욱 가치·철학·관계적 능력 등 기계가 모방하기 어려운 인간 고유 영역에서 차별성을 꾀해야 할 것이다. 인간 고유 영역이 확장되면, 더 이상 노동이 단지 결과물을 만들어내기 위한 육체·지적 노력이 아니라, 인간다움을 구현하고 표현하는 창의적·정서적 행위로 인식될 가능성이 높아진다. 노동은 인간성 자체를 발현하는 핵심적 영역으로 완전히 전환될 것이다.

노동의 가능성을 열어두는 중요한 방법 중 하나는 교육을 혁신해, 인간의 창의성과 협력적, 비판적 사고를 길러내는 것이다. 각각의 개인이 스스로의 삶을 설계하고 공감 능력을 발휘할 수 있는 시민으로 양성된다면, 미래 노동은 생존 경쟁이 아닌 협동적 가치 창출의 무대가 될 수 있다. 결국 교육이야말로 어떤 노동관을 갖게 되는지를 결정하는 핵심 인프라인 셈이다. 노동은 단순히 임금이 아닌 인간 행위 전반으로서, 인간이 서로 교류하고 문화를 창출하는 기반이 될 수 있다. 미래 노동이 다양한 외형으로 변모할 수 있지만, 핵심은 노동이 인간 삶에서 어떤 위치를 차지할 것인가라는 가치문제다.

2장
근대 노동의 윤리와 폭력

1. 근대적 노동윤리는 어떻게 자유를 가장했는가?

근대의 탄생은 서구 역사에서 급진적인 변화를 가져왔다. 정치, 사회, 경제, 문화 전반에 걸친 대변혁 속에서 특별히 노동의 위상이 크게 달라졌는데, 그중에서도 근대적 노동윤리의 등장은 인간이 일에 매달리는 방식을 근본적으로 재구성했다. 중세 사회에서 상대적으로 종교적 관념과 봉건적 의무로 묶여 있던 노동이 근대에 이르러 개인의 자유와 선택, 그리고 자본주의적 경쟁 원리와 맞물리면서 새롭게 재편된 것이다.

그러나 이 자유로운 노동이라는 개념이 과연 실제로 개인에게 완전한 자유를 보장했는지는 의문이다. 한편으로, 근대 초기 사상가들과 경제학자들은 계약관계로서의 임금노동을 자유로운 개인이 맺는 합의라고 주장했다. 하지만 이면을 살펴보면, 전근대의 농노나 길드 장인들이 봉건적 속박에서 해방되면서 맞닥뜨린 것은 거대한 자본과 국가 권력의 통제였다. 이에 따라 근대적 노동윤리는 자유를 표방하면서도 실은 새로운 형태의 억압과 착취를 정당화하는 이데올로기적 역할을 수행했다는 비판이 제기된다.

근대적 노동윤리의 형성과정과 그 속에서 자유가 어떻게 오용되었는지를 살펴보기 위해서는, 여러 학문적 논의와 역사적 사건들을 검토해야 한다. 종교개혁 시대에 두드러진 신교 윤리는 노동을 '신의 부름'이자 금욕적 소명으로 제시했으며, 이는 산업혁명과 결합하여 오늘날 우리가 아는 자본주의적 노동윤리의 기원이 되었다고 평가된다. 동시에 국가와 자본가는 이 윤리를 근거로 기존 농민층과 수공업자들을 대량의 임금노동자로 전환시켰다.

이를테면, 막스 베버(Max Weber)는 근대 자본주의가 번성하게 된 데에는 종교적 영향, 특히 칼뱅주의 영향이 크다고 지적했다.[119] 노동과 금욕의 결합은 인간이 세속 내에서 부를 축적하고 근면을 미덕으로 삼도록 장려했으며, 이는 결국 자본이 스스로 증식할 수 있는 환경을 마련했다. 이러한 신교적 근면성은 개인이 자유롭게 일하고 부를 축적할 수 있는 문화를 조성했지만, 동시에 다수 사람들에게 일하지 않으면 죄를 짓는 것처럼 느끼게 만들었다.

이러한 신교 윤리에 기반한 근대적 노동윤리가 모든 사람에게 자발적으로 수용된 것은 아니었다. 실제로 농민들은 토지에서 쫓겨나 도시로 몰려들었고, 장인들은 공장제 수공업에 밀려 임금노동자로 전락했다. 정치

---

119) 막스 베버는 칼뱅주의를 비롯한 신교의 금욕성과 노동에 대한 긍정적 태도가 자본주의 발전의 중핵적인 윤리적 기반이 되었다고 주장하며, 부를 축적하는 행위가 개인적·종교적 소명으로 여겨지는 과정을 분석했다. 막스 베버, 『프로테스탄트 윤리와 자본주의 정신』, 박성수 옮김, 문예출판사, 2023.

권력은 이런 변화를 개인의 '자유' 선택으로 포장했으며, 시장에서의 노동을 자유로운 계약 관계라는 명목으로 치장했다.[120] 하지만 실제로는 이들이 생존을 위해 어쩔 수 없이 자신의 노동력을 팔 수밖에 없었다.

'노동'이 '상품'으로 전환되는 과정은 폭력적으로 진행되었다. 기존의 공동체나 마을 중심의 상호부조 관계에서 벗어나, 노동이 화폐로 환산되어 시장에서 거래될 수 있도록 제도와 인식이 개조되었다.[121] 이는 근대 노동윤리가 자유를 표방하면서도 사실상 사람들을 시장에 예속시키는 장치였음을 보여준다.

특히 영국의 인클로저(Enclosure) 운동은 이런 측면을 극명하게 보여주는 역사적 사례다. 대지주들은 공유지를 사유화함으로써 농민들이 전통적으로 누려왔던 생존 기반을 박탈했다. 그 결과 땅을 잃은 농민들은 생존을 위해 도시로 이주해 공장 노동자가 될 수밖에 없었다. 이 과정은 노동력 상품화의 시발점이었으며, 표면적으로는 '공유지 사용권을 박탈하는 대신 도시에서 자유롭게 일자리를 찾을 수 있다'는 식으로 포장되었다.

---

120) 로버트 C. 앨런(Robert C. Allen)은 농민들의 도시 이주가 본인의 자발적 의지와는 무관하게 진행되었으며, 국가와 자본가가 이를 '계약 자유'라는 이름으로 포장했음을 지적했다. Robert C. Allen, *The British Industrial Revolution in Global Perspective*, Cambridge University Press, 2009.

121) 칼 폴라니(Karl Polanyi)는 산업혁명 이전에는 물물교환과 거래 등이 이윤추구와 사회적 관계 속에서 이루어졌지만, 산업혁명 이후 시장경제가 형성되면서 이윤과 경쟁이 사회의 모든 영역을 지배하는, '거대한 변환'이 일어났음을 주장한다. 특히, 노동, 토지, 화폐가 상품으로 취급되어, 시장에서 팔고 사는 노동, 공동체의 삶의 터전이었던 토지도 상품이 되어 매매가 이루어지고, 화폐도 투기 자본의 대상이 되어버린다. 결국 노동, 토지, 화폐가 가상의 '허구상품(Fictitious Commodities)'으로 전락함으로써 사회가 '악마(사탄)의 맷돌'에 희생당하는 위기를 맞게 되었음을 주장한다. 칼 폴라니, 『거대한 전환』, 홍기빈 옮김, 길, 2009.

근대적 노동윤리가 자유롭게 노동시장을 선택할 수 있는 개인을 전제한다면, 그 개인의 선택이 과연 진정으로 자유로운 것인지가 핵심 쟁점이 된다. 표면적으로는 천부인권 사상과 시민혁명이 노예 상태에서 벗어난 자유인을 대거 탄생시킨 것처럼 보였다. 하지만 실상은 달랐다. 대지주·기업주·국가가 만들어놓은 제도적 틀 속에서 노동자는 노동을 팔거나 굶주리거나 둘 중 하나를 선택해야 상황에 놓여있었다. 즉, 자유의지는 제한적일 수밖에 없었다.

그럼에도 불구하고 근대적 노동윤리는 개인의 독립된 의지를 강조했다. 대표적으로 존 로크(John Locke)는 '자신의 몸과 노동에 대한 소유권'을 자연권의 핵심으로 보았다.[122] 이는 근대 사유재산권 사상의 기초가 되었으며 근대적 노동윤리에 정당성을 부여했다. 이 논리는 중세의 신분제 구속에서 벗어나고자 했던 개인들에게 매력적이었지만, 현실에서는 곧 '내 노동력을 팔 수 있는 자유'를 당연한 것으로 받아들이게 만드는 이데올로기로 작동했다.

마르크스주의 관점에서, 이러한 노동 자유 담론은 잉여가치 창출을 위해 노동자를 자본의 논리에 복속시키는 과정에서 만들어진 합리화에 불

122) John Locke, *Locke : Two Treatises Of Government*, Student Edition, Cambridge University Press, 1999. §27(Of Property). pp.287~288. "…, yet every Man has a **Property** in his own **Person**. This no Body has any Right to but himself. The **Labour** of his Body, and the **Work** of his Hands, we may say, are properly his." 모든 사람은 자기 재산과 자신의 몸을 소유한다. 자신을 제외하고 그 누구도 이에 대한 권리는 없다. 자신의 몸에 의한 노동과 자신의 손에 의한 일이야말로, 당연히 그 자신의 것이다.

과하다.[123] 봉건적 예속 관계에서 벗어난 노동자들이 법적 자유를 획득한 것은 사실이지만, 실체는 자본주의에 필요한 노동력 판매의 자유였을 뿐이다. 따라서 근대적 노동윤리가 노동이 곧 인간 해방을 이끈다고 주장하는 것은 표면적 수상에 불과하며, 실제로는 자본 축적의 메커니즘을 원활히 작동시키는 이데올로기였다.

종교윤리와 계몽사상의 결합도 주목해야 한다. 데이비드 흄, 애덤 스미스, 임마누엘 칸트 등 근대 사상가들은 인간의 '자율'과 '합리'를 강조했다. 애덤 스미스는 『국부론(*The Wealth of Nations*)』에서 개인이 자신의 이익을 추구하면 '보이지 않는 손(invisible hand)'에 의해 사회 전체가 번영한다고 주장했다. 노동은 부 창출의 핵심 요소이며, 개인은 노동을 통해 자신의 부를 늘릴 자유가 있다. 하지만 이러한 '자유'는 현실에서 경제 권력이 없는 노동자들에게 예속과 압박의 근거로 작용했다.

종교개혁 이후의 프로테스탄트 윤리가 노동을 강조하며 근검절약을 미덕으로 삼은 것은, 단순히 도덕규범을 세우는 데 그치지 않았다. 이 과정에서 "노동하지 않는 자, 먹지도 말라"는 식의 강력한 규범이 형성되면서, 빈곤층은 고용되지 못하면 사회적 비난을 받거나 가난을 스스로 자초한 것으로 치부되었다. 즉, 노동윤리가 인간을 게으름과 부도덕에서 해방시

---

123) 카를 마르크스(Karl Marx)는 임금노동자를 '자유를 가졌지만 또 다른 한편으로는 생산수단에서 분리된' 이중적 존재라며, 이들이 생계를 위해 자본에 노동력을 파는 구조가 자본주의 착취의 본질이라고 설명했다. 카를 마르크스, 『자본론 1권』, 김수행 옮김, 비봉출판사, 2015.

킨다는 명분 하에, 실은 노동시장으로 내몰아 강제하는 수단이 된 셈이다.

근대적 노동윤리는 그러나 단순 강제가 아니라, 노동 그 자체가 덕이며, 신성한 소명이라고 제시함으로써 사람들에게 내면화되었다. 칼뱅주의적 예정설에 따르면, 자신의 노동 성과로 번영을 이루는 것은 신의 선택을 받은 증거로 여겨졌다. 따라서 노동자는 열심히, 끊임없이, 더 효율적으로 일해야 했다. 이는 외부의 억압이 아닌 개인의 자발적 내면화로 이어졌고, 자본주의 발전에 결정적 동력이 작용했다.

그러나 현실에서 이러한 노동의 '성화'(聖化)는 계층에 따라 다르게 적용되었다. 19세기 산업혁명 시기 영국에서 노동자들은 길고 고된 노동시간 속에서 질병과 영양 부족, 열악한 주거환경에 시달렸다. 아이들조차도 공장이나 탄광에서 일해야 했으며, 임금은 낮고 사고도 잦았다. 반면 자본가와 일부 지배층은 "열심히 일하면 언젠가 성공할 수 있다"는 신념을 노동자들에게 주입했지만, 극소수만이 상향 이동을 이룰 수 있었다.[124)]

미국 독립 이후 전개된 시장경제 체제에서도, 자유로운 노동이 자본 확장의 가장 중요한 수단으로 작동했다. 이민자들은 신대륙에서의 성공을 꿈 꾸며 몰려들었지만, 소수만이 부를 축적했고 대다수는 치열한 경쟁 속

---

124) E.P. 톰슨(E.P. Thompson)은 19세기 영국 노동자들의 장시간 노동, 저임금, 열악한 생활조건을 폭넓게 서술하며 노동윤리가 사실상 대중 착취를 정당화하는 담론으로 작동했다고 지적했다. E.P. 톰슨, 『영국 노동계급의 형성』, 나종일 외 옮김, 창작과비평사, 2000.

에서 저임금 노동자로 남았다. 흑인 노예해방은 더욱 극명하다. 법적으로 자유를 얻었지만, 사실상 농장주와 불평등한 계약을 맺는 소작 제도에 다시 얽매이게 되었다. 이 역시 근대 자유노동의 허상을 보여주는 사례다.

결국 사회·경제적 조건이 일방적으로 만들어낸 노동력 예속을 개인의 책임이나 선택으로 왜곡하는 담론이 성립된 것이다.

이러한 맥락에서 근대적 노동윤리는 자유와 평등, 자기결정의 이상을 담고 있는 동시에, 이를 가장(假裝)하는 측면을 지닌다. 자유를 외치지만 결국 노동자는 선택지를 거의 갖지 못하고, 평등을 이야기하지만 실제로는 계층 간, 자본가와 노동자 간 격차가 크게 벌어졌다. 근대는 사상적으로는 자유를, 제도적으론 착취를 정당화하는 모순을 안게 된 시기였다고 할 수 있다.

이러한 모순이 가장 두드러지게 드러난 분야 중 하나가 노동시간과 임금의 문제다. '합의에 의한 계약'이라지만, 실제로 노동자는 생존의 위협에 내몰려 있었다. 저임금을 감수하고 하루 십여 시간씩 노동하는 것 외에는 선택의 여지가 없었다. 근대 국가들은 이런 상황을 개인의 자율적 선택으로 규정했다. 그러나 실상은 노동시장 밖으로 밀려날 경우 빈곤과 범죄자 낙인 등이 기다리고 있었기 때문에, 강제적 구조에 다름 없었다.

결국, 근대적 노동윤리가 만들어낸 자유는 이중성을 내포한다. 표면적으로는 "누구나 자유롭게 일할 수 있고, 합당한 보상을 받을 수 있으며, 신분의 족쇄에서 해방된다"는 의미를 담고 있다. 하지만 그 이면에는 거대한 생산 체계 편입되어야만 생존할 수 있는 구조가 존재했다. 이 구조는 사회적 동의와 자발적 참여라는 외양을 띠고 있지만, 사실상 선택의 여지를 제약하는 은밀한 강제력으로 기능했다.

근대의 자유노동 이념은 국제무역과 식민지 확대에도 영향을 주었다. 19세기 제국주의 국가들은 '부족들이 게으르다'는 이유로 그들을 교화·노동 동원해야 한다는 논리를 내세웠다. 이 과정에서 근면과 질서는 서구 근대문명의 핵심 가치로 포장되었고, 반대로 게으름과 비효율은 식민지 백성들에게 투사되어 강제노동 혹은 원료 공급 체계를 구축하는 착취의 토대로 작용했다.

이러한 세계사적 확장을 통해 근대적 노동윤리는 단지 유럽 내부의 현상을 넘어 식민지와 비서구 지역 전반에 이식되었다. 이 과정에는 폭력이 수반되었고, "게으른 이들을 문명화한다"는 명분이 동원되었다. 이 역시 자유를 가장한 억압의 전형 사례이며, 근대적 노동윤리가 보편적 규범처럼 여겨지게 된 역사적 배경이기도 하다.

계급 분열이 심화되면서 노동자 대중이 스스로를 해방하려는 운동이 태동했다. 1848년 유럽 혁명[125], 1871년 파리 코뮌[126] 등은 자본가와 노동자 간 대립이 첨예하게 드러난 사건이다. 이 혁명들에서 노동자들이 외친 자유는 기존 지배층이 말하는 '노동의 자유'와는 근본적으로 다른 의미를 담고 있었다. 단지 임금노동자로서 '착취당하는 자유'가 아니라, 스스로의 삶을 '결정할 수 있는 주권'을 달라는 요구였다.

이렇게 보면, 근대적 노동윤리가 자유를 가장(假裝)했다는 평가는 결코 과하지 않다. 국가와 자본가들은 법적·제도적 장치를 통해 농노제·길드·신분제를 철폐했지만, 그 대신 노동시장에서의 불평등한 계약을 강요했다. 게다가 그 계약이 스스로 택한 합의처럼 비춰지도록 근면과 성실을 극도로 미화한 것이 근대 노동윤리의 핵심 전략이었다.

근대적 노동윤리는 생산력 발전을 지향하는 이념이었지만, 그 과정에서 노동자를 통제하고 규율하는 수단으로 활용되었다. 형식상으로는 일

125) 1848년부터 1849년까지 1년이 넘는 기간 동안 유럽 전역에서 발생한 일련의 혁명으로, 민주주의적이며 자유주의적인 성격을 띠었다. 기존 정치 지도층에 대한 광범위한 불만, 정부 참여와 민주주의 확대 요구, 언론의 자유 보장 요구, 노동계급의 경제적 권리 요구, 민족주의의 대두, 그리고 유럽 감자 기근으로 인한 대규모 기아, 이주, 사회적 불안 등이 주요 원인으로 지목된다. 노동자와 개혁 세력이 주도했으며, 중산층과 부르주아 계급 출신의 인사들도 동참했지만 이들 간의 연대는 오래 지속되지 못했다.

126) 1871년 3월에서 5월말까지 파리 시민들이 세운 사회주의 자치 정부로, 노동자 계급이 세운 세계 최초의 민주적이고 혁명적인 자치 정부라는 평가가 있다. 역사상 처음으로 사회주의 정책을 실행에 옮겼으며, 비록 존속기간이 2개월이라는 짧은 기간에 불과했지만 이후 사회주의 운동에 큰 영향을 주었다.

은 개인의 자유로운 의지이며, 부를 축적하는 길이라고 홍보되었지만, 실질적으로는 노동자에게 과도한 노동시간, 열악한 환경, 미미한 임금을 감수하도록 만드는 질서였다.

상층 시민계급은 이를 통해 전근대적 귀족 특권을 깨고 새로운 사회를 열었다는 역사적 성취를 강조했지만, 하층 대중에게 이는 또 다른 형태의 예속이었다. 자유노동이라는 기치 아래 이전보다 더 집약적인 착취가 가능해졌기 때문이다. 자발적 노동을 강제하는 이 모순 구조는 한편으로 사회주의 운동과 노동조합 운동의 탄생을 촉발했다.

근대 국가들은 점차 선거권 확대와 사회보험 제도 등을 통해 노동자의 불만을 잠재우려 시도했다. 19세기 말에서 20세기 초에 걸쳐 영국, 독일, 프랑스 등지에서 복지국가의 맹아가 등장하고, 노동법이 정비되었다. 그러나 이 과정에서도 노동윤리의 기본 골격은 유지되었다. "열심히 일하면 그 성과가 자신에게 돌아온다"는 명제는 표면적 정의를 지향하는 것처럼 보이면서도, 임금노동 체제 자체에 대한 근본적 의심을 차단하는 기능을 수행했다.[127)]

특히 미국에서의 '아메리칸 드림(American Dream)' 담론[128)]은 근대

---

127) 20세기 초 복지제도의 성립 과정에서 복지국가의 초석을 놓은 오토 폰 비스마르크(Otto von Bismarck)의 독일이나 로이드 조지(David Lloyd George)의 영국 사례는, 국가가 노동윤리를 전면 수정하지 않고, 기존 임금노동 체제를 보완하는 형태로 사회보험 정책을 도입했다는 점이 특징이라고 평가된다.

128) 아메리칸 드림 담론은 제임스 트루슬로우 애덤스(James Truslow Adams)가 1931년에 쓴 『아메리칸 드림(*The Epic of America*)』에서 본격적으로 언급되었으며, 후대 대중문화에서

적 노동윤리의 결정판이라 할 수 있다. 가난한 이민자 출신도 열정과 근면으로 성공할 수 있다는 서사는 무수한 드라마, 영화, 문학작품에서 끊임없이 재생산되었다. 이 서사에서 자유는 모두에게 열려 있는 것으로 묘사되었지만, 현실에서는 경제·인종·성차별적 장벽이 여전히 견고하게 존재했다. 그럼에도 '아메리칸 드림'은 구조적 불평등을 개인의 노력 부족으로 치환시키는 데 일조했다.

이렇듯 근대 노동윤리는 "자유롭게 일하고, 열심히 벌면 누구나 계층을 뛰어넘을 수 있다"는 희망을 주는 듯 하지만, 실제로는 대다수 노동자를 기계 부속품처럼 사용한 뒤 생존 수준의 임금만을 제공하는 구조를 만들어낸다. 그 불일치를 교묘하게 은폐하는 이념적 장치가 바로 근면, 성실, 자유, 자기계발이라는 말들이다.

현재까지 이어지는 노동윤리의 내면화는 두 가지 결과를 낳았다. 하나는 개인이 자기 착취를 정당화하게 된 것이고, 다른 하나는 체제가 요구하는 생산성 기준에 순응하지 못하는 이들에게 죄책감과 낙인을 안기는 것이다. 근대 사회가 창조한 이 자유의 환상은, 개인이 아무리 고되게 일해도 제대로 된 보상이 주어지지 않을 때 분노와 좌절을 유발한다.

물론 근대적 노동윤리가 전적으로 부정적인 성격만 갖는 것은 아니다.

'열심히 일하면 무엇이든 가능하다'는 근대 노동윤리의 총체적 형상을 만들어냈다.

봉건적 신분질서가 해체되는 과정에서 개인이 계약과 합의의 주체로 등장했다는 점, 이로써 예속적 관계가 (법적으로는) 해소되었다는 점은 역사적 진전으로 평가할 수 있다. 하지만 이 법적·형식적 자유가 실제 생활에서 구체적으로 실현되느냐의 문제는 별개였다.

19세기 말부터 노동조합이 조직되고 노동자들이 집단적으로 교섭하기 시작하면서, 근대적 노동윤리는 새로운 국면을 맞이한다. 노동자가 단지 고용주의 명령에 순응하는 수동적 주체가 아니라, 집단적 요구와 행동을 통해 산업 현장을 바꿀 수 있다는 사실이 확인된 것이다. 이를 통해 노동시간 단축, 임금 인상, 아동노동 금지 등의 성과가 부분적으로 이뤄졌다.

하지만 국가와 자본의 반응은, '자유롭게 노동조합을 구성할 수도 있다'는 것을 또 다른 제약 안에 가두는 식이었다. 사측의 노조 탄압, 국가의 공권력 투입 등으로 노동권은 끊임없이 제한받았다. 그럼에도 자유라는 명분은 그대로 내세워졌다. 즉, 노동자를 짓누르면서도 표면적으로는 자유민주주의 체제라는 이름을 유지하는 이중적 방식이었다.

결과적으로 근대 사회에서 형성된 노동윤리는 자유와 강제, 해방과 종속이라는 상반된 측면을 모두 내포했다. 근대적 노동윤리가 표방하는 자유가 실제로는 선택의 폭이 제한된 조건에서의 일방적 시장 참가를 강제하고, 그 속에서 끊임없는 경쟁과 소진을 유도했다는 점이 문제의 핵심이다.

근대적 노동윤리는 한편으로는 인간이 봉건적 굴레에서 벗어나 개인적 권리를 주장할 토대를 만든 역사적 혁신이었지만, 동시에 그 자유를 시장과 자본의 이윤 축적 논리에 종속시키면서 부조리를 정당화하는 역할을 해왔다. 바로 이 지점에서 '노동윤리는 자유를 가장했다'라는 비판이 정당성을 얻게 된다. 근대 노동관에 대한 이러한 재검토를 통해, 오늘날 우리가 직면하는 노동 문제와 자유 개념의 균열을 더 분명히 인식할 수 있을 것이다. 이는 진정한 자유를 향한 새로운 전망을 모색하는 출발점이 될 수 있다.

2. 노동의 미덕 신화, 그리고 자기착취의 이데올로기

근대와 현대를 관통하는 사회적 담론 중 하나가 '노동이 미덕이다'라는 명제다. 표면적으로는 근면과 성실, 노력과 자기계발을 통해 개인이 성공할 수 있다는 긍정적인 메시지를 담고 있지만, 그 이면에는 노동을 절대화하고 숭배함으로써 은밀한 착취나 과로를 정당화하는 기제가 숨어 있다. 이런 현상을 노동의 '미덕 신화'라고 부를 수 있으며, 실상은 수많은 사람이 스스로를 한계까지 몰아붙이는 자기착취 구조를 양산한다. 개인의 삶과 건강을 갉아먹으면서도 사회 전체의 생산성이라는 미명 아래 이 과정이 당연한 것으로 합리화되는 것이다.

근대 이전에도 노동은 존재했으나 귀족과 성직자, 농노 간에 노동의 의미가 확연히 달랐고, 인간은 태생적으로 주어진 계급의 역할을 당연한 것으로 받아들였다. 근대에 들어서면서 본격적으로 '노동이야말로 인간을 고양시키는 숭고한 행위'라는 인식이 보편화되기 시작했다. 종교개혁을 거쳐 산업혁명으로 이어지는 역사적 흐름 속에서, '노동을 통해 자기 운명을 개척한다'는 서사가 광범위하게 확산되었다.

노동이 미덕이라는 명제는 표면적으로 긍정성을 띤다. 사람들은 열심히 일하면 더 나은 삶을 살 수 있고, 사회적으로도 존경받을 수 있다는 믿음을 갖게 된다. 부지런함과 근면성은 곧 '선'으로 간주되며, 반대로 게으름과 나태는 '악'으로 여겨진다. 이런 도덕적 이분법은 노동을 끊임없이 수행해야 할 강력한 동기가 된다. 게다가 '좀 더 열심히 하면, 지금의 어려움을 극복할 수 있다'는 서사는 개인에게 희망을 제공한다. 현재의 고통을 견딜 수 있게 하는 심리적 위안이 되면서, 동시에 미래에 대한 낙관적 전망을 유지하게 만든다.

문제는 이러한 낙관의 서사가 실제로는 자기착취를 부추긴다는 데 있다. 사람들은 더 나은 성취나 사회적 인정을 위해 과도한 노동에 몰두하고, 스스로를 정당화하려 한다. 데이비드 그레이버(David Graeber)는 『불쉿 잡(*Bullshit Jobs*)』에서 현대인이 무의미한 노동에도 스스로 매달리는 현상을 분석하면서, '노동 자체가 미덕이라는 신념'이 개인을 끝없는 자발적 초과노동으로 내몬다고 지적했다.129)

이런 현상은 특히 근대 산업화 초기부터 두드러진다. 농민과 빈민이 공장 노동자로 편입되는 과정에서, "노동은 구원이며 미덕"이라는 담론이 국가·자본·종교 각 측에서 제시됐다. 에드워드 P. 톰슨은 산업혁명 시기 이러한 노동 미덕론이 빈민과 농민을 자발적으로 공장 노동에 뛰어들게 만드는 강력한 이데올로기였음을 지적했다.130)

---

129) 데이비드 그레이버는 '의미 없는 노동'이 어떻게 자발적 초과노동을 야기하는지 설명하면서, 사람들이 노동을 미덕으로 여기도록 유도하는 체제가 개인을 자기착취로 몰아간다고 밝혔다. 데이비드 그레이버, 『불쉿 잡(*Bullshit Jobs*)』, 김병화 옮김, 민음사, 2021.

130) 에드워드 P. 톰슨, 『영국 노동계급의 형성』, 나종일 옮김, 창비, 2000.

노동의 미덕 신화는 개인 정체성과 노동을 깊이 결합시킨다. 오늘날에도 사람들은 "나는 무슨 일을 하는 사람인가"라는 질문에 자신의 직업을 우선 답하며, 그 직업이 바로 자기 존재가치의 큰 부분을 차지한다고 여긴다. 직업이 없으면 열심히 살지 않는 사람처럼 간주되는 사회적 분위기는 곧, 일을 하지 않는 상태에 대한 불안감과 죄책감을 조성한다. 이렇게 보면, 미덕 신화는 자발적 노동 동기를 넘어, 노동하지 않으면 인간으로서 자격이 미달한다는 존재론적 압박감으로 작동한다.

여기서 자기착취의 메커니즘이 부각된다. 기존 착취 개념은 주로 고용주가 노동자의 노동력을 사들여 초과이윤을 취하는 과정을 의미했지만, 현대에 와서는 자발적 초과노동 형태로 변화하여 나타난다. 이제는 노동자가 고용주 없이도, 혹은 고용주가 별다른 압박을 가하지 않아도, 스스로를 과도하게 혹사하는 현상이 벌어진다.

이러한 자기착취는 "내가 더 열심히 일하면, 더 많은 성취와 보상을 얻을 수 있다"는 믿음에 뿌리를 둔다. 피에르 부르디외는 문화적 자본과 <아비투스> 개념을 통해, 사람들이 '열심히 일해야 한다'는 가치관을 어린 시절부터 교육과 사회화 과정을 통해 내면화한다고 설명했다.131) 그

131) 아비투스(Habitus)는 사회학자 피에르 부르디외가 주장한 개념으로 특정 환경에서 자라면서 형성된 성향이나, 사고, 인지, 판단 등과 관련된 행동 체계를 의미하는 것으로 계급적 구별짓기의 근간이 된다. 특히, 취향은 '계급'의 지표로 기능하게 되며, '안목(眼目)'은 교육에 의해 재생산된다(pp.22~25) 문학, 예술 등에 있어 좋은 환경에서 교육받은 사람만이 즐길 수 있는 안목을 갖게 되고, 이 취향의 수준으로 인하 비슷한 사람끼리는 한 데 어울리게 되는 반면, 배우지 못한 사람들과는 단절되고 구별되기 마련이다. 결국 취향이 아비투스가 되고(p.115), 특수한 생활조건의 체계적 표현으로 파악될 수밖에 없는 구별적 특징으로 구성되는 체계의

결과, 객관적·제도적 압박이 없더라도 개인이 자연스럽게 스스로를 몰아넣는다.

현대에도 이는 변함없이 재현된다. 노동이 단순 생존 문제를 해결하는 수준을 넘어서서 자아실현의 수단으로 추앙받게 되었다. 창작자나 프리랜서처럼 자율성이 강조되는 직업에서도, 임금이나 처우가 열악해도 장기간 견디게 만든다. 이는 "열심히 일하면 성공할 수 있다"는 기존 메시지를 열정과 자아실현이라는 더 세련된 형태로 포장한 결과다.

이러한 구도 하에서는 한 개인이 실패했을 때 사회 자체의 구조적 요인이나 불평등 문제 대신, 개인의 인격·의지·노력만을 탓하게 만든다. 그 결과 사회비판적 시각이 차단되고 현행 체제를 무조건 수용하는 효과가 발생한다. 개인이 '열심히 일해야만 훌륭하다'는 믿음이 깊을수록, 체제 자체의 불합리성에 대한 문제 제기는 약화된다.

반론도 존재한다. 노동은 사람을 성장시키고, 사회에 보탬이 되며, 자아실현을 가능케 하는 보람된 활동이라는 것이다. 실제로 많은 사람들이 자기 분야에서 전문성을 발휘하며 만족감을 느낀다. 여기서 핵심은 적절한 한도 내에서의 노동과, 자기 스스로 일이 삶에 미치는 영향력을 균형 잡아 판단할 수 있는 구조가 마련되어 있느냐하는 점이다. 무제한 초과노

근원이 된다(p.318). 부르디외, 최종철 옮김, 『구별짓기 上』, 새물결, 2006.

동을 열정으로 포장하는 건 전혀 다른 문제다.

사회 전반이 성과와 경쟁을 중시하는 분위기일수록, 자기착취에 대한 유혹은 강해진다. '남들보다 한 시간 더 일하면 더 앞설 수 있다'는 논리는 분명 어떤 개인에게 동기가 될 수 있지만, 동시에 장시간 노동을 표준화하고, 휴식이나 여유를 게으름으로 낙인찍게 만든다. 결과적으로 모두가 한계치까지 몰리는 긴장 상태가 장기화된다.

기업들은 인적자원관리와 동기부여 전략을 활용해 노동의 미덕 신화를 극대화한다. "당신이 성장하면 회사도 성장한다"거나 "우리는 당신의 열정을 응원한다" 같은 구호가 빈번히 등장한다. 처음에는 긍정적인 메시지로 들리지만, 실제로는 회사의 목표 달성을 위해 개인이 자기 시간을 희생하도록 부추길 위험이 있다. 이런 환경에서는 연차나 휴가를 쓰는 일마저 눈치가 보이게 된다. 이러한 기업문화는 개인의 성장과 회사의 이익을 교묘하게 등치시키면서, 노동자로 하여금 회사를 위한 희생을 자기 발전으로 착각하게 만든다. 성장이라는 긍정적 가치가 무제한 헌신을 정당화하는 도구로 전용되는 것이다.

노동운동과 사회주의 진영에서도 "노동이 신성하다"고 외쳤다. 역설적으로, 일부 사회주의 국가에서는 '노동 영웅' 선전을 통해 개인의 초인적 노력을 찬양하며 초과노동을 부추겼다. 이는 이념을 막론하고, '노동이 곧 인간을 완성한다'는 담론이 체제 유지에 유리하게 작동한다는 점을 보여준다. 달리 말해, 노동의 미덕이라는 서사는 거대한 권력 장치로도 기능하는 것이다.

이 현상을 규율 권력의 관점에서 보면 더 명확해진다. 미셸 푸코는 『감시와 처벌』에서 근대국가가 개인의 몸과 시간을 통제하고 자발적 복종을 유도한다고 분석했는데[132], 노동 현장에서도 자발적 근면이 요구되는 문화를 형성함으로써 국가와 자본이 효율적 생산체제를 구축한다. '노동 미덕론'은 이를 도덕적·윤리적 차원에서 강화한다. 개인은 감시나 처벌을 두려워해서가 아니라, 근면을 도덕적 의무로 받아들이기 때문에 스스로를 규율한다.

자기착취의 장점을 거론하는 이들도 있기는 하다. 덕분에 빠른 성장과 혁신이 가능하다는 논리다. 실제로 많은 스타트업이 창업 초기 구성원들의 희생적 노력으로 단기간에 큰 성과를 거두기도 한다. 문제는 이런 식의 초과노동이 지속 가능한가, 그리고 그 대가가 공정하게 분배되느냐에 있다. 보상 없이 희생만 요구된다면 개인은 번아웃에 빠지기 쉽고, 이는 결국 회사나 사회 전체에도 손해가 된다.

노동 미덕 신화가 실패나 좌절 상황에서 위력을 발휘하기도 한다. 자신이 원하는 결과를 얻지 못했을 때, 먼저 더 열심히 하지 않았기 때문이

---

132) 미셸 푸코, 『감시와 처벌(*Discipline and Punish : The Birth of the Prison*)』, 오생근 옮김, 나남, 2020.

라고 해석하게 된다. 이러한 해석 자체가 반드시 잘못된 것은 아니지만, 구조적 문제나 환경적 요인을 외면하게 만드는 함정을 내포한다.

노동윤리에 대한 비판은, 먼저 삶의 총체적 가치에서 노동이 차지하는 비중을 재고해야 한다는 전제에서 출발해야 한다. 노동은 삶을 유지하고 발전시키는 중요한 수단이지만, 동시에 예술, 휴식, 놀이, 인간관계 등 다른 요소와 균형을 이루어야 행복한 사회라는 것이다. 그렇지 않고 노동이 미덕이라는 명제가 절대화되면, 삶의 다양성이 사라지고 일하지 않으면 무가치한 존재라는 편협한 결론에 도달하게 된다.

울리히 벡(Ulrich Beck)은 '위험사회론'을 통해 현대인이 겪는 경쟁과 불안이 자기착취를 부추긴다고 설명했다. "노동하지 않으면 미래가 불투명해진다"는 공포감이 개인에게 내재되어, 스스로 더 오랜 시간 일하게 만든다는 것이다.[133)]

이런 맥락에서 헨리 젠킨스의 '디지털 시대에 열정 착취가 새로운 형태로 나타난다'는 지적은 의미심장하다.[134)] 콘텐츠 창작자는 상시적으로 온라인에 접속해 작업 기회를 모색하고, 휴식 중에도 SNS를 관리하며 팬들과의 관계를 유지해야 한다. 이 역시 명백한 자기착취 행위지만, "내가

---

133) 울리히 벡은 위험사회론을 제기하면서, 자기착취가 개인화된 현대 노동환경에서 실업과 경쟁의 위협을 극복하기 위한 자발적 자기개발 형태로 나타난다고 분석했다. 울리히 벡, 『위험사회(*Risikogesellschaft*)』, 홍성태 옮김, 새물결, 2014.

134) 헨리 젠킨스, 『컨버전스 컬처』, 김동신 옮김, 비즈앤비즈, 2008.

사랑하는 창작활동"이라는 논리로 자기합리화되어 진정한 휴식을 원천적으로 차단한다.

물론 노동을 통해 성취와 행복을 느끼는 사람이 많다는 점은 부정할 수 없다. 자신의 분야에서 역량을 발휘하고, 결과물에 대한 보람을 얻는 경험은 대단히 값지다. 다만, 이런 경험이 전제하는 적절한 노동량, 충분한 보상과 휴식이 모두 보장될 때에야 비로소 진정한 미덕이 될 수 있다는 사실을 간과해서는 안 된다.

탈현대 관점에서 더 나은 노동을 주장하기도 한다. 노동 자체를 거부하기보다는 현재의 과도한 경쟁과 착취 구조를 근본적으로 변화시켜야 한다는 것이다. 노동이 진정한 미덕일 수 있으려면, 인간이 자유의지로 창조성을 발휘하고 충분한 보상을 받으며, 과로와 스트레스 없이 함께 성장할 수 있어야 한다. 그렇지 못하다면, 그것은 미덕이 아니라 폭력이다.

또한 '노동은 본질적으로 공동체를 유지·발전시키는 행위'라고 보기도 한다. 노동이 온전히 착취 수단이나 경쟁 압력으로만 작동한다면, 이미 본래적 의미를 잃은 것이다. 결국 노동 미덕론을 허상이나 신화로 만드는 것은 자본주의적 축적 논리와 무한 경쟁 상태다. 이러한 구조 하에서 개인의 선한 의지와 노력은 결국 소모품으로 전락한다.

노동이 인간다움을 실현하는 하나의 통로가 될 수는 있다. 다만, 그것이 절대적 미덕으로 자리 잡을 때, 누군가 휴식을 택하거나 노동을 중단하면 노력이 부족하다라는 평가가 따르고, 그 사람이 누릴 수 있는 기회와 자원도 제한될 수 있다. 다양성을 인정하지 않는 노동 숭배 사상은 곧, 자기착취를 끝없이 재생산한다.

일각에서는 기본소득이나 시민 배당 같은 제도를 통해 노동 강제 없이도 생존이 보장되는 사회, 즉 생존을 위해 반드시 일해야 하는 강박에서 벗어난 사회가 가능하다는 낙관을 제시한다. 하지만 이러한 구상이 실현되기 위해서는 무엇보다 막대한 재원 조달과 이를 뒷받침할 수 있는 정치적 합의가 선결되어야 한다. 더 근본적으로는 노동과 인간의 가치를 동일시하는 뿌리 깊은 기존 관념을 허무는 작업이 필요하다.

노동은 분명 인류 발전의 토대를 이룬 중요한 활동이지만, 그 과정을 절대적 가치로 신성시하는 순간 인간의 삶을 옥죄고 사회적 불평등을 재생산하는 억압 기제로 전락할 위험이 있다. 노동의 적정 범위와 강도, 공정한 보상 체계, 그리고 휴식, 여가, 사회적 관계 등 인간다운 삶을 구성하는 다른 영역들에 대해 충분히 논의되지 않는 상태에서 노동이 미덕이라고만 외치는 것은 위험한 일이다. 우리가 추구해야 할 것은 노동을 삶의 구성 요소 중 하나로 재정립하면서 동시에 인간 존재의 다면적 가치를 실현할 수 있는 통합적 사회 패러다임의 정립이다.

3장
노동의 소외: 인간은 무엇으로부터 멀어지는가

1. 자신의 노동, 생산물, 타인, 자기 자신으로부터 소외

노동이 인간을 성장시키고 삶에 의미를 부여하는 수단이지만, 동시에 인간을 소외시키는 원인으로 작동하기도 한다. 특히 근대 이후 발전한 자본주의 시스템 안에서, 개인은 자신이 수행하는 노동과 그 결과물, 그리고 사회적 관계에서 멀어지게 된다는 비판이 제기돼 왔다. 그렇다면 노동은 어떤 방식으로 인간을 소외시키는가?

마르크스는 『경제학-철학 수고(*Economic and Philosophic Manuscripts of 1844*)』에서 노동의 소외를 네 가지 측면으로 분석했다. 노동자가 자신이 행하는 노동, 그 노동이 생산해 낸 생산물, 다른 사람들과의 관계, 그리고 자기 자신으로부터 멀어지는 과정 등이다.[135] 이 네 가지 소외 과정의 의미와 그 현대적 함의는 다음과 같다.

먼저, 자신의 노동으로부터 소외된다는 것은, 노동자가 노동을 스스로 통제하지 못하고 타인이나 시스템의 지시에 따라 기계적으로 수행하게

135) 카를 마르크스, 『경제학-철학 수고』, 김태희 옮김, 필로소픽, 2024.

되는 상태를 의미한다. 마르크스적 관점에서 노동은 본래 인간이 자아를 표현하고 세상에 기여하는 창조적 행위가 되어야 하지만 임금노동 체제 안에서는 노동자가 어떤 방식으로, 어떤 목표를 위해 일해야 하는지를 결정할 수 없다. 내가 한 노동이 타인의 지시나 매뉴얼에만 종속돼 '내 것'이 아니라는 의미다.

현대적 공장이나 서비스업에서, 노동자나 종업원은 매뉴얼화된 업무를 반복하며 자신이 왜 이 일을 하는지, 어떻게 더 창의적으로 접근할 수 있는지 고민하기 어렵다. 예컨대 패스트푸드점에서 일하는 아르바이트생이 재료를 조합해 음식을 만드는 과정은 전혀 창의적이지 않고 규칙대로만 수행된다. 그러다 보니 그 노동이 주는 만족감은 최소화되고, 시급을 벌기 위한 반복 그 이상이 되지 못한다. 데이비드 그레이버(David Graeber)는 이런 기계적이고 무의미한 업무가 노동자를 자존감 상실과 우울증 같은 상태로 몰아넣는다고 비판했다.[136)]

또, 노동자가 자신의 생산물과 분리된다는 것도 중요한 소외 양상이다. 내 노동 결과물을 내가 보거나 사용할 수 없으며, 그 가치는 결국 누군가의 이윤이나 소비로 전환된다는 의미이다.

전통적으로, 장인이나 농부는 스스로 만든 제품이나 농작물에 대한 애

---

136) 데이비드 그레이버, 『불쉿 잡(*Bullshit Jobs*)』, 김병화 옮김, 민음사, 2021.

착과 자부심을 느꼈다. 그것은 자신이 투입한 창의성과 노력, 시간이 고스란히 담긴 결과물이었기 때문이다. 그러나 자본주의 시스템에서는 생산물이 곧바로 시장에 넘겨지고, 노동자 스스로가 그것을 향유하지 못하거나 통제할 권한이 거의 없다. 자신이 만든 제품을 제대로 보지도 못한 채 공장에서 하루 종일 똑같은 부품만 조립하다 퇴근하는 사례를 떠올려보면 이해가 쉽다. 그 제품이 어디에 쓰이는지, 누가 사용하는지 알 길 없이, 하루 노동을 마치고 돌아온 노동자는 자신이 무엇을 만들었는지 실감할 수 없다는 박탈감을 느낀다. 또 인터넷 플랫폼에 콘텐츠를 올리고도, 제작자가 아니라 플랫폼 기업이 생산물에 대한 통제권을 갖게 되는 경우도 마찬가지이다. 이는 단순 물질적 보상의 문제를 넘어, 자기 일에 대한 의미부여가 어려워진다는 점에서 심각하다.

노동자가 생산물의 가치와 용도를 인식하지 못하거나 통제할 수 없는 구조는, 궁극적으로 노동의 자율성을 훼손한다. 이는 자신이 만든 결과물로부터 멀어지는 경험으로 이어지며, 일에 대한 책임감과 애착도 희미해진다. 한나 아렌트는 『인간의 조건(*The Human Condition*)』에서 노동이 원래는 생존을 위한 활동과 자기표현이 결합되어야 하지만, 현대적 분업은 이를 극단적으로 분리한다고 비판했다.[137)]

---

137) 아렌트는 '도구적 인간'을 뜻하는 호모 파베르(*Homo Faber*) 개념을 통해, 인간이 기술·도구를 만들어 활용해 삶을 편리하게 만들어왔지만, 한편으로는 노동이 단순화되는 반면, 기술은 고도화되면서 인간의 역할이 축소되고, 인간의 본질적인 측면들(자율성, 창의성, 관계형성 등)이 희생당할 수 있음을 경고했다. 한나 아렌트, 『인간의 조건』, 이진우 옮김, 한길사, 2017. pp.238~254.

다음으로, 노동자가 타인에게서 소외된다는 것은, 노동이 경쟁과 분업을 통해 인간관계를 파편화시키는 결과를 초래하는 상황을 가리킨다. 자본주의 시장에서 노동자들이 서로 경쟁자로 내몰리며, 연대보다는 적대적 생존 경쟁으로 내몰리는 경향이 나타난다. 협력이 아니라 각자도생이 경향이 강화되면서, 인간관계가 기술적·계약적 형태로 축소된다는 것이다.

오늘날 사무실에서 개인 PC와 칸막이로 분리된 공간에서 일하는 노동자들의 모습이나, 온라인 플랫폼에서 서로 경쟁해야 살아남는 프리랜서들의 상황은 이를 잘 보여준다. 각종 성과 평가와 비교가 일상화되며, 타인은 함께 성장할 파트너가 아니라, 나의 위치를 위협하는 잠재적 적으로 간주되기 쉽다. 이로 인해 사람들은 함께 일하는 즐거움보다 스트레스와 불신을 더 많이 경험한다.

미셸 푸코는 근대 조직이 시간을 정하고 공간을 분할하고 행동을 기록하며 개인을 세밀하게 길들이는 '규율 권력'을 행사한다고 보는데, 이는 결국 개인들 사이에 벽을 세우는 결과를 낳을 수 있다.[138)]

소외가 심화되면, 노동자들은 직장 내 인간관계를 얕고 형식적으로 유지하는 데 그칠 수 있다. 회사 밖에서 사적인 친분을 맺더라도, 경쟁에서 뒤처지면 해고되거나 위치가 흔들릴 수 있다고 느끼기 때문에 인간적 신뢰를 쌓기 어렵다. 이러한 경향은 공동체 감각을 잃게 만들고, 심리적 고

---

138) 미셸 푸코, 『감시와 처벌』, 오생근 옮김, 나남, 2020.

립을 강화한다.

마지막으로, 노동자가 자기 자신으로부터 소외된다는 것은, 개인이 자신의 본래 욕구와 가능성을 실현하지 못한 채, 외부가 부여한 '노동자'라는 역할만 수행하게 되는 상태를 말한다. 이는 마르크스가 지적한 가장 근본적 소외로, 인간이 노동을 통해 자아를 표현하기보다, 자아를 희생하면서까지 노동에 종속된다는 점에서 심각하다. 내가 과연 어떤 존재인지, 무엇을 원하는지 모른 채, 그저 '노동 기계'가 되는 것이다. 가령, 예술적 재능이 있는 사람이 생계를 위해 본인이 원치 않는 반복적 노동에 종사하며, 창작활동을 전혀 할 기회를 찾지 못한다면, 그는 자신이 누구인지를 스스로 느끼기 어렵게 된다. 주당 40~60시간씩 일하면서 개인적 욕망이나 창의적 목표를 생각할 틈이 없다면, 어느 순간 '직장인'이라는 꼬리표 외에 스스로를 드러낼 정체성이 사라진다. 이는 경제적 안전을 얻어도 깊은 심리적 허무함과 자기 상실감이 뒤따르는 이유와도 연결된다.

대량생산 체제에서 노동자는 부품이 되고, 서비스업에서는 매뉴얼화된 감정노동을 수행한다. 이런 구조 속에서 '내가 진짜 원하는 것은 무엇인가'라는 질문은 억눌리며, 문득 떠오를라도 생계를 위한 현실 앞에 스스로 포기하게 된다. 이런 과정을 거치며 개인은 자신의 본질적 욕망, 창조성, 자유의지를 잃어버린다.

물론, 일부는 '임금을 받으면 생존 문제는 해결되니 충분하지 않느냐'고 반문할 수도 있다. 그러나 인간은 빵만으로 살지 않는다. 마르크스는 노동이 인간을 동물적 생존 수준에서 벗어나도록 하며, 인간의 역사적·사회적 본질을 구현하게 해준다고 보았다. 하지만 노동이 소외로 귀결된다는 것은, 인간으로서의 가능성을 상실하게 한다는 점에서 심각한 문제라고 보았다.

이런 소외 현상을 오늘날 디지털 환경에서도 찾을 수 있다. 플랫폼 노동이나 원격근무가 확산되면서, 노동자들은 프로젝트 단위로 고용되고 해고되는 불안정성에 시달린다. 이는 자신이 수행하는 일과 안정적 관계를 맺기 어렵게 만든다는 점에서 소외를 가속화한다. 결과적으로, 자신의 전문성이나 생산물에 대한 애착은 낮아지고, 동료·고용주와의 유대감도 약해진다.

결국, 소외된 노동자는 자기 삶 전체를 노동에 맞추면서도, 그 노동을 '내 것'으로 느끼지 못한다. 데이비드 그레이버(David Graeber)는 이와 관련해 노동자가 스스로를 희생하면서도 그 희생이 무엇을 위한 것인지 실감하지 못하는 상태가 현대의 병리현상이라고 꼬집었다.139)

사람들은 가끔 "나는 노동을 통해 '자기 자신을 잃어버렸다'"고 말한

---

139) 데이비드 그레이버, 『불쉿 잡(*Bullshit Jobs*)』, 김병화 옮김, 민음사, 2021.

다. 이는 하루 대부분을 회사에서 보내면서, 정작 자신이 어떤 꿈을 꾸고, 무엇을 좋아하고, 어디에 가치를 두는지 잊어버리기 때문이다. 매일 야근을 반복하며 스스로에게 할애하는 시간은 줄어들고, 취미나 자기계발, 인간관계도 희미해진다.

가장 심각한 형태의 자기 소외는, 노동자가 자기 욕망과 내적 목소리를 애초에 존재하지 않는 것으로 치부해버리는 상태다. 예술가가 되고 싶었으나 현실적 이유로 꿈을 포기하고, 하고 싶지 않은 일을 계속하면서 정신적 스트레스와 무력감을 겪는 사례처럼, 이러한 소외 상태는 개인의 삶을 피폐하게 만들 수 있다.

노동이 과연 이렇게까지 깊은 소외를 야기하는가에 대한 의문도 제기된다. 일부는 노동이 아니라 노동 조건이 문제라고 주장한다. 예컨대 자신이 원하는 분야에서 창의력을 발휘할 수 있는 사람은, 오히려 노동이 자아실현의 통로가 될 수도 있다. 문제는 자신의 의지와 무관하게, 착취적 구조 안에서 강제되는 노동이다.

소외가 발생하는 근본 원인을 두고, 마르크스주의 경제학에서는 사유재산과 계급관계를 지목했고, 베버나 뒤르켐 등의 사회학자들은 근대 합리화와 분업의 과도함을 문제 삼았다. 하지만 결론적으로, 현대 노동이 구조화된 방식—임금노동과 대규모 분업, 경쟁, 시장 거래—이 소외를 촉진한다는 점에서는 대체로 일치한다.

실제로, 포드주의(Fordism)로 대표되는 대량생산 시대에는 컨베이어 벨트를 이용한 분업이 극대화되어, 노동자가 자신의 작업 전체를 통제하거나 완성품에 대한 통찰을 갖기 어려워졌다. 테일러주의적 과학적 관리법은 효율성을 높였지만, 노동자의 창의성과 자율성을 억압하고, 소외를 심화시켰다는 비판이 뒤따랐다.

이어진 탈산업화 시대에서는 제조업보다는 서비스·지식산업이 부상했고, 노동 형태도 다양해졌지만, 여전히 성과와 경쟁이 강조되는 구조는 소외를 지속시켰다. 인적자원관리 기법으로 직원들의 일거수일투족을 모니터링하고, 성과 지표로만 평가하는 문화는 노동자를 스스로의 욕구와 감정을 배제하도록 만든다.

물론 노동자 모두가 마르크스가 주장한 네 가지 소외를 동시에 겪는 것은 아니며, 정도나 형태도 다르다. 하지만 자본주의적 노동 환경이 가진 본질적 특성—상품화, 분업, 경쟁, 임금체계—은 소외를 구조적으로 내재하고 있다는 점이 공통적으로 지적된다.

현대의 신자유주의 흐름은 개인의 자유와 선택을 강조하지만, 실제로는 노동시장의 유연화로 인해 불안정성이 커지면서, 노동자들의 소외가 더욱 심화될 우려가 있다. 회사가 언제든 인력을 교체할 수 있고, 플랫폼 경제로 초단기 계약이 보편화되면, 자신의 노동 결과물이나 타인과의 관계, 심지어 자기 자신과의 연결까지 더욱 취약해질 수밖에 없다.

이런 소외가 단지 개인의 문제에 그치지 않고, 사회 전체의 지속성과 인간관계를 침식한다는 점도 주목해야 한다. 노동 현장뿐 아니라 가정과 지역사회에서도 경쟁과 분업 논리가 확산하면, 사람들은 점점 더 자기만의 영역에 갇히고, 유의미한 소통과 협력을 포기하게 된다. 이는 결과적으로 사회적 신뢰와 연대가 붕괴하는 악순환을 불러올 수 있다.

노동의 소외를 극복하기 위한 시도는 여러 방향에서 논의되어 왔다. 노동조합 운동이나 사회적 기업 등은 노동자 스스로 의사결정 권한을 갖고 생산물에 대한 책임과 이익을 공유함으로써 소외를 줄이려는 노력을 기울인다.

기술혁신이 소외를 완화할 수도, 심화할 수도 있다. AI와 자동화가 단순 반복 업무를 대체하면, 인간이 더 창의적인 역할에 집중하게 되어 소외가 줄어들 가능성이 있다. 반면, 알고리즘과 디지털 플랫폼이 노동자를 감시·통제하는 장치로 작동할 경우, 소외가 오히려 가중될 우려도 있다. 결국 이러한 변화가 어느 방향으로 진행될지는 제도와 정책, 그리고 사회적 합의에 달려 있다.

소외론이 항상 비관적이기만 한 것은 아니다. 마르크스 자신도, 소외된 노동을 극복한 자유로운 창조적 활동이 가능해질 미래 사회를 상상했다. 이는 인간이 더 이상 자본의 명령이 아닌, 자신의 의지와 공동체적 필요에 따라 일하게 되는 상태를 의미한다. 다만 현실 구현이 쉽지 않고, 근대 이후 200년 넘게 체제 변화에도 여전히 소외가 지속되고 있음을 역사는 보여준다.

노동 소외의 문제는 특히 일자리가 부족하거나 불안정할 때, 청년세대에게 보다 심각하게 다가올 수 있다. 인턴십, 파견직, 아르바이트, 프리랜서 등 불안정한 지위를 전전하면서, 자신이 추구하는 가치나 정체성을 노동과 연결하기가 점점 어려워진다.

소외를 극복하기 위해서는, 노동자가 자신의 일에 대한 통제권과 책임감을 가질 수 있는 구조가 필요하다는 주장이 많다. 예컨대, 노동자가 회사의 의사결정 과정에서 의견을 낼 수 있고, 생산물에 대해 자부심을 느낄 수 있는 지분이나 인센티브가 주어진다면, 노동과정은 창조적 활동으로 변할 가능성이 높아진다.

공동체적 관점에서 볼 때, 협동조합 모델은 노동자가 주인이 되는 기업 형태를 제안한다. 협동조합에서는 노동자들이 회사 경영에 참여하고, 이익을 배분받으며, 생산물에 대한 책임을 함께 진다. 이는 소외를 줄이고 참여를 늘리는 한 방식이 될 수 있다. 다만, 시장 경쟁 속에서 얼마나 지속 가능할지는 각 협동조합의 경영 역량과 제도적 지원에 달렸다.

소외가 인간에게서 빼앗는 가장 큰 것은, 내가 왜 이 일을 하며, 무엇을 만들어내고, 누구와 관계를 맺으며, 진짜 나는 누구인가라는 질문에 대한 답변 기회를 박탈한다는 점이다. 이러한 질문들이 생략되면, 우리는 매일 일하지만, 그 이유와 목적이 모호해진다. 이는 결국 무기력과 허무, 정신적 피폐로 이어질 수 있다.

소외는 사회적 폭력이나 분쟁의 원인이 되기도 한다. 노동자들이 자신의 가치나 권리를 인정받지 못한다고 느끼면, 분노와 적대감이 쌓이고, 극단적 저항으로 이어질 수 있다. 파업이나 폭동, 정치적 극단주의가 그런 예다. 이러한 현상은 노동하는 인간이 자기 주체성을 회복하고 인정받지 못할 때 생기는 집단적 반작용으로 볼 수 있다.

소외를 완화하기 위한 실천적 과제는 다양하다. 먼저, 개인 차원에서 자신의 욕구와 가치관을 고민하고, 가능하면 업무를 조정하거나 재교육을 통해 원하는 분야로 진입하는 길이 있다. 그러나 구조적 장벽이 크면 개인 노력만으로 극복하기 어렵다. 결국, 제도적·사회문화적 개선이 함께 이뤄져야 한다.

제도적으로는 노동 시간 단축, 적정 임금 보장, 민주적 기업 운영 등 다양한 접근이 필요하다. 사회문화적으로는 경쟁 중심 관점에서 탈피해 협력과 상생을 지향하고, 노동이 단지 생산성과 효율성의 차원을 넘어 인간적 연대와 창조적 기여라는 관점을 확산하는 노력이 필요하다.

노동의 소외는 자신의 노동, 생산물, 타인, 자기 자신으로부터 멀어지는 복합적 현상이다. 이것은 단지 경제적 문제만이 아니라, 인간이 어떻게 자기 삶을 구성하고 타인과 교류하며 사회를 형성하는지에 관한 근본적 질문이다. 소외를 극복하려면, 노동이 단지 생계를 넘어, 인간적 창조와 자율, 연대의 가능성을 회복할 수 있도록 사회 전반이 재구성되어야 한다.

2. 소외된 노동은 자유의 반대

소외(alienation)라는 말은, 단순히 사람이 일상에서 느끼는 무력감이나 지루함이 아니다. 근대 철학과 사회이론 전반에서 소외는, 인간이 본래 자유롭고 창조적인 존재로 살아갈 수 있음에도, 제도나 구조적 조건 때문에 자기실현 가능성을 상실해 가는 상태를 말한다. 소외가 어떻게 인간에게서 자유를 빼앗고, 인간을 기계적·수동적 존재로 전락시키는가 하는 문제이다.

노동이 곧 자유를 실현한다는 낙관적 관점도 분명히 존재한다. 노동을 통해 자아실현을 하고, 사회에 기여하며, 자신이 스스로 결정한 목표를 달성한다는 주장은 흔하다. 그러나 현실에서 많은 노동자는 '원치 않는 일'을 '어쩔 수 없이' 수행하며, 임금이나 생존을 위해 자율성을 희생한다. 이는 '노동이 자유롭다'는 표면적 주장과 달리, 실제로는 대다수가 종속된 상태를 경험한다는 비판으로 이어진다.

마르크스가 말한 소외된 노동이 바로 그러하다. 근대 임금노동 체제에서 노동자가 자기 노동을 통제하지 못하고, 그 결과물도 소유하지 못하며, 다른 노동자와 인간적 유대를 맺기 어려워지고, 결국 스스로에게서 소외된다고 것이다.[140] 결국 소외는 자유의 반대 지점에 놓인다.

자유란, 보통 자신의 삶과 행위를 스스로 결정하고 책임지며 그 과정

140) 카를 마르크스, 『경제학-철학 수고』, 김태희 옮김, 필로소픽, 2024.

에서 의미를 찾는 것이라 할 수 있다. 그런데 소외된 노동 체제에서는 개인이 어떤 일을 할지, 어떤 목표를 위해 노동할지, 어떻게 일할지 결정할 수 없다. 고용주는 매뉴얼과 규칙, 성과 지표를 부과하고 노동자는 그것을 따르지 않으면 생계가 위협받는다. 이 상황은 이미 개인의 자율성을 크게 제한한다.

말하자면, 소외된 노동을 수행하는 이들은 자신이 무슨 일을 하고 왜 하는지 깊이 생각하기 어렵게 된다. 일정표에 맞춰 기계처럼 움직이고, 결과물이 어디로 가는지, 누가 사용하는지 모른 채 '부품'처럼 기능하는 느낌을 받는다. 이는 인간 주체로서보다는 수단에 가까운 처지에 놓이게 되는 것이다. 자유가 목적과 수단을 스스로 설정해 가는 과정이라고 볼 때, 이러한 상황은 자유의 상실에 가깝다고 볼 수 있다.

이러한 소외 상태에서는 '내가 왜 여기에 있고, 이 일을 해야 하나'라는 근본적 질문이 억제된다. 생존 압박과 조직 규율이 강해질수록, 노동자는 자신의 잠재력과 의지를 제대로 발휘하지 못하게 된다. 자율적 사고와 선택의 여지를 빼앗긴 채, 눈앞의 작업만 반복하는 모습은, 자유로운 인간상과는 정반대라는 비판을 불러일으킨다.

노동이 인간에게 자유가 아닌 속박의 형태로 다가오는 이유 중 하나는, 노동하지 않으면 생존이 불가능한 구조가 자리 잡았기 때문이다. 물론 인간이 생존하려면 일을 해야 한다는 점은 어느 시대에나 마찬가지였다. 하지만 자본주의적 임금노동 체제에서는 개인이 다른 선택지를 가질 여지가 제한적이며, 노동력을 팔지 않으면 기본 생계를 유지하기 어려운 상황이 빈번하게 발생한다.

'노동의 자유'라는 개념이 존재하지만, 실제로 대부분 사람들에게 노동이 선택이 아니라 필수이다. 자유롭게 고용 계약을 맺는다고 주장하지만, 경제적·사회적 조건 때문에 사실상 선택권이 거의 없는 경우가 흔하다. 이는 근대 초기부터 제기된 비판으로, 존 로크나 애덤 스미스가 강조한 계약자유론과 현실이 불일치한다는 비판이기도 하다.

자유라는 개념이 자기 자신이 원하는 방향으로 삶을 이끈다는 의미라면, 소외된 노동자는 주어진 업무와 규칙, 타인의 지시에 강제적으로 순응해야 하므로 자유롭지 않다. 임금을 제공하는 주체—고용주나 기업—가 노동자의 작업 내용을 결정하고, 목표와 수단, 시간표까지 제시한다. 노동자는 생존을 위해 이러한 의존관계를 받아들일 수밖에 없다.

소외된 노동이 자유의 반대라는 명제를 뒷받침하는 또 다른 요소는, 노동자가 수동적인 상태를 내면화한다는 점이다. 일하지 않으면 곧바로 경제적 위기가 찾아오기 때문에, "하고 싶다"는 선택의 문제가 아니라 "해야만 한다"는 절대적 기준이 된다. 자신의 감정이나 욕구는 뒷전으로 밀리고, 조직 요구를 우선시하는 일종의 자기검열이 일어나게 된다.

결국, 소외는 노동이 곧 생존 도구라는 인식을 강화한다. 이는 인간이 자신의 삶을 계획하고 설계하는 자유와 거리가 멀다.

데이비드 그레이버(David Graeber)가 현대 사회에서 무의미하거나 불필요한 업무가 만연한 원인 중 하나로 비판했던 것도, 같은 맥락이다. 노동자들이 자유롭게 재량을 발휘할 수 없고 생존 때문에 억지로 업무에 매달릴 수밖에 없는 현실이 헛된 일자리를 유지한다는 것이다.[141]

소외된 노동은 개인에게 정말 원하는 일에 대해 고민할 기회를 박탈한다. 늘 회사나 조직 등 외부의 요구에 따라 움직여야 하며, 자신의 진정한 욕망, 재능, 가치관은 뒷전으로 밀리고, 점점 자아 인식이 왜곡된다. 이는 자유롭지 못한 상태의 전형이다.

반론도 있을 수 있다. 예컨대 노동을 통해 생계를 유지하고, 돈을 벌어 자유를 누린다는 주장이다. 하지만 여기서 말하는 소외된 노동은, 노동과정 자체가 주도권과 의미를 상실한 상태를 의미한다. 임금이 제공되어도, 그 노동이 스스로 결정한 것이 아니라면 자유와는 거리가 멀다는 인식이다.

소외가 심화되면 개인은 자기 욕구를 잊고, “내가 무슨 일을 해야 상사에게 인정받을까?”, “회사가 요구하는 목표를 달성하려면 어떻게 해야 하지?” 같은 외적 지향만을 추구하게 된다. 이로 인해 본래 인간이 지닌 자율적 사고와 창조적 에너지는 억제된다. 자유가 억압된 상태에서, 노동자

---

141) 데이비드 그레이버, 『불쉿 잡(*Bullshit Jobs*)』, 김병화 옮김, 민음사, 2021.

는 일종의 '생체 기계'와 같은 존재가 되어버린다.

여기서 자유의 반대말은 '예속' 혹은 '종속'이라 할 수 있다. 소외된 노동체제에서 개인은 임금과 생존에 예속되고, 조직의 규범에 복종하며, 자신이 만든 생산물·결과물·가치 창출에 대한 통제권을 행사하지 못한다. 이로써 사람들은 주체성을 갖지 못하는 반(反)자유 상태에 머무르게 된다.

물론, 일부 창의적 직종이나 자율성을 중시하는 회사에서는 소외가 덜할 수 있다. 하지만 이는 제도나 문화가 특별히 노동자에게 자율권을 부여했기 때문이지, 구조 자체가 자유로운 것은 아니다. 대부분 직장이나 직종에서 노동자는 일정 수준 이상의 자율성을 보장받기 어렵고, 이에 따라 '내가 원하는 방식으로 일을 하고 싶다'는 소망을 실현하기 힘들다.

이처럼 노동이 자유의 반대가 되는 상황에서, 개인은 오히려 일을 하면 할수록 더 구속된다는 느낌을 받게 된다. 일할수록 자율적 결정권이 확대되는 것이 아니라, 더 높은 성과 목표와 경쟁 압박이 주어지기 일쑤다. 그 결과, 스스로 발전하고 성장하기보다는 기계적인 성실함만 유지하게 되는 역설이 벌어진다.

마르크스주의 전통에서 말하는 노동해방은 바로 이런 소외 상태에서 벗어나, 노동 자체가 자유로운 표현과 연대의 행위가 되도록 하는 것을 뜻했다. 그러나 실제 역사에서 공산주의 국가들이 강제 동원형 노동을 보인 사례도 많아, 이는 또 다른 방식의 소외를 초래했다. 근대 이후 어떤 체제든, 노동을 통해 자유를 구현하기가 결코 쉽지 않다는 현실이 드러난다.

그렇다면, 왜 소외된 노동이 이처럼 자유와 배치되는지 구조적으로 살펴볼 필요가 있다. 우선, 노동력 상품화가 가장 큰 원인이다. 자본주의 체제에서는 사람의 노동력을 사고파는 상품으로 취급하고, 그 대가로 임금을 지불한다. 문제는, 이때 노동자는 노동력 제공 이상의 영향력을 행사하기 어렵다는 점이다. 생산물의 가치와 사용처를 결정하는 권한도, 노동환경을 바꿀 권리도 대부분 기업 측에게 있다.

소외된 노동을 자발적 복종이라고 보는 시각도 있다. 노동자가 일자리를 잃는 것을 두려워하기에, 스스로 복종을 선택한다는 것이다. 제도와 조직이 노동자에게 일정한 규범을 부과하고, 개인은 어쩔 수 없이 그 규범을 받아들이며 스스로를 교정해 간다. 이 과정에서 자유의지는 점점 흔들린다. 에드워드 P. 톰슨은 『영국 노동계급의 형성』에서, 산업혁명 시기 영국 노동자들이 공장 규율에 어떻게 순응해 갔는지 보여준다. 시간 엄수, 일정한 리듬의 작업, 지각에 대한 벌금 등은 노동자를 기계와 유사한 존재로 길들였다. 이는 분명히 봉건적 예속에서 벗어났다는 근대적 자유와는 상반되는 결과를 초래했다.[142)]

---

142) 에드워드 P. 톰슨, 『영국 노동계급의 형성』, 나종일 옮김, 창비, 2000.

현대에도 클라우드 컴퓨팅이나 플랫폼 노동이 이런 경향을 지속·확장하기도 한다. 노동자가 앱이나 사이트를 통해 일감을 받고, 평점이나 순위가 수시로 매겨지면, 사실상 '내가 어떤 방식으로 일할지'를 자유롭게 결정하기 어렵다. 별점이 낮아지면 곧바로 일감이 줄어들어 생계가 위협받으니, 플랫폼 규칙에 무조건 맞추는 게 유리해진다.

고전적 자유 개념은 구속이나 간섭 없이 자신이 하고 싶은 대로 할 권리를 뜻하지만, 근대 사회에서 대부분의 사람들은 경제적·사회적 제약에 묶여 선택 여지가 협소하다. 결국 소외된 노동 상황에서 자유라는 개념은 형식적 문서에만 남아 있고 실제 삶에서는 의무감과 압박, 비자발적 종속만이 느껴진다는 결론에 이르게 된다.

이런 문제를 극복하려는 시도로 노동조합 운동이나 진보적 정치 이념이 등장했지만 자유를 실현하는 대안적 노동 체제가 쉽게 자리 잡지는 못했다. 자본의 힘과 국가 기구가 결합해 노동자를 효율적으로 관리·통제하는 구조가 견고했기 때문이다.

그래서 많은 이들이 소외된 노동을 해소하려면 체제 차원의 변혁이 필요하다고 말한다. 노동자가 노동 과정과 결과물을 어느 정도 통제할 권리가 있어야 하고, 그 성과를 공유하고 타인과 협력할 수 있는 제도적·문화적 토대가 필요하다.

소외된 노동이 자유의 반대라는 것은 근대 이후 수많은 비판적 사상과 인류학적 연구가 도달한 중요한 통찰이다. 이는 단순 비관론이 아니다. 오히려, 노동이 본래 지닌 창조적 가능성과 인간적 의미를 되찾는 일이 얼마나 중요한지를 환기시키기 위해서였다. 만연한 소외된 노동을 극복하기 위해서, 노동을 해방적·창조적 활동으로 재구성하려는 집단적 노력이 반드시 뒤따라야 한다.

4장
노동 없는 인간은 어떤 존재인가

1. 무기력, 해방, 또는 새로운 창조성?

노동이 오랫동안 인간 삶의 중심에 자리해 왔지만, 만약 노동이 사라진다면, 인간은 어떤 존재로 남게 될까라는 질문은 언제나 도발적으로 다가온다.

마르크스는 자본주의 체제 속에서 노동이 인간을 소외시키는 측면이 있다고 보았지만, 그가 꿈꾸었던 공산주의 사회에서 노동은 해방되고 의미 있는 창조적 활동으로 변모할 것이라고 예언했다. 문제는, 노동이 완전히 불필요해지는 상황이 온다면, 과연 인간이 어떤 길을 걸을지에 대한 명확한 답을 누구도 제시하지 못했다는 점이다.[143)]

노동 없는 상태를 상상하는 것은 극단적인 가정 같지만, 자동화와 인공지능이 빠르게 발전하는 오늘날, 더 이상 터무니없는 시나리오가 아니다. 반복적이고 규칙적인 업무 상당수가 기계로 대체된다면, 노동시장에서 인간의 역할은 크게 줄어들 수 있다. 이에 대해 긍정론자들은 인간이

143) 카를 마르크스는 자본주의가 소외를 야기한다고 비판했지만, 노동 필요성이 완전히 사라진 미래에 대해서는 직접적인 설명을 하지 않았다.

이제 '일'의 고통에서 벗어나 자유를 만끽할 수 있다고 반기지만, 부정론자들은 노동 없는 삶은 무의미와 무기력에 빠질 위험이 크다고 우려한다.

역사는 기존의 직종이 사라지면 새로운 직군이 부상하는 패턴을 반복해 왔다. 그럼에도 한 가지 분명한 사실은, AI와 자동화가 노동의 구조를 근본적으로 변화시킬 수 있다는 점이다.

노동 없는 인간상에 대한 논쟁은 고대부터 계속됐다. 그리스·로마 시절, 귀족층은 노동으로부터 해방된 존재로서, 철학과 예술에 몰두할 수 있었고, 이를 최고의 삶으로 여겼다. 당시 다수의 노예와 노동자가 그들의 생활 기반을 떠받쳤다. 이처럼 노동 없이 사는 자가 진정한 자유인이라는 사상이 존재했지만, 실은 착취 구조를 전제로 성립한 것에 불과했다.

현대사회에는 착취나 차별을 당연시할 수 없으므로, 노동 없이 사는 자유가 가능하려면 대규모 자동화와 재분배 시스템의 전면적 혁신 등이 결합해야 한다는 논리가 대두된다. 이 경우, 사람들은 굳이 생존을 위한 노동을 하지 않아도 된다.

그러나 이는 곧 "인간은 일하지 않고도 행복할 수 있는가?", "노동이 사라지면 인간은 무기력에 빠지지 않을까?"라는 물음에 직면하게 된다. 일을 통해 자기 가치를 확인하고 사회와 연결되어 온 인간이 더 이상 그런 활동이 없어질 때, 삶의 목적을 잃고 혼란에 빠질 수 있다는 견해이다.

그런데 노동하지 않는다고 해서 반드시 무기력에 빠지지는 않는다. 많은 사람이 취미나 자원봉사, 창작 활동, 학습, 여행 등을 통해 새로운 삶의 의미를 찾기 때문이다. 생계 문제에서 해방되었기에 오히려 더 활발히 사회적·문화적 기여를 할 수 있다.

결국 노동 없는 인간이 무기력해질지 해방감을 누릴지, 아니면 새로운 창조성을 발휘할지는 사회문화적·제도적 맥락에 달려 있다. 단순히 노동을 없앤다고 해서 해결되지 않고, 노동 없이도 생계를 유지할 수 있는 안전망과 의미 있는 활동을 할 수 있는 사회적 토대가 함께 마련되어야만 인간이 무기력에 빠지지 않을 수 있다.

AI와 자동화로 노동이 크게 줄어든다면, 삶과 노동의 의미를 재설정해야 한다. 마셜 살린스는 수렵·채집민이 하루 몇 시간만 일해도 충분한 식량을 얻고, 여유 시간을 문화·놀이에 썼다면서 '원초적 풍요사회' 개념을 제시했다. 이는 '노동 시간이 적다고 해서 인간이 무기력해지는 것은 아니다'라는 인류학적 반증이기도 한다.[144)]

현대에도 충분하게 생계 자원이 제공된다면, 많은 이가 예술·취미·여행·봉사 등 다양한 방면에 열정을 쏟을 수 있다. 노동이 사라져도 무언가를 하려는 인간의 창조적 욕구는 여전하며, 오히려 생존 노동의 압박에서 벗어나야 진정한 창조성이 발휘된다는 의미일 수 있다.

---

144) 마셜 살린스, 『석기시대 경제학』, 박충환 옮김, 한울아카데미, 2014.

따라서 노동 없는 인간상을 단순히 긍정 혹은 부정하기보다, 어떤 맥락에서 노동이 제거되는지 살펴야 한다. 대량실업으로 인한 비자발적 노동 상실이라면, 삶의 불안과 경제적 궁핍이 심각해져 무기력에 빠질 위험이 크다. 반면, 생계가 충분하게 보장된다면, 오히려 해방과 창조성을 찾을 여지가 커진다.

요한 하위징아(Johan Huizinga)는 “사람은 원래 노동자가 아니라 놀이자(*homo ludens*)”라며 인간은 본성적으로 놀이와 창조, 의례와 문화적 표현을 즐기는 존재라 주장한다.[145] 노동이 없어도 오히려 인간적 놀이와 문화가 풍성해질 수 있다는 것이다.

이런 논리에서 보면, 노동 없이 사는 사람이 무기력에 빠질지, 아니면 새로운 창조성을 발휘하느냐는 대단히 개인적인 동시에 사회적 문제다. 개인에게는 자발적 열망과 취향이 중요한 요소가 되고, 사회적으로는 그것을 펼칠 수 있는 제도적 장치가 마련되어 있는지가 관건이다.

만약 사회가 생계를 위한 노동을 강제하지 않고, 개인이 원하는 활동에 몰두하도록 장려한다면, 새로운 예술·과학·철학·종교·돌봄·봉사 등 다양한 분야에서 혁신이 일어날 수 있다. 대학살이나 전쟁 시기에도 예술과 학문은 번성했다는 역사를 떠올리면, 노동을 반드시 해야만 문명이 발전한다는 주장에 대한 반론이 성립한다.

145) 요한 하위징아, 『호모 루덴스』, 이종인 옮김, 연안서가, 2018.

기본소득을 지지하는 이들은 바로 이 지점에 주목한다. 사람이 마음 편히 자신이 하고 싶은 일을 할 수 있는 환경이 제공된다면, 사회 전체의 창의성과 행복이 증가한다는 논리다. 이 경우, 노동 없는 인간은 무기력에 빠지기보다 새로운 활력을 찾을 수 있다고 기대한다. 애초에 경제적 불안이 자유로운 창조와 놀이를 막아왔다고 주장하는 이들도 있다.

반면, 일부 인류학자들은 노동이 공동체 결속과 의례, 인격 형성에 핵심적이라고 본다. 수렵·채집 사회든 농경사회든, 사람들이 협력해 생활을 유지하고 축제와 의례를 치르는 활동이 곧 노동에서 비롯되었다는 분석이다. 노동이 공동체를 형성하는 중요한 연결고리였다는 것이다.

그렇다면 노동이 사라지면, 공동체 의례나 협동의 동기가 약화되지 않을까? 만약 모두가 굳이 함께 일하지 않아도 생존이 보장된다면, 개인주의적 취향만 강조되고 집단적 결속은 무너질 가능성도 있다. 이로인해 인간은 자신만의 관심사에만 몰두하다가 사회적 유대가 약해져 무기력과 고립에 빠질 수도 있다는 우려가 제기될 수 있다.

한 예로, 복지국가에서 장기간 실업급여를 받으면서 특별한 활동도 하지 않는 사람이 늘어나면, 개인의 삶이 회복되지 못하고 의존적으로 되면서, 노동의욕 상실의 무기력에 빠질 위험이 제기된다. 그렇다면 단순히 노동 제거가 아니라, 대신 활동과 참여를 유도하는 정책이 필요하다는 주장이 뒤따를 수 있다.

즉, 노동 없는 인간이 무기력에 빠진다는 주장은 틀린 말이 아닐 수도 있지만, 전제가 되는 사회적 맥락이 중요하다. 만약 공동체가 노동 대신 자율적이고 창의적인 활동을 촉진하고, 경제적 안정을 보장한다면, 사람들은 오히려 풍부한 시간과 재능을 발휘해 사회적·문화적 성장을 이룰 가능성이 높다.

하지만 해방감만 강조하며 방치하면, 목표 상실과 정체성 위기로 이어질 수도 있다. 현실적으로, 사람은 사회적 존재로서 일상적인 역할과 소속감을 통해 자기 정체성을 확립하는데, 노동이 그 중심이 되었던 경험이 길었던 만큼, 갑작스럽게 노동이 사라지면 혼돈을 겪을 것이다.

노동이 사라지는 문제를 인간 본성 관점에서 해석하는 이들도 있다. 인간은 타고나서 목적과 목표를 찾아야 살아갈 의욕이 생긴다는 심리학적 주장에 따르면, 아무 일이 없어도 생존이 가능하다고 해서 모두가 행복해지지는 않는다. 사람이 의미와 가치를 느낄 만한 활동을 하지 않으면 무기력해질 수 있다.

그렇다면 단순히 노동이 없어진다는 것보다는, 생존을 위한 강제적 노동이 약화되고 자율적·창의적 활동이 확대되는 방향이 더 적합하다. 이 경우, 경제적 교환이 아닌 자아실현이나 공익을 위한 노동이 등장할 수 있다. 예컨대 지역사회 돌봄, 문화 예술, 과학 연구, 환경 보호, 종교 활동 등은 대가가 크지 않아도 열정을 바치게 만드는 동력이 될 수 있다.

인간은 스스로 목적을 찾는 존재라는 자율적 관점에서 보면, 노동의 유무가 아니라 삶을 위한 방향과 과제가 있는가가 중요하다. 생존을 위해 일할 필요가 전혀 없어도, 사람은 자발적으로 프로젝트를 구상하거나, 지식을 탐구하거나, 예술 활동에 몰두할 수 있다. 이때 노동이라는 개념은 단순히 생산을 위한 일에서 창조적이고 사회적인 활동으로 확장된다.

결국, '노동 없는 인간은 어떤 존재인가'라는 질문은, 인간의 본성과 생존 이상의 욕구가 무엇인지를 묻는다. 자율성, 창의성, 놀이, 사랑, 돌봄, 자기계발 등은 인간이 단순히 먹고사는 것을 넘어 열망하는 가치들이다. 노동이 사라져도, 인간은 여전히 무언가를 하려는 충동을 갖는다.

하지만 자본주의와 근대민족국가 체제가 여전히 지배적이고 현실적 착취나 불평등이 해결되지 않은 상태에서 노동이 사라지면, 소수 엘리트가 모든 부를 독점하고 다수는 빈곤에 빠질 수도 있다. 이 경우, 노동 없는 인간은 무기력보다 더 극단적인 결핍을 겪게 될 위험이 크다. 일자리가 없고 복지도 없다면, 자유나 창의는커녕 생존 자체가 위협받을 수 있다.

새로운 창조성을 발휘하려면, 자유롭게 일하되 생존에 대한 걱정이 없는 상황이 최적일 것이다. 이는 노동의 전통적 의미—생계 유지를 위해 몸과 시간을 투입하는 것—에서 벗어나, '자신이 원하고 활동을 마음껏 하고, 그 활동을 통해 사회에 기여할 수 있는 상태'로 이해될 수 있다.

'노동 없는 인간은 어떤 존재인가'에 대한 답은, 궁극적으로 사회가 '일=신성'이라는 규범에서 탈피할 준비가 됐는지, 그리고 생존과 복지를 어떻게 보장할 것인지에 달려 있다. 만약 모두가 의식주 걱정 없이 살 수 있는 안전망이 마련된다면, 사람들은 자연스럽게 저마다의 창의적 활동이나 사회봉사, 학문, 예술, 관계 형성 등 다양한 영역으로 이동할 수 있을 것이다.

노동 없는 사회가 정말 해방과 창조성을 안겨줄지 혹은 무기력과 혼돈, 극단적 빈부격차를 초래할지는 우리의 의지와 선택에 달렸다.

역사는 노동이 없어지면 인간이 무기력해진다는 주장들을 한편에서는 증명했고, 다른 한편에서는 반증하기도 했다. 미래도 다르지 않다.

노동 없는 인간이 무기력해지고 자아를 상실한 빈둥거리는 인간이 될 수도 있고, 오히려 삶을 풍요롭게 만드는 예술·봉사·창작 활동으로 발전하는 존재가 될 수도 있으며, 그 중간 형태의 다양한 가능성이 존재한다. 단일한 답이 없다. 이는 생존·복지·문화·교육·가치관이 맞물려 결정되는 복합적 결과이다. 노동의 굴레에서 벗어났을 때 열리는 창조적 잠재력과, 동시에 빈곤·무기력·분열이라는 역기능의 공존이다. 노동 없는 인간은, 우리의 선택과 제도적 설계에 따라, 침체와 활력 사이에서 어느 쪽으로든 변화할 수 있는 가변적 존재이다.

2. 우리는 왜 일을 통해 정체성을 유지하려 하는가?

대개 사람이 당신은 무엇을 하는 사람인가라는 질문을 받으면 직업을 우선적으로 대답한다. 이는 현대 사회에서 직업적 역할이 곧 개인의 정체성을 정의하는 중요한 기준이 되었다는 방증이다. 하지만 이 현상이 언제, 어떻게, 왜 형성되었는지를 살피는 것은 생각보다 복잡하다. 사회·문화·역사적 과정을 거치며, 노동을 통해 자신을 정의하는 관습이 형성되어 왔기 때문이다.

자본주의 체제에서는 임금노동이 생존 수단인 동시에 사회적 신분을 확인하는 경로였다. 과거 신분제 사회에서 귀족과 농노, 노예가 타고난 질서대로 살았다면, 근대에는 노동을 통해 재산을 모으고 사회적 위치를 변경할 수 있다는 믿음이 확산됐다. 이를 통해 '나는 이런 일을 한다'가 '나는 이런 존재이다'라는 단순 생계 이상의 의미로 확장되었다고 해석할 수 있다.

막스 베버는 근대 서구 자본주의가 개인의 노동을 신성한 소명으로 해석하도록 조장했다고 지적했다. 그는 칼뱅주의의 금욕 윤리가 '일하지 않으면 죄를 짓는 것'으로 간주하게 했으며, 이 과정에서 노동이 곧 자기 존재를 증명하는 방식이 되었다고 보았다.146)

엥겔스나 마르크스의 고전적 논의에 따르면, 근대 노동은 생산력과 함

146) 막스 베버, 『프로테스탄트 윤리와 자본주의 정신』, 박성수 옮김, 문예출판사, 2023.

께 사람들의 자아실현을 가져올 수도 있었지만, 동시에 소외와 착취를 초래하기도 했다. 중요한 점은 그들이 지적한 바와 같이, 노동이 인간을 형성하는 결정적 행위라는 인식이다. 왜냐하면 인간은 자신의 노동을 통해 세상에 흔적을 남기고, 그 흔적을 통해 스스로를 인식하기 때문이다.

노동이 자기 정체성을 만들어주는 기제로 작동한다는 현상은, 실업자들이 겪는 심리적 타격에서 명확히 드러난다. 갑자기 직업을 잃으면, 경제적 문제 외에 '내가 누군가?'라는 혼란을 겪는 경우가 흔하다. 직장에서 특정 역할을 해왔던 내가 더 이상 그 역할을 수행하지 못할 때, '나는 과연 무엇으로 존재하는가?'라는 물음이 생기기 때문이다.

미셸 푸코의 규율 권력 이론을 응용하면, 근대 사회가 노동자가 되어야 한다는 규범을 익혀 자기 것으로 내면화(internalization)하도록 만드는 과정이 존재한다고 해석할 수도 있다. 하지만 그것만으로 왜 사람들이 일을 통해 자신을 정의하고 싶어하는가를 전부 설명하긴 어렵다. 인간은 본래 자신이 쓸모 있고, 주변과 연결되어 있다는 감각을 갈구한다.

일을 한다는 것은 타인에게 가치 있는 무언가를 제공하고, 그 대가로 인정이나 보상을 받는 과정이다. 이때 타인은 '내'가 어떤 기능을 수행하는지를 보고 '나'를 평가·인정한다. 곧 자신의 존재가치가 업무를 통해 확인되는 것이다.

이는 곧 사회적 인정의 기제다. 욕망이나 의지는 내면적이지만, 사회적으로 내가 어떤 역할을 맡고 그 결과를 산출함으로써, 사람들은 나를 특정 정체성으로 바라본다. 회사 내에서 "너는 인사 업무 담당자"라는 꼬리표가 붙고, 병원에서 "너는 간호사"라고 불리는 식이다. 이렇게 역할이 확정되면, 사람은 그 역할을 수행하며 자존감을 느끼게 된다.

여기서 에리히 프롬은 근대인은 "자신의 존재가치를 효율과 생산성으로 증명할 때 존재가치를 확인한다"고 비판했다. 즉, 일하지 않으면 아무런 쓸모가 없는 존재처럼 느껴지는 심리를 꼬집었다.[147)]

그렇다면 우리는 왜 이런 구조를 당연하게 여기며, '내가 일하지 않으면 정체성이 흔들린다'고 느끼게 되었을까. 역사적 맥락을 보면, 산업혁명 이후 개인이 가족이나 지역공동체보다 직장이나 직업을 통해 정체성을 찾는 문화가 확립되었기 때문이다. 봉건 시대에는 태생적 신분이 정체성을 결정했으나, 근대에는 노동을 통해 얼마든지 스스로를 개척할 수 있다는 이념이 보편화된 것이다.

자유로운 개인이 시장에서 노동력을 판매하여 부를 쌓을 수 있다는 근대적 신화가 퍼지면서, 사실상 '노동=나 자신'이라는 인식이 확립되었다. 즉, 일할 수 있다는 것은 곧 '내가 자율적 주체임을 입증한다'는 의미가 되었고, '나는 이런 직업인이니까 이런 삶을 산다'는 자기 정당화가 반복적으로 각인되었다.

---

147) 에리히 프롬, 『소유냐 존재냐(*To Have or To Be*)』, 차경아 옮김, 까치, 2020.

물론, 현대에는 직업 수명이 짧아지고 직업 변경이 빈번해졌다. 하지만 역설적으로, 이 자유로운 이동도 결국 '내가 어떤 일을 해야 내 정체성이 유지될까'라는 고민을 더욱 강하게 연결시킨다. '나는 개발자가 싫으니, 디자이너로 전직하겠다'고 결심하는 행위 자체가 일에 기반해 정체성을 구축하고 재조정하는 모습이다.

사회심리학의 '역할이론(Role theory)'[148]은, 인간이 사회적 역할을 수행하며 정체성을 형성한다고 분석한다. 회사원, 교사, 의사, 예술가 등 다양한 역할이 있고, 사람은 그 역할을 내면화해 자기 이미지를 만든다고 보았다. 이는 업무를 통해 자신이 누구인지를 인식하는 과정이라고 볼 수 있다.

전통사회에서도 이런 역할 구분이 존재하지만, 현대에서만큼 노동 정체성이 개인의 핵심이 되지는 않았다. 수렵·채집 사회에서 '사냥꾼'이긴 하지만, 그 역할이 삶 전부를 결정하지는 않았고, 필요에 따라 채집을 하고 의례에 참여하며 다른 역할도 겸했다. 즉, 노동이 정체성의 전부가 아니라, 공동체적 다중 역할 중 하나였다. 반면 현대에서는 노동이 생활 전반을 지배하고, 조직 규율이 개인의 시간을 구조화한다.

가족이나 종교, 지역공동체가 개인 정체성의 중심이었던 때에는 혈연

148) 역할이론은 사회 속에서 개인이 수행하는 역할에 따라 행동과 정체성이 형성된다고 본다. 즉, 사람들은 주어진 사회적 역할에 따라 행동하며, 역할이 변화하면 정체성과 삶의 방식도 영향을 받게 된다는 것이 핵심이다.

이나 신앙, 마을 친분이 중요한 기준이었다. 그러나 개인주의가 확산되고 사회 이동이 활발해지면서, 직업이 그 자리를 대신하게 됐다. 직장이 바뀌고 직업이 바뀌면, 소속과 지위가 달라지고 정체성도 변한다.

이렇듯 현대사회에서 개인의 자아는 노동 역할과 뗄 수 없는 관계이다. 단순히 생계를 위한 수단이 아니라, 자기표현과 사회적 인정, 생활 리듬과 가치지향이 얽혀 있기 때문에, 일하지 않을 때 정체성이 흔들릴 정도로 노동과 자아가 밀접하게 연결되었다.

인류학적·철학적 관점에서는 노동이, 인간이 세상에 개입하는 대표적 방식이라고 본다. 인간은 생존을 넘어 세상을 변화시키고, 타인에게 영향을 주고, 자신을 증명하는 욕구를 가진다. 노동은 이 욕구를 실질적으로 구현하는 활동이 된다. 스스로 물건을 만들거나 서비스를 제공해, 주변에 유의미한 변화를 일으키는 과정에서 자아를 발견한다.

데이비드 그레이버(David Graeber)는 노동이 개인 정체성을 형성함에도, 현대에는 무의미한 업무가 많아 노동자들이 '과연 내가 뭘 하고 있나'라는 회의를 느낀다고 지적했다. 그럼에도 사람들은 여전히 '일을 하지 않으면 내가 무가치해 보인다'고 느껴 직장에 매달린다.[149] '월요병'이라 사회 현상도, '나의 가치는 내가 하는 일에서 나온다'는 믿음이 얼마나 강력한지 보여준다.

---

149) 데이비드 그레이버, 『불쉿 잡(*Bullshit Jobs*)』, 김병화 옮김, 민음사, 2021.

이 노동 정체성이 꼭 나쁜 것만은 아닐 수도 있다. 문제가 되는 것은, 그 노동이 강제적이고 소외된 형태일 때, 혹은 과도하게 업적 중심의 풍토에서 개인이 노동을 감당하기 어려워지는 상황이다. 나의 정체성이 오직 노동 성과로만 귀결된다면, 성과가 부족할 경우 존재가치가 흔들리는 위기를 맞을 수 있다. 심리적으로 직업이 정체성의 핵심일수록, 그 상실이 곧 자기부정으로 이어지는 셈이다.

결국 정체성은 개인의 욕망, 사회적 인정 욕구, 경제적 구조와 교육·문화적 관습의 결합이다. 그리고 노동을 통한 정체성은 개인을 성장시키는 통로가 될 수도 있다. 자신의 직무를 통해 전문성을 쌓고, 사회 문제를 해결하며, 조직이나 공동체 내에서 리더십을 발휘하는 경험은 자아 존중감을 높인다.

그런데 이 긍정적인 측면이 건강하게 유지되려면, 직업이 곧 나 자신을 정의한다는 과도한 동일시를 경계해야 한다. 어떤 소명감이든, 만약 일이 실패하거나 바뀌었을 때, 정체성이 붕괴하는 극단으로 치닫는다면 결코 건강한 상황이 아니다. 일은 자신을 나타내는 여러 요소 중 하나에 불과하다는 인식이 그 균형을 잡아줄 수 있다.

직업 정체성을 핵심으로 삼고 있는 현대 자본주의 사회와 자기 존재가치를 확인하고 싶어 하는 인간의 본능이 결합한 상태에서 노동이 가장 쉬운 확인 경로가 되어버렸다. 사실 일 외에도 인간은 가족, 취미, 지역사회, 종교, 정치, 예술 등 다양한 방식으로 자기 정체성을 구축할 수 있다. 그러나 사회 전반이 무슨 일을 하느냐를 제일 먼저 묻고, 이를 평가 기준으로 삼는 것을 당연시하고 있으며, 우리는 일을 통해 정체성을 유지하려 한다.

노동은 단지 생존이나 이윤의 수단이 아니라, 인간이 스스로를 설명하는 가장 강력한 언어가 되었다. 현재 사회는 여전히 일과 자아를 동일시하는 공식을 공고히 유지하고 있다.

그러나 개인과 사회가 이를 인식하고 다양한 방식으로 자기 정의와 역할을 모색해 나갈 때, 우리는 보다 유연한 정체성을 형성할 수 있을 것이다. 이 언어는 충분히 변화할 수 있다.

3부

AI시대, 인간 노동은 어떻게 변하는가

1장
기술은 어떻게 인간을 밀어내는가

1. 자동화, AGI, 다단계 노동 대체

AI와 자동화 기술의 급속한 발전은 인간 노동에 전례 없는 도전 과제를 안겨주고 있다. 산업혁명 시기에도 기계가 인간의 근력 노동을 대체하며 노동구조와 사회질서에 변화를 일으켰던 것처럼, 21세기 AI 기술은 지적·인지적 영역까지 침투하며 과거와는 전혀 다른 양상의 변혁을 예고하고 있다. AI와 자동화가 노동 대체를 가속화할 때, 인간 노동은 어디까지 밀려날 것인가?

AI 기술의 발전은, 단순히 기계가 특정 직업군을 대체하는 현상에 그치는 것이 아니라 전 산업과 직군을 단계적으로 흡수하며 확장하고 있다. 단순 근력이나 반복 작업에서부터 사무직과 지식 노동, 나아가 창의적이거나 고도의 전문성이 요구되는 업무까지, AI가 빠르게 침투하면서 노동구조 전체가 근본적으로 재편될 가능성이 높아지고 있다. 이러한 과정은, '다단계' 노동 대체라 할 수 있다.

산업혁명 시기에도 기계 도입은 대규모 실직과 사회 변화를 초래했지만, 그 영향은 주로 육체노동에 국한되었고, 당시 사람들은 인간의 정교한 지적 능력과 창의력을 대신하기 어렵다고 믿었다. 그러나 딥러닝, 자연어 처리, 머신러닝 등의 발달로 AI가 지적 업무까지 수행할 수 있게 되면서, 노동이 사라질 수도 있다는 급진적 논의가 현실성을 띠기 시작했다.

자동화는 이미 공장 생산라인에서 확고히 자리 잡았으며, 로봇은 용접·도장과 같은 단순 반복 공정을 담당하고, 인간은 상위 의사결정이나 예외적 상황 처리를 맡는 구조가 정착되었다. 그러나 AI 로봇이 센서 데이터를 해석하고 실시간으로 최적 해법을 찾는 단계로 진화하면서, 인간의 상위 관리 역할조차 축소될 가능성이 높아지고 있다. AI가 오류를 스스로 진단하고 개선하는 자율 운영 체계가 현실화되고 있다.

사무직 영역에서도 AI는 텍스트 처리, 번역, 콜센터 상담, 자료 분석 등을 대체하고 있다. 안전지대로 여겨졌던 지식 노동이 챗봇과 같은 AI가 괄목할 만한 성능을 보이면서 이러한 인식이 빠르게 변화하고 있다. 기업들은 당장은 인력 감축 대신 AI툴을 적극 도입해 효율화를 추구하고 있으며, 사람이 없이도 업무가 원활히 진행되는 실험이 확대되고, 그 성공 사례도 늘어나고 있다.

이러한 변화가 단계적으로 진행될 때마다, 아직 대체되지 않은 인력에게는 더 고차원적이고 창의적인 영역에 집중하면 된다는 위안이 주어지지만, 실제로는 그 영역마저 서서히 AI의 영향을 받고 있다. 예술, 디자인, 작곡 등 창의적 분야에서도 AI가 일정 수준 이상의 결과물을 생산해내면서, 상업적 영역에서는 기계 생산물도 충분히 시장성을 인정받고 있는 사례가 등장하고 있다. 즉, '다단계' 노동 대체는 전체적으로 빠르게 진행될 여지는 얼마든지 있다.

범용인공지능, 즉 AGI(Artificial General Intelligence)의 등장은 이 흐름을 더욱 가속화할 수 있다. 현재 AI는 특정 영역에서 고성능을 보이지만, 향후 범용 지능을 갖추게 되면 인간이 수행하는 대부분의 지적 업무를 처리할 수 있다는 전망이 점차 현실성을 얻고 있다. 만약 AI가 의료진단, 법률상담, 금융자문, 연구개발 등 고숙련 전문직까지 대체하거나 압도하게 된다면, 임금노동을 중심으로 구축된 사회 체제가 근본적으로 흔들릴 가능성이 커진다.

노동경제학 관점에서 보면, 과거 기계화와 자동화가 진행되었을 때도 새로운 직업이 생겨났다는 주장이 있었다. 그러나 AI는 육체적 노동뿐만 아니라 인지적, 정신적 업무까지 대체할 수 있다는 점에서 과거 자동화와는 본질적으로 다르다. 회계, 번역, 프로그래밍 등은 한때 인간 고유의 영역으로 여겨졌으나, 최신 AI 모델들이 이미 이러한 분야에서 뛰어난 성능을 보이는 사례가 급증하고 있다. 예술 창작, 과학 연구, 의학적 판단 등에도 AI가 이미 활발히 활용되고 있다. 설령 AI가 전부 흡수하지 못하더라도 고숙련 인력 수요가 크게 감소할 가능성이 높다.

제러미 리프킨(Jeremy Rifkin)은 기술 발전이 반복적 작업을 감소시키는 데서 나아가 지적 업무마저 흡수한다면, 노동 자체가 소멸할 수 있다고 주장했다. 이에 대해 칼 프레이(Carl Benedikt Frey)와 마이클 오스본(Michael A. Osborne)은 과거 기계화가 주로 육체노동을 대체했던 것과 달리, 디지털 자동화는 지식 노동까지 포괄할 수 있음을 경고하면서 중간층 고용이 급감하고 새로운 고숙련 일자리는 제한적으로만 생겨나 사회적 양극화가 심화될 것이라고 예측했다.[150)]

자동화와 AI가 이미 다양한 영역에서 인간의 업무를 대체하는 상황에서, 이러한 변화 속도가 가속화되면 전체 노동 구조가 심각하게 변화할 가능성이 커진다. 기업들은 비용 절감을 위해 AI 도입을 환영하고, 노동자들에게는 재교육을 통해 적응을 요구하지만, AI가 너무 많은 분야를 동시에 침범하면 재교육의 효과도 제한적일 수밖에 없다. 소위 업스킬링(Up-skilling: 실무수행 역량 강화)이 AI 발전 속도를 따라가지 못하는 상황이 지속된다면, 노동시장은 대규모 취약계층을 양산하게 될 위험도 크다.

---

150) 칼 프레이와 마이클 오스본은 현재 직업의 47%가 로봇에 의해 20년 안에 사라질 것이라며 사무직·전문직 상당수가 자동화에 취약하며, 장기적으로 중간층 일자리 위축과 양극화가 심화될 것이라 추정했다. Carl Benedikt Frey, Michael A. Osborne, 'The future of employment: How susceptible are jobs to computerisation?', *Technological Forecasting and Social Change*, 114(1), 2013.

역사는 대변혁 속에서 노동이 단순히 생계 수단을 넘어 정체성과 공동체 연대를 형성해 온 핵심 요소였음을 상기시킨다. 사냥·채집 시대부터 농경, 산업사회에 이르기까지 인간은 일하는 과정을 통해 협력하고 사회적 결속을 다져왔다. 그러나 AI가 광범위하게 인간의 일을 대체하게 되면, 인간의 사회적 소속감과 존재 의미에 대한 근본적인 질문이 제기될 수밖에 없다.

이러한 문제를 제도적으로 해결하기 위해 기본소득과 같은 정책이 제안되고 있지만, 현실적으로 재원 마련이나 정치적 합의 도출이 쉽지 않다. 또한 기본소득의 이상적 논리만으로 노동 문제를 근본적으로 해결할 수 있을지에 대한 의문도 존재한다. 최악의 경우, 기술 발전의 혜택이 소수에게 집중되고 대다수가 배제되는 디스토피아가 현실화할 우려가 있다.

물론, 노동이 사라지는 것이 반드시 파국적인 결과를 의미하지는 않는다. 반복적이고 위험한 일에서 해방된 인간이 더 많은 휴식과 창의적 활동을 향유할 수 있기 때문이다. 그러나 이러한 상상이 현실이 되기 위해서는 전통적인 노동과 임금 구조가 무너진 후에도 사람들이 취미, 봉사, 예술, 종교 등 다양한 활동을 영위할 수 있도록 국가와 사회가 충분한 생계를 보장해야 한다. 그렇지 않으면 대다수의 사람들이 빈곤과 소외를 겪을 위험이 커진다.

경제적 경쟁과 노동구조의 변화

'다단계' 노동 대체가 진행되어 창의적이고 감성적인 업무까지 AI가 상당 부분 흡수하게 되면, 인간 노동의 비중은 극단적으로 축소될 것이다. 결국, 소수의 전문가만이 기계 시스템을 관리하거나 틈새시장을 공략하는 역할을 담당하게 될 수 있다.

인간이 기계에 의해 대체되는 현상은 경제적 경쟁 구도에서 필연적으로 발생하는 문제이기도 하다. 어느 기업이 AI를 성공적으로 도입하여 경쟁 우위를 차지하면, 다른 기업들도 생존을 위해 같은 길을 따를 수밖에 없다. 인간 노동력을 유지하려는 시도는 비용 측면에서 경쟁력을 상실하게 만들어 시장에서 도태될 위험이 커진다. 국가 간 경쟁에서도 마찬가지다. 자동화와 AI 도입을 선도하는 국가가 경제적 우위를 점하게 되면 기술 도입 속도는 국제적으로 더욱 가속화될 가능성이 크다.

이러한 상황에서 인간 노동을 보호하거나 전통적 고용 구조를 유지하려는 노력은 필연적으로 한계에 직면하게 된다. 생산 과정과 지식 업무가 디지털화되고 자동화된 기계로 대체되는 것이 불가피하다면, 이에 대응할 사회적 대책 마련이 시급하다. 그러나 이러한 대책이 얼마나 실효성 있게 수립될 수 있을지는, 복잡한 정치적, 경제적 이해관계 속에서 쉽게 결정되기 어려운 문제이다.

기술 도입이 가속화될수록, 노동시장을 지탱해 온 전통적 관념이 무너지고, 인간이 일을 통해 자부심과 정체성을 형성해 온 근본적인 가치가 크게 흔들릴 수 있다. 자기정의가 불분명해지면, 대규모 정체성 위기와 무력감이 사회 전반으로 확산될 가능성이 높다. 실제로 해고된 사람들이 장기간 실업 상태에 놓이면 자아존중감(self-esteem)과 '할 수 있다'는 자기효능감(self-efficacy)을 상실하는 사례들이 이미 현재에도 빈번히 발생하고 있다.

노동 없이도 풍족한 AI시대가 가능하려면, 경제적 잉여가 호혜적이고 균점적인 형태로 공정하게 분배되는 부의 협력적 분배 방식과 함께, 노동 없는 삶에서 인간의 자아실현과 사회적 의미를 어떻게 재정립할 것인가가 핵심이 된다. 여기서 균점적이란 '무조건 똑같이'가 아니라 '고르게' 분배하는 것을 의미한다. 이러한 이상적 상상이 실현되지 못한다면, 다단계 노동 대체가 심화되는 과정에서 극단적인 사회적 불평등과 정치적 불안정으로 이어질 가능성이 높다.

이 지점에서 인간의 존엄성과 자율성에 관한 근본적인 문제가 제기된다. 자본 소유자들은 기계가 더 효율적이므로 인간 노동력은 불필요하다는 관점을 취할 수 있는 반견, 노동자들은 우리의 생존과 자아 정체성을 어떻게 유지할 것인가라는 실존적 질문을 던지게 된다.

AI 혁신이 진정으로 긍정적인 결과를 가져오기 위해서는 정교한 제도적 장치와 사회적 가치의 근본적인 재설계가 필수적이다. 결국, 인간 노동의 단계적 대체를 거부하기보다는, 그 결과를 어떻게 효과적으로 통제하고 보완할 것인가가 현실적인 핵심이다. 만약 정치권과 사회가 이 문제를 방치한다면, 공동체의 지속가능성 자체가 위협받을 수 있다. 반대로 적극적인 제도 개혁을 통해 이러한 변화에 대응한다면, 보다 희망적인 미래의 가능성이 열릴 수 있을 것이다.

우리는 노동의 미래를 재구상해야 한다. 광범위한 노동 대체를 전제로 한 새로운 분배 체계, 교육 시스템, 정치 구조가 필요하다. 물론 이러한 근본적 변화에 합의하고 공동 대응하기는 현실적으로 쉽지 않은 과제이다. 하지만, '다단계' 노동 대체가 사회에 서서히 스며들다가 특정 임계점에 도달하면 돌이킬 수 없는 파괴적 변화를 초래할 수 있다는 점도 현실이 될 수 있다. 그 어느 때보다 집단적 지혜와 의지가 절실히 요구되는 시점이다. 우리는 '노동의 종말'을 넘어 노동의 근본적 재편으로 향한 수 있는 역사적 대전환의 갈림길에 서 있다.

2. 피지컬 AI와 노동의 실체적 해체

피지컬 AI는 말 그대로 물리적 환경에서 상호작용 하는 인공지능을 의미한다. 전통적인 소프트웨어 AI가 주로 데이터 처리와 분석·학습에 집중하는 방식이었다면, 피지컬 AI는 로봇이나 다양한 기기를 통해 실제 환경에 직접 개입하고 변화시키는 형태로 작동한다. 이러한 기술이 확산될수록 인간이 물리적으로 몸을 사용해 수행하던 노동 영역이 대규모로 대체될 위험이 커지고 있다.

자동화 기술은 이전부터 공장 생산라인에서 활용되어 왔지만, 과거의 로봇은 주로 프로그래밍된 반복 동작만을 수행했다는 한계가 있었다. 반면 피지컬 AI가 결합된 최신 로봇은 다양한 센서를 통해 환경을 정확히 인지하고, 실시간으로 학습하고 판단하여 작업 방식을 유연하게 조정할 수 있다. 이는 기존과 달리 예측하기 어려운 상황에서도 적절한 대응이 가능해지면서 인간의 개입 필요성이 현저히 감소하고 있음을 의미한다.

단순한 부분적 보조나 반복 공정을 넘어, 생산 공정 전반을 기계가 자율적으로 책임지는 단계에 도달하면 사람이 현장에 상주할 필요조차 사라질 가능성이 커진다.

제조업을 예로 들면, 이미 용접과 도장 같은 단순 반복 업무는 로봇이 성공적으로 대체해 왔다. 그동안 예외 상황 처리나 세밀한 작업, 문제 발생 시 대응은 인간의 몫으로 남아있었지만, 최근에는 센서와 딥러닝 기술을 탑재한 로봇이 이러한 예외 상황까지도 상당 수준 처리할 수 있음을 보여주는 연구 결과들이 지속적으로 발표되고 있다. 이는 제조 현장에서 인간이 담당하던 관리 감독 역할마저 점차 축소될 수 있음을 시사한다.[151)]

물류와 유통 분야에서도 피지컬 AI와 로봇의 결합을 통해 상품 분류, 적재, 이동 등의 자동화가 급속히 진행되고 있다. 과거에는 무거운 물건을 사람이 직접 옮기거나 재고 상태를 일일이 확인해야 했다면, 이제는 자동화된 로봇이 정교한 센서를 통해 상품을 정확히 인식하고 최적의 경로를 계산하여 효율적으로 운반한다. 24시간 지속적인 가동이 가능하다는 장점 때문에 기업들은 인건비와 운영 비용을 대폭 절감할 수 있게 되었다.

농업 분야 역시 피지컬 AI 적용의 새로운 주요 영역으로 급부상하고 있다. 자율주행 트랙터, 드론을 활용한 농약 살포 장비, 자동화된 로봇 수확기 등이 실험 단계를 넘어 점차 상용화되고 있다. 과거에는 농부가 날씨와 토양 상태를 직접 관찰하며 농작물의 파종과 수확 시기를 결정했지만, 이제는 정밀한 센서와 인공지능이 수집된 데이터를 종합적으로 분석하여 최적의 판단을 내리고, 로봇 농기계가 그에 맞춰 작업을 정확히 수행한다.

---

151) 다니엘 서스킨드(Daniel Susskind)는 자동화 기술이 단순한 육체노동뿐 아니라 지식 기반 서비스 영역까지 근본적으로 변화시키는 과정을 분석하며, 특히 센서 기술과 로봇 공학의 결합이 인간의 '현장 개입' 필요성을 극적으로 감소시킬 수 있음을 지적했다. 다니엘 서스킨드, 『노동의 시대는 끝났다(*A World Without Work*)』, 김정아 옮김, 와이즈베리, 2020.

건설 현장 역시 이러한 기술적 변화에서 자유롭지 않다. 3D 프린팅 기술과 자율 중장비가 결합되어 건물의 벽체를 마치 프린터로 출력하듯 제작하고, 토공 작업도 자율 로봇이 미리 설계된 지형 데이터에 따라 정확하게 수행할 수 있게 되었다. 기존에는 숙련된 인부가 오랜 경험과 감각을 바탕으로 작업을 수행했지만, 이제는 AI와 결합된 로봇이 일정한 오차 범위 내에서 스스로 완성함으로써, 건설 현장에서 필요한 인력을 대폭 감소시킬 수 있게 되었다.

이처럼 피지컬 AI가 다양한 산업 분야에 광범위하게 도입되면, 전통적인 육체노동이나 현장에서의 숙련 기술이 점차 불필요해지는 상황에 이를 수 있다. 비록 초기에는 사람이 기계의 설정이나 유지보수를 담당하더라도, 로봇이 자체 진단과 자가 수정 능력을 점진적으로 학습해 나간다면, 이러한 보조적 인력의 필요성도 크게 감소할 가능성이 높다.

기업의 입장에서는 수익 극대화가 가장 중요한 목표이기 때문에, 위험하거나 단순한 작업을 넘어 더 복합적이고 고차원적인 업무까지 로봇이 수행할 수 있게 된다면 이를 적극적으로 도입할 강력한 동기가 생긴다. 이러한 경향은 필연적으로 노동자의 일자리가 급격히 감소하는 상황을 가속화할 것이다.

결과적으로, 노동의 본질 자체가 근본적으로 해체될 시점이 다가오고 있다. 생산 현장에서 인간이 직접 몸을 사용해 일해야 하는 상황이 크게 줄어들고, 대신 자율적인 로봇들이 생산과 유통 과정 전반을 효율적으로 수행하는 가운데, 인간은 단지 원격 모니터링이나 형식적인 승인 절차만을 담당하게 될 것이다. 이러한 변화는 인류가 현장 노동을 통해 구축해 온 문화적 정체성과 공동체 체계를 근본부터 재편할 수 있다.

전통적인 사회에서 농업, 수공업, 건설 등은 공동체 구성원들이 함께 땀을 흘리며 협동하고, 세대를 거쳐 숙련된 기술을 전수되던 중요한 분야였다. 그러나 피지컬 AI시대가 본격화되면, 이러한 모든 작업이 기계와 자율 시스템으로 대체되면서 사람들이 서로 협력하며 지식과 경험을 공유할 필요성이 크게 줄어들게 된다. 이는 곧 인류 문명의 근간이었던, 함께 일하는 문화의 근본적인 해체를 의미한다.

물론 피지컬 AI가 육체적으로 힘들고 지루한 작업을 대신함으로써 산업 현장의 인명사고가 감소하고, 전체적인 생산 효율성이 향상되는 긍정적인 효과가 있다. 그러나 만약 현장 노동자들이 적절한 대안 없이 대규모로 실직하게 된다면, 개인의 생계 붕괴와 지역 공동체의 와해가 뒤따를 위험이 커진다. 결국 기계는 안전과 생산성이라는 혜택을 가져오지만, 그 대가로 많은 사람들의 생존 기반이 심각하게 위협받을 수 있는 양면성을 지닌다.

이미, 많은 기업들이 무인 공장과 무인 물류창고 등의 개발에 적극적으로 투자하고 있다. 특히 주목할 만한 점은, 초기 투자 비용이 높더라도 일단 시스템이 구축되면 24시간 중단 없이 가동이 가능하다는 경제적 이점이다. 더욱 놀라운 것은 운영 과정에서 오류가 발생하더라도 최신 AI 시스템이 스스로 원인을 분석하고, 적절한 자가 복구나 재학습 과정을 통해 문제를 해결할 수 있다는 점이다. 이는 결국 공장 운영에서 인간의 개입을 점진적으로 최소화하는 결과로 이어질 수 있다.

한편, 인간이 완전히 생산 현장에서 사라지는 상황은 아직 시기상조라는 반론도 존재한다. 로봇이 아무리 유연성과 적응력을 갖추었다고 해도, 예측하기 어려운 복잡한 돌발 상황에 대응하는 능력은 여전히 제한적이라는 지적이 있다. 그러나 AI 기술이 지속적으로 발전하고 더 많은 데이터가 축적될수록, 로봇 시스템의 돌발 상황 대응 능력도 꾸준히 향상될 것이다. 따라서 장기적으로는 인간의 개입 없이도 안정적으로 운영 가능한 수준에 도달할 가능성이라는 전망이 힘을 얻고 있다.

피지컬 AI는 단순한 소프트웨어 AI를 넘어, 지금까지 인간의 신체적 능력이 필수적이라고 여겨졌던 영역까지 광범위하게 대체할 수 있다는 점에서 중대한 의미가 있다. 단지 생산 현장의 노동뿐만 아니라, 창고 관리, 물류 운송, 공공시설 유지보수 등 다양한 형태의 물리적 활동이 무인화될 가능성이 높아지고 있다. 노동이 사라지는 사회가 더 이상 공상과학이 아니라 현실로 다가오고 있다.

역사적으로, 인간은 집단적으로 모여 함께 일하며 협력하는 과정에서 공동체 의식과 문화적 정체성을 형성해왔다. 그러나 로봇만이 작업하는 생산 현장에서는 인간 간의 직접적인 교류가 현저히 감소하며, 함께 노력하고 성취하는 공동의 경험이 사라질 위험이 있다. 이는 사회적 가치와 연대감이 약화되는 결과를 초래할 수 있으며, 비록 사람들이 예술 활동이나 봉사 활동 같은 다른 형태의 공동체 활동을 통해 연대감을 찾으려 할 수 있지만, 적절한 사회적 지원과 제도적 장치 없이는 이러한 대안적 활동도 쉽게 실현되기 어려울 것이다.

기업들은 대규모 자동화로 인한 사회적 충격을 완화하기 위해 일정 수준의 일자리를 유지하거나 노동자 재교육 프로그램을 운영할 수 있다고 주장할 수 있겠지만, 근본적으로 로봇이 인간보다 효율적이고 경제적이라면 기업의 이윤 극대화 논리가 우선시될 가능성이 높다. 특히 경쟁이 치열한 시장 환경에서 한 기업이 인력 유지 정책을 장기간 고수하기는 현실적으로 매우 어려울 것이다.

이러한 노동 해체의 흐름이 최종적인 단계에 도달하면, 실질적으로 대부분의 물리적 생산 활동이 기계 중심의 체제로 완전히 전환될 수 있다. 공장, 농장, 건설현장 등 어디에서든 극소수의 유지보수 인력이나 관리자만이 필요하게 되고, 이러한 역할마저도 점차 자동화 시스템으로 대체된다면 생산 과정의 완전한 무인화가 실현될 것이다. 즉, 인간 노동의 본질적 가치와 필요성이 근본적으로 부정되는 상태에 이를 수 있다.

이러한 변화가 가속화되면 인류가 전통적으로 발전시켜온 노동시장, 고용, 임금 등의 개념 자체가 그 의미를 상실하는 사회 구조가 된다. 물론 현재로서는 여전히 다양한 기술적, 경제적 장벽이 존재하지만, 자동화 기술의 성능이 급속도로 향상되는 현실을 고려할 때 이러한 전망이 결코 불가능한 미래로만 치부되기는 어렵다. 결국 문제는 이러한 근본적 변화가 현실화하는 속도가 얼마나 빠를 것인가에 있다.

무인 매장과 키오스크 시스템의 확산은 이미 편의점과 패스트푸드점을 비롯한 서비스업 전반에 인간의 직접적인 대면 없이도 비즈니스가 가능한 환경을 조성하고 있다. 배달 로봇과 자율주행 배송 차량의 시범 운행도 이미 여러 도시에서 시작되었다. 이러한 변화는 도시 곳곳에서 빠르게 일상화되고 있으며, 소비자들도 이에 점차 적응하며 당연한 것으로 받아들이고 있는 추세이다. 관련 시장의 확대 가능성도 높아지고 있고, 이미 인간 노동을 점진적으로 해체하는 요인으로 작용하고 있다.

이처럼 피지컬 AI가 인간 노동을 광범위하게 대체하는 상황이 전개된다면, 기술 낙관론자들이 제시한 장밋빛 전망—인간은 더 창의적이고 의미 있는 업무를 담당하고, 기계는 단순하고 힘든 일을 처리한다—이 현실적으로 유지되기 어려워질 것이다. 이는 단순히 육체적으로 힘든 작업뿐만 아니라, 중간 수준의 숙련이 필요한 직종과 심지어 고도의 전문성이 요구되는 업무까지 자동화의 대상이 되면서, 인간에게 남겨진 일자리의 범위가 지속적으로 축소되고 있기 때문이다.

결국, 노동의 실체적 해체는 지금까지 당연하게 여겨져 왔던 물리적 노동이 더 이상 사회의 필수 요소가 아닌 선택적 활동으로 전락하는 상태이다. 이는 단순한 일자리 감소를 넘어서, 인간 공동체의 기본 구조와 개인의 정체성까지 근본적으로 변화시키는 대전환점이 될 것이다.[152)]

노동의 미래와 사회적 대응 방안

피지컬 AI는 단순한 자동화 로봇의 개념을 넘어 자율학습 능력과 물리적 작업 수행을 통합한 혁신적 기술로, 다양한 산업 분야에서 인간 노동을 실체적으로 대체할 잠재력이 있다. 인간이 반드시 직접 신체를 사용해야 한다고 여겨졌던 거의 모든 영역에서 기계가 주도적 역할을 담당할 가능성이 커지면서, 노동시장의 구조와 사회질서 전반에 근본적인 변화를

---

152) 한나 아렌트(Hannah Arendt)는 인류가 노동을 통해 사회적, 정치적, 문화적 체계를 구축해왔다는 점을 강조하며, 노동의 근본적 변화가 발생할 경우 공동체 구조와 개인의 정체성에 심각한 혼란이 야기될 수 있다고 경고했다. 한나 아렌트, 『인간의 조건』, 이진우 옮김, 한길사, 2017.

가져올 것으로 전망된다.

현장 노동이 사회 운영의 필수 요소라는 전통적인 관념이 급속히 무너질 때, 이는 단순히 노동 환경의 변화를 넘어 노동 윤리와 사회문화 전반에 걸친 패러다임 전환을 의미한다.

기술 발전이 반드시 인간의 삶을 개선하고 행복을 증진시킬 것인지는 전혀 다른 문제이다. 지금까지 대다수의 사람들이 노동을 통해 소득과 자아존중감을 형성해왔던 사회 구조에서는, 노동 기회의 급격한 감소가 경제적 붕괴뿐만 아니라 심리적 소외와 정체성 위기로 이어질 가능성이 매우 높다.

돌봄 서비스, 예술 창작, 인간 간의 교류와 같은 정서적 상호작용 영역이 AI의 영향을 덜 받을 분야라는 예측이 있지만, 최신 AI 기술이 감정 분석과 창의적 콘텐츠 생성 능력까지 발전하면서 이러한 낙관론은 점차 설득력을 잃고 있다. 따라서 인간 노동이 실체적으로 감소하는 현상을 사회적으로 어떻게 관리하고 대응할 것인지에 대한 진지한 논의가 시급히 필요한 시점이다.

정치적, 사회적 차원에서 AI 기술의 공공재화와 협력적 분배체제 같은 혁신적 정책을 도입할 것인지, 급변하는 환경 속에서 공동체를 어떻게 새롭게 재구성할 것인지에 대한 심도 있는 고민이 필요하다. 피지컬 AI는 단순히 생산 효율성을 높이는 도구를 넘어서, 인간이 역사적으로 담당해 온 육체적 노동의 대부분을 불필요한 것으로 간주하게 만드는 근본적인 전환점을 의미한다는 사실을 인식해야 한다.

물론 이러한 변화가 즉각적으로 실현되지 않을 수도 있다. 예산 제약, 기술적 한계, 다양한 이해관계자들의 충돌 등 여러 현실적 요인들로 인해 완전한 무인화를 당장 실현하기 어려운 분야도 여전히 존재한다. 그러나 로봇 기술과 AI 성능이 지속적으로 향상되고, 장기적으로 자동화 시스템의 경제적 이점이 명확해지면, 결국 이러한 변화의 방향성은 더욱 확고해질 수 있다.

과거의 산업화와 기계화 과정도 장기간에 걸쳐 점진적으로 이루어졌지만, 그 사회적 영향력은 매우 광범위하고 심대했다. 현재 피지컬 AI가 촉발하고 있는 변화는 과거보다 훨씬 빠른 속도로 진행될 수 있기 때문에, 사회가 이에 적응하고 필요한 제도와 문화적 기반을 준비할 충분한 시간을 확보하기 어려울 수 있다는 우려가 제기되고 있다.

노동자들에게 새로운 기술을 습득하라는 조언은 자주 제시되지만, 새로운 자동화 기술이 개발되고 도입되는 환경에서 인간의 학습 속도가 기술 발전의 속도를 따라잡기는 매우 어려운 현실이다. 더욱이 산업 구조가 점점 더 적은 수의 고숙련 인력만을 필요로 하는 방향으로 변화함에 따라,

재교육 프로그램이 제공되더라도 노동 시장이 이를 모두 수용하기에는 근본적인 한계가 있다는 지적이 제기되고 있다. 이러한 과정에서 노동자들은 생계 수단에서 점진적으로 밀려나는 상황이 더욱 뚜렷해질 것이다.

피지컬 AI의 본격적인 확산은 기존의 정치적, 경제적 체제를 근본부터 흔들 잠재력을 지니고 있으며, 많은 사람들이 전통적인 노동이 아닌 완전히 새로운 방식으로 생존과 자아실현을 추구해야 하는 상황에 직면하게 될 것이다. 그럼에도 불구하고 이러한 급격한 변화에 대한 사회적 준비는 아직 매우 미흡한 상태라는 평가가 지배적이다.

노동의 실체적 해체에 적절히 대응하지 못한다면, 공동체 붕괴라는 심각한 위기에 직면할 수 있다. 설령 대안적인 사회 시스템을 마련한다고 하더라도 지금까지 노동 중심으로 구성되어 온 삶의 방식은 근본적인 변화를 겪을 수밖에 없다. 피지컬 AI가 가져올 영향력은, 인간 노동의 본질적 필요성에 대해 근본적으로 재고하게 만드는 역사적 전환점이 될 수 있다는 점에 주목해야 한다.

2장

데이터 노동 소외와 감시 자본주의

1. 역전된 노동관계: 기계를 위해 일하는 인간

디지털 기술의 급속한 발전은 노동의 본질적 형태를 근본적으로 변화시키고 있다. 과거에는 인간이 공장에서 기계를 운용하며 그것을 생산 수단으로 활용했지만, 현재는 역설적으로 기계가 인간을 이용해 노동과 가치를 창출하는 현상이 광범위하게 나타나고 있다. 이러한 현상은 표면적으로는 자동화가 인간을 육체노동으로부터 해방시키는 것처럼 보이지만, 실제로는 인간이 디지털 시스템에 새로운 형태의 노동력을 제공하도록 역할이 재편되고 있다.[153] 노동하는 기계라는 전통적 개념을 벗어나, 기계에 의해 노동을 강요당하는 데이터 노동 소외 상태에 직면하고 있다.[154]

---

153) 에릭 브린욜프슨(Erik Brynjolfsson)과 앤드루 맥아피(Andrew McAfee)는 AI와 디지털 기술이 생산성을 크게 향상시키면서도, 동시에 새로운 형태의 노동 구조와 잠재적 소외 현상을 초래할 수 있음을 지적했다. 에릭 브린욜프슨, 앤드루 맥아피 공저, 『제2의 기계 시대(*The Second Machine Age*)』, 이한음 옮김, 청림출판, 2014.

154) '데이터 노동 소외'는 필자가 만들어 붙여본 용어임을 밝혀둔다. 인터넷에서 이용자들은 '좋아요'를 누르고 각종 서비스 '후기'를 남기지만, 이렇게 모아지고 축적되는 데이터들은 IT 기업들이 데이터 자산으로 활용한다. 이렇게 인간이 디지털 환경에서 의식하지 못한 채 자신의 활동이 상품화되지만, 그 성과물에 대한 통제권이나 경제적 이익을 획득하지 못하는 현상을 지칭하고자 한다. 이는 마르크스의 전통적 소외론과 맥을 같이하면서도, 감시 자본주의 시대에 특수하게 나타나는 현상이라고 할 수 있다. 마르크스가 분석한 노동자가 자신의 노동 결과물로부터 분리되는 소외 현상이 현대에는 데이터를 매개로 새롭게 재현되고 있는 것이다.

노동하는 기계라는 표현은 일반적으로 기계가 인간을 위해 일하는 구조를 의미한다. 공장의 자동화 설비나 로봇 시스템이 대표적인 예다. 그러나 디지털 전환이 급속히 진행되는 현시점에서, 플랫폼과 알고리즘이 오히려 인간에게 직접적 또는 간접적으로 특정 행위를 수행하도록 유도하고 요구하는 현상이 나타나고 있다. 즉, 기계가 노동을 창출하는 주체가 되고, 인간은 그 기계를 위해 일하는 역전된 구도가 형성되고 있다.

구체적으로, 소셜 미디어나 검색 엔진, 온라인 플랫폼을 운영하는 기업들은 사용자들이 생성하는 텍스트, 이미지, 영상, 상호작용 데이터를 통해 수익을 창출한다. 이 과정에서 사용자들은 자발적으로 데이터를 제공하고, 플랫폼은 이를 수집, 분석, 가공하여 광고와 타깃 마케팅에 활용한다.[155] 표면적으로는 무료 서비스를 이용하는 것처럼 보이지만, 실질적으로는 사용자가 플랫폼을 위한 가치 창출 활동(데이터 생산)에 기여하고 있는 것이다.

이러한 '역전된 노동관계' 구조가 데이터 노동 소외로 이어지는 이유는, 사용자가 스스로를 소비자 또는 자유로운 창작자로 인식하지만, 실제로는 기업 플랫폼이 설계한 알고리즘 체계 내에서 무보수 노동력을 제공하는 위치에 놓여있기 때문이다. 개인의 데이터, 취향, 활동 기록이 지속

155) 셰리 터클(Sherry Turkle)은 디지털 환경이 인간의 소통과 관계 형성 방식을 근본적으로 변화시키는 과정을 연구하며, 사용자들이 점차 디지털 플랫폼에 의존하게 되면서 실질적인 자율성이 약화되는 현상을 지적했다. 셰리 터클, 『외로워지는 사람들(*Alone Together*)』, 이은주 옮김, 청림출판, 2012.

적으로 추적되고 수집되어 상품화되는 과정에서, 사용자는 실질적인 통제권을 거의 갖지 못하는 상황에 처하게 된다.

쇼샤나 주보프가 제시한 '감시 자본주의'[156] 개념은 이러한 현상을 명확히 설명한다. 인간은 기계를 통제하는 주체가 아니라, 데이터를 추출하도록 교묘하게 설계된 시스템 내에서 지속적으로 노동에 가까운 활동을 수행하며 가치 생산에 기여하게 된다. 그럼에도 불구하고 그 혜택은 주로 기업이 독점하는 구조가 형성된다.

비가시적 노동(invisible labor)과 가치 추출의 메커니즘

일반적으로 소셜 미디어 활동이나 검색, 위치정보 공유 등은 노동으로 간주하지 않을 수 있다. 이러한 행위들은 단순한 여가 활동이나 편의성 추구로 해석되기 쉽기 때문이다. 그러나 모든 행위가 플랫폼 경제 내에서 빅데이터로 수집되고 기업에 의해 상품화되는 순간, 명백히 경제적 가치 창출의 의미를 갖게 된다. 즉, 표면적으로는 노동인지 아닌지 구분하기 어려운 활동이라 하더라도, 실질적으로는 기업의 수익 창출에 직접적으로 기여하는 행위인 것이다.

이러한 비가시적 노동의 핵심 문제는 그것이 대가 없이 이루어진다는

156) 쇼샤나 주보프, 『감시 자본주의 시대(*The Age of Surveillance Capitalism*)』, 박설영 옮김, 창비, 2020 참조.

점과, 사용자가 플랫폼 이용 과정에서 통제력 상실과 소외를 경험한다는 데 있다. 알고리즘이 제공하는 추천 콘텐츠, 타깃 광고, 중독성 높은 인터페이스 설계는 모두 사용자가 더 많은 유사 노동 활동을 수행하도록 의도적으로 설계되어 있다. 본질적으로 플랫폼의 설계에 따라 지속적으로 콘텐츠를 소비하고 생산하도록 유도하는 메커니즘이다.

이러한 현실은 전통적인 노동 개념의 경계를 모호하게 만든다. '감시자본주의' 시대에서 데이터 생성 활동은 실질적으로 무임금 노동의 성격을 띠게 된다.

역전된 노동관계는, 디지털 시대에 우리가 실제로 기계를 통제하는 주체가 아니라, 오히려 기계(플랫폼과 알고리즘)가 우리의 행동을 조직하고 가치 창출을 위해 활용한다는 것을 의미한다. 이제 기계는 인간의 인지적, 정서적 활동까지 포착하여 수익화하는 방향으로 진화하고 있다.

데이터 노동 소외가 발생하는 근본적인 이유는, 사용자가 자신의 활동을 자율적으로 통제하거나 그 결과물에 대한 권리를 제대로 행사하지 못하기 때문이다. 자신이 생성한 콘텐츠와 데이터가 어떻게 활용되고, 수익화되는지 투명하게 파악하기 어려울 뿐만 아니라, 플랫폼의 규정과 알고리즘 변화에 일방적으로 순응할 수밖에 없는 구조가 형성되어 있다. 예를 들어, 계정이 갑작스럽게 정지되거나 알고리즘 노출이 변경되는 경우, 사용자는 이의를 제기할 기회 없이 불이익을 감수할 수밖에 없는 상황에 놓이게 된다.

데이터 노동 소외와 감시 자본주의의 사회적 영향

'감시 자본주의'는 AI가 인간의 일자리를 대체한다는 담론과 함께, AI와 플랫폼이 인간에게 더 많은 일을 하도록 만드는 역설적인 현실을 보여준다. 이것이 바로 데이터 노동 소외와 '감시 자본주의'가 제기하는 핵심 문제다. 노동이 사라지는 것이 아니라, 인간이 자각하지 못하는 방식으로 새로운 형태의 가치 창출 활동(데이터 생산)을 지속적으로 수행하고 있는 것이다. 전통적인 임금이나 고용계약 없이 말이다. 그것이 바로 '감시 자본주의'의 본질적 특성이다.

이러한 구조가 지속적으로 강화될수록, 인간은 점점 더 데이터 생산자로서의 역할에 종속되며, 알고리즘은 이를 수집하고 분석하여 더욱 정교한 광고 효과를 만들어낸다. 사용자는 콘텐츠를 생성하고, 댓글을 작성하며, 다양한 상호작용을 통해 플랫폼에 꾸준히 시간을 투자한다. 이는 인터넷에서 특정한 업무를 수행하지 않더라도, 플랫폼에 접속하는 행위 자체가 일종의 노동이 될 수 있다는 관점을 뒷받침한다.

인간이 플랫폼 시스템 내에서 새로운 형태의 가치 창출 활동을 강요받는 측면이 두드러지고 있지만, 대부분의 사용자는 자신이 왜 이러한 서비스를 지속적으로 이용하는지, 플랫폼이 무료로 서비스를 제공하는 근본적인 동기가 무엇인지 깊이 고민하지 않는 경향이 있다.

물론 많은 사용자들은 즐거움을 이유로 문제가 없다고 생각하거나 서비스가 주는 혜택을 누리고 있다고 반론할 수 있다. 그러나 핵심 문제는 우리의 주의력과 시간, 감정적 반응까지도 플랫폼이 의도한 방향으로 유도된다는 점이다. 이렇게 축적된 데이터가 궁극적으로 누구에게 경제적 이익을 가져다주며, 그 보상구조가 어떻게 고착되는지는 또 다른 문제이다. 우리는 이러한 구조가 더욱 공고해질수록, 인간의 자율성과 주체성이 온전하게 보장되기 어려워진다는 사실을 인식해야 한다.

2. 데이터 생산자로 전락한 인간

디지털 시대의 인간은 단순히 인터넷을 활용하고 서비스를 소비하는 존재가 아니다. 플랫폼에 접속하고 활동하는 모든 순간마다 인식하든 그렇지 않든 데이터를 생성하며, 이를 통해 막대한 경제적 가치가 창출되는 구조가 점차 공고해지고 있다. 그 결과 우리는 소비자나 이용자가 아닌 데이터 생산자로 전락하고 있다.

과거에는 인터넷이 누구에나 열린 해방적 공간이라는 긍정적인 전망이 지배적이었다. 지리적 위치나 사회적 지위, 성별 구분 없이 누구나 자유롭게 소통하고 지식을 공유할 수 있는 민주적 공간이라고 여겨졌다. 그러나 현실에서는 이러한 자유로운 활동이 모두 데이터로 기록되고 알고리즘을 통해 무의식적으로 데이터 노동을 제공하게 된다.

모바일 기기로 일상 풍경을 촬영해 소셜 미디어에 업로드하거나, 웹사이트 로그인 과정에서 동의 버튼을 클릭하는 것과 같은 사소한 행동조차 광범위한 정보 수집의 원천이 된다. 위치 데이터, 검색 기록, 앱 사용 시간 등은 모두 기업이 정교하게 구축하는 사용자 프로필에 축적된다. 결과적으로 인간은 자신의 일상생활과 사고방식을 플랫폼이 요구하는 형태로 끊임없이 공개하는 데이터 생산자의 역할을 수행하면서도, 그에 대한 어떠한 경제적 대가도 받지 못한다.

이러한 구조가 심화될수록, 인간은 마치 데이터 채굴(data mining)처럼, 계속 많은 데이터를 생산하며 더 큰 가치를 창출하는 역할에 종속된다. 이는 보상 없는 생산자로 전락하는 과정이다. 이러한 불균형이 객관적으로 명백함에도 불구하고, 무료 서비스 이용이라는 표면적 혜택으로 인해 대다수 사용자는 구조적 문제를 인식하지 못하거나 간과하게 된다.

인간이 자유와 편의성을 추구할수록 기업은 더 많은 이윤을 확보하는 모순적인 구조 속에서, 사용자는 곧 상품이 된다. 플랫폼에서 실질적으로 이용자의 모든 활동 자체가 상품화되는 구조인 것이다. 더욱 심각한 문제는 끊임없이 무급 노동자 역할을 수행하면서도, 일반 사용자의 입장에서는 자신의 행위가 어떻게 경제적 가치로 전환되는지 그리고 그 이윤이 어디로 흘러가는지 파악하기 극히 어렵다는 것이다.

물론, 물리적인 육체노동을 수행하지 않는다고 해서 노동관계가 존재하지 않는다고 보기는 어렵다. 학계에서는 이미 이러한 사용자 활동을 플랫폼 노동 또는 데이터 노동으로 개념화하려는 움직임이 있다. 금전적 보상이 없다고 해서 노동이 아니라고 할 수 없고, 실질적인 경제적 가치와 성과물이 창출된다는 점에서 이는 새로운 형태의 숨겨진 노동이다.

이는 필연적으로 데이터 제공에 따른 적절한 보상이나 권리 보장에 관한 윤리적, 법적 문제로 확장된다. 그러나 현실에서는 대부분의 플랫폼이 일방적인 이용약관을 제시하고, 사용자는 실질적인 거부권 없이 이에 동의

할 수밖에 없는 상황에 놓여있다. 서비스 이용을 위해서는 약관 동의가 필수적이기 때문이다. 이러한 구조 속에서 기업은 방대한 정보 자산을 축적하는 반면, 개인은 점점 더 무력한 데이터 생산자로 전락할 수밖에 없다.

이러한 구조가 장기화되면, 인간은 점차 자율성과 통제력을 상실하게 된다. 플랫폼이 체계적으로 수집, 분석한 데이터가 알고리즘 기반 콘텐츠가 되고, 그 콘텐츠에 사용자가 더 많은 시간을 소비하고 상호작용하며 다시 데이터를 생산하는 악순환 구조에 갇히게 된다.

데이터 노동 소외가 심화되는 배경에는 현대인의 일상이 디지털 플랫폼에 깊이 의존하게 된 생활양식의 변화도 중요한 요인으로 작용한다. 클라우드 기반 게임, 건강 관리 애플리케이션, 원격 근무, 운동 기록, 수면 패턴, 업무 문서, 화상 회의 로그 등 인간은 매일매일 지속적으로 디지털 발자국을 남긴다. 스마트폰 하나로 다양한 서비스를 이용하며 편의성과 연결성을 확보하는 과정에서, 자신의 모든 행동이 데이터로 변환되어 기업에게 제공된다는 사실을 간과하기 쉬운 것이다.

이러한 데이터 노동 소외의 핵심은 인간이 자신의 활동 결과물로부터 분리되는 경험, 즉 스스로 생산한 데이터에 대한 소유권과 통제권을 행사하지 못하는 데 있다. 소셜 미디어에 게시한 콘텐츠를 사용자가 삭제해도 기업의 서버에는 여전히 보관되거나, 검색 기록을 지워도 다양한 로그 파

일에 흔적이 남는 현실은 데이터 생산자로서의 권리가 실질적으로 보장되지 않는 구조적 문제를 보여준다.

인간은 데이터 생산자로 전락하는 것을 넘어 데이터에 종속된 삶을 살게 될 수 있다. 사람들은 애플리케이션이나 소셜 미디어의 알고리즘 피드백에 의존해 일상을 계획하고 결정하게 된다. 그렇게 개인의 생활패턴이 기업에 의해 관리되는 상태에 가까워질 수 있다.

이러한 상황에서 우리는 끊임없이 스스로에게 묻게 된다. '나는 진정한 이용자인가, 아니면 기업 이윤 창출을 위한 데이터 생산자에 불과한가'라는 본질적 질문에 직면하게 되는 것이다.

이러한 문제의식에 기반해 데이터 주권 또는 데이터 배당 같은 개념이 제시되고 있다. 인간이 플랫폼 사용 과정에서 생성하는 데이터에 대해 법적 권리를 부여하고, 이에 대한 적절한 보상을 제공하거나, 최소한 정보 삭제 및 이전에 관한 권리를 보장해야 한다는 것이다. 그러나 이러한 변화가 현실화되기 위해서는 기업의 기존 비즈니스 모델이 근본적으로 재구성되어야 하므로, 현실적인 한계에 직면할 수밖에 없다.

디지털 시대에 인간이 데이터 생산자로 전락하는 현상은 단순한 기술적 변화의 부산물이 아니라, 인간의 존엄성과 자율성에 관한 근본적인 문제를 제기한다. 우리가 일상적으로 생성하는 데이터가 어떻게 활용되고,

누구에게 이익이 돌아가며, 개인의 권리와 프라이버시는 어떻게 보호될 수 있는지에 대한 사회적 합의와 제도적 장치가 시급하다. 인간은 점점 더 자율적 주체가 아닌, 기업의 알고리즘에 의해 조종되는 데이터 생산 장치로 전락할 위험에 처해 있다.

3장

AI가 만드는 계급사회: 새로운 '엘리시움'인가

1. 디지털 귀족과 기술 프롤레타리아트

AI의 급격한 발전과 자동화 기술의 광범위한 도입으로 전통적인 사회 계급 구조가 근본적으로 재편되고 있다. 이는 단순한 일자리 감소 문제를 넘어서, 사회 전반이 디지털 귀족과 기술 프롤레타리아트로 양분되는 새로운 위계질서가 형성될 수 있다는 우려로 이어진다. 영화 '엘리시움'[157]에서 묘사된 디스토피아적 미래처럼, 소수의 특권층이 기술의 혜택을 독점하고 다수는 저임금과 불안정한 노동 환경에 내몰리는 현상이 점차 현실화될 가능성이 제기되고 있다.

디지털 귀족(digital aristocracy)은 AI와 빅데이터, 자동화 시스템을 직접 소유하거나 운용할 수 있는 권력을 보유한 소수 집단을 의미한다. 이들은 자본과 기술력을 독점적으로 장악하고, 인공지능과 로봇을 활용하여 전례 없는 규모의 이윤을 창출한다. 단순히 개인적 부를 축적하는데 그치지 않고, 사회 전체의 정보 흐름, 경제 구조, 여론 형성 과정까지

157) 2013년 개봉한 영화 엘리시움은, 천국과 같은 엘리시움에 사는 선택받은 1%의 사람들과 오염된 지구에서 가난과 지병에 시달리며 사는 99%의 지상인들의 삶을 묘사한다. 극단적인 양극화로 획기적인 기술들은 소수를 위한 전유물이고, 지상인들은 기술을 누리지 못하고 노예처럼 살아간다.

좌우하는 영향력을 행사한다. 또한, 고도화된 교육 시스템과 독점적 네트워크를 통해 자신들의 특권적 지위를 다음 세대에게 계승하는 구조를 형성한다.

반면, 기술 프롤레타리아트(technological proletariat)[158]는 자동화와 AI 시스템이 지배하는 경제 환경에서 저임금, 비정규직, 불안정 고용 상태에 놓이거나 심지어 일자리 자체를 구하지 못하는 다수 대중을 의미한다. 제조업과 사무직의 자동화는 물론, 최근에는 예술과 창작 분야까지 AI가 침투함에 따라, 상당수의 인간 노동이 불필요해지거나 그 가치가 크게 저평가되는 현상이 가속화되고 있다. 결과적으로 경제적, 사회적 지위가 점점 더 취약해지고, 디지털 귀족이 장악한 권력 구조에 종속될 수밖에 없는 상황에 직면할 수 있다.

이러한 구도가 새로운 계급사회로 평가되는 이유는, 과거에는 고학력이나 전문직이 중산층 이상의 안정적인 사회적 지위를 보장했지만, AI가 법률, 의료, 금융, 교육 등 전문 영역까지 침범하면서 이러한 직종마저 대규모로 위협받고 있기 때문이다. 반면, AI 기술을 개발하거나 대규모 자동화 시스템을 도입하는 소수의 기업가와 투자자들은 전례 없는 수익을 독점하게 된다. 이로 인해 상층부와 하층부 사이의 격차가 더욱 커지는,

---

158) 프롤레타리아트(proletariat)라는 용어는 원래 마르크스가 자본주의 체제에서의 임금노동자 계급을 지칭하기 위해 사용했다. 그러나 현대적 맥락에서 기술 프롤레타리아트는 기술 발전으로 인해 소외되거나 기술 중심 체제를 보조하는 역할에 국한된 비안정적 계층을 의미한다.

기술 기반 신계급화 현상이 점차 심화될 수 있다.

이 과정에서 디지털 귀족으로 분류되는 있는 지배층은 막강한 데이터 수집 능력과 기술적 우위를 바탕으로 글로벌 시장을 장악한다. 대표적으로 거대 플랫폼 기업이나 AI 연구소들이 여기에 해당한다. 이들은 국가 경계를 초월하여 자본과 인재를 자유롭게 이동시키며, 핵심 기술을 독점적으로 활용한다. 특히 국가나 국제사회의 규제가 미흡한 환경에서, 이러한 권력은 더욱 자의적이고 통제 불가능한 방식으로 행사될 위험이 크다.

디지털 귀족의 특징은 물리적 자산보다 지식, 네트워크, 알고리즘을 핵심 자산으로 삼는다는 것이다. 따라서 전통적 산업자본주의 시대와는 달리, 토지나 공장 소유 여부가 아닌 정보와 데이터 소유권이 계급을 결정짓는 결정적 요소로 부상하고 있다. 빅데이터, 클라우드 컴퓨팅 인프라, 기술 특허, 독점적 소프트웨어, 고도화된 알고리즘 등이 새로운 시대의 생산 수단 역할을 하며, 이를 통제하는 집단은 법적, 정치적 영향력까지 행사할 수 있게 된다.

기술 프롤레타리아트는 AI가 일자리를 광범위하게 대체함에 따라, 상대적으로 덜 숙련된 노동자들이 안정적인 일자리를 잃고 플랫폼 노동이나 긱 이코노미(gig economy)[159]와 같은 불안정한 고용 형태로 내몰릴

159) '임시적으로 하는 일'이라는 뜻의 긱(gig)과 이코노미의 합성어이다. 정규직 고용 형태와 달리 아르바이트처럼 단기 계약, 임시직, 프리랜서, 프로젝트 단위 노동 등 필요에 따라 일을 맡기고 구하는 경제 형태를 의미한다.

수 있다. 이들은 자산이나 안정적 고용이 보장되지 않기 때문에, 대규모 실업 상태에 직면하거나 극도로 저임금 경쟁에 내몰릴 위험이 크다. AI 기술이 더욱 고도화됨에 따라, 기존에 안전하다고 여겨졌던 사무직이나 일부 전문직까지 이 범주에 포함될 가능성이 점점 커지고 있다.

특히 금융, 법률, 의료, 교육과 같이 전통적으로 고소득과 높은 사회적 지위를 보장하던 전문직 분야조차 AI 대체 위험군에 포함된다는 점이 주목된다. 이로 인해 과거 사회의 상층부로 간주하던 집단조차 AI로 인해 직업적 위상과 경제적 안정이 위협받을 수 있다는 불안감이 확산하고 있다. 결과적으로 디지털 귀족 계층은 AI 기술을 실질적으로 소유하고 통제할 수 있는 극소수 엘리트로 제한될 가능성이 높아지고 있다.

이처럼 소수 특권층이 지배력을 강화하고 다수가 불안정한 경제적 지위에 놓이게 되면, 전통적인 중산층이 붕괴하고 사회가 양극화된 계급 구조로 재편될 위험이 증가한다. 일부에서는 이를 단순한 디스토피아적 상상으로 치부하지만, 현재 플랫폼 경제 모델의 확산과 함께 실업률 증가, 비정규직 확대, 소득 격차 심화 등의 현상이 이미 관찰되고 있어, 이러한 우려가 결코 근거 없는 것이 아님을 시사한다.

이러한 계급 분화는 단순한 경제적 차원을 넘어 정치, 문화, 교육, 의료 등 사회 전반에 걸쳐 다양한 영역에서 발생할 수 있다. 예를 들어, AI와 빅데이터 기술을 활용하여 자녀에게 최첨단 맞춤형 교육을 제공할 수 있는 디지털 귀족층은 미래 세대에게 특권적 지위를 계승할 수 있는 기반을 마련할 수 있지만, 이러한 기회에 접근하지 못하는 일반 대중은 상대적으로 질이 낮은 공교육이나 저가 교육 서비스에 의존할 수밖에 없어 계층 간 격차가 더욱 심화될 수 있다.

물론, 현시점에서 영화 '엘리시움'과 같은 디스토피아적 미래 전망이 다소 과장되었다는 반론이 있을 수 있다. AI 기술이 전문직을 완전히 대체하기까지는 여전히 상당한 시간이 필요하며, 일부 전문가들은 인간 고유의 창의성과 감성적 판단 능력은 기계가 완전히 대체하기 어려울 것이라고 주장한다. 그러나 디지털 귀족과 기술 프롤레타리아트 사이의 구조적 격차가 확대될 수 있다는 우려는 이미 현실에서 관찰되는 양극화 현상에 기반하고 있다.

더욱 우려되는 점은 AI 기술이 단순 반복적인 육체노동뿐만 아니라, 지적 작업과 창의적 활동까지 대체할 가능성이 크다는 것이다. 이로 인해 전문직조차 더 이상 안전지대가 아니게 되었다. 기술적 상층부와 하층부 간의 격차가 확대됨에 따라, 소수는 AI와 효과적으로 협업하거나 이를 관리하는 위치에 오르는 반면, 다수는 플랫폼에 종속되어 단순 데이터 라벨링이나 AI 학습을 위한 반복적 검수 작업과 같은 저부가가치 업무에 국한될 가능성이 커지고 있다.

'엘리시움'의 현실화 가능성과 대응 방안

정치적 차원에서도 디지털 격차에 따른 심각한 권력 불균형이 발생할 수 있다. 디지털 귀족층은 막대한 자본력과 데이터 분석 역량을 활용하여 입법과 행정 영역에 광범위한 영향력을 행사할 수 있다. 빅데이터를 통해 여론을 분석하거나 조작하는 능력, AI 기반 로비 활동을 통한 규제 개입 등 다양한 수단을 동원할 수 있다. 반면 기술 프롤레타리아트는 상대적으로 정치적 발언권이 제한되고, 공론장에서 자신들의 이익을 효과적으로 대변하기 어려운 상황에 처하게 된다. 이는 민주주의 시스템을 붕괴시킬 수 있는 새로운 형태의 권력 집중을 일으킬 수 있다.

의료 분야에서 나타나는 격차는 특히 우려할 만하다. AI 진단 시스템과 정밀 의료 기술이 발전함에 따라, 이러한 첨단 서비스를 이용할 수 있는 계층과 그렇지 못한 계층 사이의 건강 격차가 극대화될 수 있다. 한쪽은 최첨단 AI 분석과 개인 유전체 기반 맞춤형 치료를 통해 건강 상태를 최적화할 수 있지만, 다른 한쪽은 기본적인 의료 서비스조차 충분히 받지 못하는 상황에 직면할 수 있다. 이는 계급 간 격차가 단순한 경제적 불평등을 넘어 생존과 수명에까지 영향을 미칠 수 있음을 시사한다.

교육 영역에서도 유사한 패턴이 나타난다. AI 기반의 개인화된 학습 플랫폼은 학생 개개인의 학습 성향, 강점과 약점을 실시간으로 분석하여 최적화된 교육 과정을 제공할 수 있다. 이러한 첨단 교육 시스템에 접근할 수 있는 디지털 귀족층 자녀들은 탁월한 학업 성취도와 진로 기회를 확보할 수 있지만, 일반 대중은 표준화된 대중 교육에 의존하거나 심지어 질 높은 온라인 교육 플랫폼에 접근조차 제한될 수 있다.

기술 발전이 전체적인 사회적 부를 증가시키고, 그 혜택이 모두에게 고르게 돌아갈 것이지에 대한 의문도 제기될 수 있다. 기술 낙관론자들은 AI가 생산성을 크게 향상시켜 인류 전체의 물질적 풍요를 증진시킬 것이라고 하지만, 현재의 감시 자본주의 구조와 기술 독점 현상을 고려할 때, 이러한 부가 소수에게 집중되고 다수는 경제적, 사회적으로 소외된 계층으로 전락할 가능성이 높아 보인다.

가장 우려되는 점은 기술 프롤레타리아트가 지속적인 불안정 고용과 저임금 상태에 머물게 되면, 사회 안전망에 대한 재정적 부담이 증가하고, 중산층의 붕괴로 인해 시장 수요가 감소하는 악순환이 발생할 수 있다는 것이다. 장기적으로는 디지털 귀족층이 국가의 규제와 과세를 피해 글로벌 경제 중심지로 이동하거나, 특정 지역에 모여 물리적으로도 분리된 '엘리시움'을 형성할 가능성도 배제할 수 없다.

물론, 이러한 디스토피아적 미래를 방지하기 위해 제도적, 정책적 대안이 논의될 수 있다. AI 기술의 공공재화를 통한 독점 방지, 협력적 분배체제 도입, 노동자 재교육 프로그램 확대, 포괄적 사회복지 체계 구축 등을 통해 기술 발전의 혜택이 사회 전체에 더 균등하게 분배되는 방향으로 나아갈 가능성도 존재한다. 그러나 이러한 정책을 실현하기 위해서는 강력한 정치적 합의와 근본적인 사회경제적 개혁이 선행되어야 한다.

디지털 귀족과 기술 프롤레타리아트 간의 양극화가 이미 진행 중이라는 증거는 대형 테크기업들의 시가총액 급등과 동시에 발생하는 대규모 구조조정, 플랫폼 노동의 급속한 확산 등에서 찾아볼 수 있다. 한편으로는 AI 엔지니어, 데이터 과학자와 같은 특정 직군이 초고액 연봉을 받으며 새로운 귀족층으로 편입되는 현상도 관찰된다. 이들이 기술적 지배력을 행사하는 핵심 계층으로 부상하고 있는 것이다.

메타버스, 가상자산, 인공지능 등 첨단 기술 분야에서도 실질적인 수익을 창출할 기회는 소수에게만 제한되어 있으며, 대다수는 투자 리스크나 기술적 진입장벽으로 인해 어려움을 겪고 있다. 디지털 영역에서의 부의 양극화가 물리적 현실 세계의 불평등과 겹치면서, 총체적인 사회적 격차가 더욱 심화되고 있다는 분석이 설득력을 얻고 있다.

AI가 만들어내는 새로운 계급사회의 구체적 형태는 아직 완전히 결정되지 않았지만, 디지털 귀족과 기술 프롤레타리아트라는 개념적 틀은 이미 AI와 자동화 기술의 혜택이 어떻게 분배되고, 누가 그 이익을 독점하는지에 따라 사회 구조가 재편될 수 있음을 보여준다.

기술 프롤레타리아트가 집단적 저항을 시도할 가능성도 존재한다. 산업화 시대에 노동조합이 형성되고 대규모 파업이 발생했던 것처럼, 디지털 시대에도 플랫폼 노동자 연대 또는 데이터 권리 운동과 같은 새로운 형태의 집단행동이 등장할 수 있다. 그러나 국경을 초월하여 운영되는 글로벌 AI 기업들의 막강한 권력 앞에서, 이러한 저항의 실효성은 불확실하다.

정치 체제는 원칙적으로 다수 유권자의 이익을 대변해야 하지만, 디지털 귀족층의 강력한 로비력과 자본의 영향력이 정치적 의사결정을 왜곡할 위험이 있다. 규제를 강화하면 기업들이 해외로 이탈할 것이라는 위협이 실질적인 개혁을 저해하는 딜레마가 될 수 있다.

교육 분야에서도 디지털 귀족의 자녀들이 미래 인재 시장에서 경쟁 우위를 확보함으로써, 그 지의가 세대 간 세습되는 구조가 형성될 가능성이 있다.

디지털 귀족과 기술 프롤레타리아트 간 격차가 확대되는 근본적 원인은 AI 기술의 승자 독식 효과에 있다. 방대한 데이터와 효과적인 알고리즘을 보유한 기업이 시장을 장악하면, 경쟁자들을 빠르게 밀어내고 더 많은 데이터와 자본을 축적하는 선순환 구조를 형성한다. 이러한 선순환에 진입한 소수의 기업과 개인은 디지털 귀족이 되고, 나머지는 시장에서 점차 소외될 수 있다.

AI 기술에 투자할 충분한 자본, 인프라, 인적 자원을 갖추지 못한 중소 기업이나 개인 노동자들은 결과적으로 대기업과 플랫폼에 점점 더 종속되거나 시장에서 완전히 배제될 위험에 처한다. AI 기술은 지속적으로 발전하기 때문에, 이러한 격차가 자연스럽게 해소될 가능성은 매우 낮다.

장기적으로 이러한 양극화가 지속되면 사회적 안정성이 크게 훼손될 수밖에 없다. 대규모 실업과 저임금 노동자 계층의 확대는 구매력 감소로 이어지고, 정치적 극단주의가 부상할 위험이 커지고 사회적 분열을 더욱 심화시킬 수 있다.

물론, 국가나 국제기구 차원에서 공정한 AI 기술 분배, 로봇세(稅), 데이터 배당 등의 정책적 대안을 고려할 수 있다. 그러나 이러한 정책을 실현하기 위해서는 강력한 정치적 의지와 국제적 협력이 필수적이다. 현재 정치 시스템 역시 자본의 영향력으로부터 자유롭지 못한 상황에서 실질적인 개혁 가능성은 불확실하다.

AI와 자동화 기술의 확산은 사회 분화 가능성을 예고한다. 전례 없는 부와 권력을 독점하는 소수의 디지털 귀족과 불안정 고용 상태에 갇힌 다수의 기술 프롤레타리아트라는, SF 영화와 같은 디스토피아적 분화이다.

궁극적으로 이러한 상상의 현실화 여부는 기술 발전에 대응하는 사회적, 정치적 선택에 달려 있다. 기술 발전으로 창출되는 부를 어떻게 '무조건 똑같이'가 아닌 고르게 균점적으로 분배할 것인지, 모든 시민에게 교육과 기회 접근성을 어떻게 보장할 것인지, AI 기술의 공공재화를 어떻게 이룰 것인지 등의 핵심적인 질문에 대한 사회적 합의가 필요하다. 이러한 결정에 실패한다면, 극단적 계급 분화가 현실화될 수 있다.

2. 선택받지 못한 인간의 생존권

디지털 귀족과 기술 프롤레타리아트로 양분되는 AI시대에서 가장 심각한 문제 중 하나는 '선택받지 못한 인간'의 생존권이다. AI와 자동화 기술이 일자리를 급격히 감소시키거나 재편할 때, 선택받지 못한 다수는 어떻게 생존해야 하며, 그들의 기본적 권리는 어떻게 보장될 수 있는가라는 근본적 질문이 제기된다.[160)]

선택받지 못했다는 개념은 단순히 임금노동의 기회를 상실했다는 의미를 넘어서, AI 중심 사회가 요구하는 특정 능력이나 역량을 갖추지 못해 시스템의 주변부로 밀려난 집단을 지칭한다. 즉, 디지털 귀족층이 요구하는 전문 기술, 학력, 자본을 보유하지 못하고, 급변하는 자동화 흐름에 적응하지 못하는 사람들이 여기에 해당한다. 결과적으로 이들은 노동시장에서 고용 가치가 없는 잉여 인력으로 간주될 위험이 크며, 이는 인간의 존엄성을 근본적으로 위협하는 문제가 될 수 있다.

전통적인 산업사회에서는 육체노동이나 단순 사무직과 같이 상대적으로 진입장벽이 낮은 일자리가 충분히 존재했다. 그러나 AI와 자동화 기술이 광범위하게 도입되면, 반복적인 업무와 정형화된 사무직은 대체될 가

---

160) 에릭 브린욜프슨(Erik Brynjolfsson)과 앤드루 맥아피(Andrew McAfee)는 『제2의 기계 시대(*The Second Machine Age*)』에서 AI와 자동화 기술이 중·저숙련 일자리를 광범위하게 대체함으로써, 상당수의 노동자가 노동시장에서 구조적으로 배제될 가능성을 심도 있게 분석했다.

능성이 매우 높아진다. 선택받지 못한 인간은 안정적인 소득원을 확보하기 힘들어지고, 열악한 위치의 실업 계층이 대규모로 형성될 수 있다.

특히 도시권 밖의 농촌 지역과 중소도시, 저개발 지역에 거주하는 사람들은 더 큰 어려움에 직면할 수 있다. 자동화와 원격 근무의 확산으로 대기업이나 정부 시설이 지역에서 철수하면, 해당 지역의 일자리는 급격히 감소할 수 있다. 디지털 인프라와 전문 인력이 부족한 환경에서 온라인 접속만으로 고부가가치 업무를 수행하기란 거의 불가능하며, 이로 인해 이러한 지역 주민들은 선택받지 못한 인간 집단으로 전락할 위험이 매우 높다.

AI 기술 독점이 심각한 부의 양극화를 초래하고, 이러한 추세가 가속화될 경우, 선택받지 못한 다수는 생존을 위해 국가 복지, 불안정한 임시 일자리, 또는 심지어 비공식 경제 활동에 의존할 수밖에 없게 될 것이다. 이는 사회적 갈등과 구조적 빈곤의 심화를 예고한다. 이들의 기본적 생계를 보장하기 위해 효과적인 재분배 장치를 구축하는 것은 정치적, 경제적으로 상당한 도전 과제가 될 것이다.

선택받지 못한 이들이 대규모로 발생하면, 과거의 농촌 이탈이나 도시 빈민 문제와 유사한 사회 현상이 디지털 영역에서도 발생할 가능성이 크다. 그러나 이전과 달리, 이제는 물리적 생산기지나 공장이 새롭게 설립되지 않기 때문에, 지역 경제는 쇠퇴하고, 주민들은 더 나은 기회를 찾아 이주할 여력조차 없어 빈곤층으로 전락할 수 있다. 정부 재정이 제한적인 상황에서 이들을 충분히 지원하는 것 역시 어려워지며, 결과적으로 다수의 시민이 기본적인 생존권마저 위협받는 상황에 처할 수 있다.

이렇게 선택받지 못한 계층이 대규모로 형성되면, 기본적인 생존을 위한 소득 보장, 주거, 의료, 교육 등에 대한 사회적 수요가 급증하게 된다. 그렇다고 이를 위한 재원을 마련하기 위해 세율을 인상하려는 시도는 자본의 해외 유출이라는 위협에 직면할 수 있다. 결과적으로 정치권은 대기업이나 디지털 귀족층에 대한 효과적인 규제나 과세를 실행하지 못하고, 오히려 빈곤층에 대한 지원을 축소하는 악순환에 빠지게 된다.

이러한 흐름에서 형성되는 기술 계급사회는, 마르크스 시대와는 달리, 단순한 자본 소유 여부를 넘어 기술 독점이 계급 차이를 결정하는 핵심 변수로 부상하고 있다. 선택받지 못한 계층은 기술 개발에 참여하거나 데이터에 접근할 기회조차 박탈당하는 상황에 처할 수 있다.

더욱 우려되는 점은 AI 기술이 정치와 행정 영역에까지 확대되면서, 자동화된 공공 서비스가 사회 구성원들 사이에 불평등하게 적용될 가능성이 커진다는 것이다. 공공복지 신청이나 의료 혜택 심사 등 해당 AI 시스템 개발 과정에 참여할 기회가 없는 취약계층은 자신들에게 불리하게 작용하는 기술적 편향을 시정할 능력도 갖추지 못할 수 있다.

이들은 선택받지 못한 인간으로서 생존권 측면에서 사실상 권리 없는 상태로 전락할 수 있다. 현행 사회 제도는 개인이 노동을 통해 생계를 유지한다는 전제를 기반으로 설계되어 있지만, 노동시장이 급격히 축소되거나 근본적으로 변형될 경우, 이들은 임금노동을 통한 생존 자체가 불가능한 상황에 직면하게 된다. 국가나 지역공동체가 어떻게 기본적 권리를 효과적으로 보장할 수 있을지에 대한 고민이 필요하다.

생존권 위기의 심화와 사회적 대응 방안

디지털 귀족이 AI가 아닌 사람을 고용하고 싶은 영역이 존재할 경우, 그 대부분은 저임금 분야에 국한될 것이다. 돌봄 서비스나 감정노동, 단순 잡무와 같은 직종이 여기에 해당하지만, 로봇 공학의 지속적인 발전으로 이러한 영역마저도 점차 소멸될 것으로 예상된다. 결과적으로 선택받지 못한 인간은 가장 열악하고 고된 노동으로 내몰리거나, 심지어 그마저도 기회를 얻지 못해 노동 장에서 완전히 배제될 위기에 처하게 된다.

이러한 상황에서 이들은 국가가 제공하는 실업급여나 복지 프로그램에 전적으로 의존할 수밖에 없지만, 해당 복지 제도가 충분한 지원을 제공하지 못하고, 실업자 수가 계속해서 증가하면 재정적 한계에 봉착하게 된다. 정부가 심각한 재정 적자 상태에 빠지면 복지 축소가 불가피해지고, 그 부정적 영향은 고스란히 선택받지 못한 인간들에게 전가된다. 이러한 악순환은 시간이 지날수록 더욱 심화될 수 있다.

과거 산업화 과정에서도 기계화로 인해 저숙련 노동자가 일자리를 잃거나 농민이 도시로 이주해야 하는 대규모 변화가 있었다. 그러나 당시에는 새로운 공장이나 서비스 산업이 등장하여 이들을 흡수할 수 있었고, 이를 통해 중산층이 형성되며 소비 사회가 발전할 수 있었다. 반면, AI시대에는 이와 같은 선순환을 기대하기 어려울 수 있다. 신산업 분야조차 AI가 핵심 운영을 담당하고, 인간 노동력은 극소수의 고숙련 전문가만 필요한 구조로 변화하고 있기 때문이다.

이처럼 선택받지 못한 인간 집단이 증가함에 따라, 사회 계층화가 더욱 심화되고 불평등 구조가 장기화될 경우, 범죄율 증가나 극단적 정치 운동의 확산과 같은 심각한 사회적 부작용이 발생할 수 있다.

또한, 단순한 노동 문제를 넘어 존재론적 위기로 확장될 수 있다. 인간은 역사적으로 노동과 사회적 역할 수행을 통해 자아 정체성과 자부심을 형성해왔다. AI 기술이 이러한 기회를 박탈하고, 대안적인 의미 창출 구조가 마련되지 않는다면, 개인은 심각한 무력감과 소외감을 경험하게 될 것이며, 이러한 실존적 위기는 대규모 정신 건강 문제와 사회적 불안정을 초래할 수 있다.

한편, 노동의 미덕 신화가 여전히 지배적으로 지속될 수도 있다. 기술 엘리트와 디지털 귀족층은 자신들을 혁신의 주역으로 정당화하며, 선택받지 못한 이들을 단순히 능력이 부족하여 도태된 집단으로 간주할 수 있다. 그러나 실제로는 기술 발전의 속도와 자본의 집중화가 너무 강력하게 작용하여, 대다수 사람들이 이러한 격차를 좁히기 어려운 구조적 장벽에 직면하기 때문일 수 있다.

이러한 구조적 불평등을 개인의 책임으로 환원하는 것은, 사회적 책임을 회피하는 태도이다. 만약 대규모로 소외된 인구가 물리적 수단으로 그 구조적 불평등을 해소하려 한다면, 디지털 귀족층은 자동화된 감시 시스템, 심지어 AI 로봇 기반 무기까지 동원해 더욱 폐쇄적인 요새화를 추구할 수 있다. 이러한 전개는 영화 '엘리시움'에서 묘사된 디스토피아적 미래를 현실화시키는 위험과 연결된다.

선택받지 못한 인간의 생존권 문제를 해결하기 위해서는 최소한의 포괄적 복지 제도가 보장되어야 하며, 장기적으로 자립할 수 있는 구체적인 방안이 마련되어야 한다. 지역 공동체 기반 활동, 협동조합 모델 등이 대안이 될 수 있지만, 이러한 접근법은 효율성과 이윤 극대화를 추구하는 기업 논리와 근본적으로 충돌하는 경향이 있다.

감시 자본주의 기반의 플랫폼 경제에서는 노동자들이 불안정한 고용 상태에 처해 있더라도, 기업 입장에서는 인건비 절감과 유연한 인력 운용이라는 이점을 누릴 수 있다. 정규직을 고용하는 대신 필요할 때만 활용 가능한 유휴 인력을 확보하는 전략이 확산되면서, 선택받지 못한 인구는 계속 증가하고, 노동 시장의 경쟁은 더욱 치열해진다.

이러한 환경에서 AI 기술이 추가적으로 도입되면, 플랫폼 노동 영역에서조차 AI 알고리즘이 업무 배분, 성과 평가, 고용 유지 여부를 결정하게 된다. 일부는 디지털 프롤레타리아트로서 최소한의 일감이라도 확보할 수 있지만, 나머지는 일거리조차 얻지 못하는 완전한 소외 계층으로 전락할 수 있다. 이들은 생존을 위해 비공식 경제나 심지어 불법적인 활동에 참여할 위험성도 증가한다.

이러한 위험을 예방하기 위해서는 국가와 시민사회가 협력하여 AI시대에 적합한 인간다운 삶의 기준을 재정립하고, 새로운 '사회계약'을 설계할 필요가 있다. 일자리 창출 과정에서 AI 기술의 무분별한 도입보다는 인간 노동이 필수적인 영역을 전략적으로 보호하고 육성하거나, 대규모 실업을 효과적으로 관리할 수 있는 포괄적 방안을 마련해야 한다. 그러나 이러한 노력은 자본주의와 국가 이익, 그리고 글로벌 경쟁 논리에 의해 종종 좌절되는 현실적 어려움에 직면해 있다.

이는 AI와 자동화 기술이 가져올 수 있는 풍요와 효율성 이면에 존재하는 어두운 현실이며, 미래 사회의 안정과 인간 존엄성이 심각하게 훼손될 위험이 될 수 있다. 선택받지 못한 인간의 생존권 문제는 AI시대에 가장 핵심적인 윤리적, 사회적 과제이다.

4장
노동의 의미를 묻는 새로운 윤리

1. '왜 일하지 않는가'보다 '왜 일하는가'를 묻기

인류 역사에서 '왜 일하지 않는가'라는 질문은 사회와 개인을 끊임없이 압박해왔다. 그러나 AI시대를 맞이하면서 이제는 오히려 '왜 일하는가'라는 더 근본적이고 새로운 윤리적 질문이 제기되고 있다. 인간이 일하는 이유는 단순히 생계를 위한 것인지, 사회적 인정을 얻기 위한 것인지, 아니면 자기실현을 위한 것인지 다양한 측면에서 재고해야 할 시점에 있다.

이 문제는 실제로 인류가 고대부터 논의해 온 주제이기도 하다. 고대 그리스 귀족 계층들은 육체노동을 '천한 것'으로 폄하하며 노예제를 당연시하며, 철학·정치·예술에 몰두하는 삶을 이상으로 삼았다. 반면 현대 자본주의는 근면과 생산성을 미덕으로 삼는다. 왜 일하지 않는가라는 질문의 이면에는 일을 하지 않으면 문제가 있다는 사회적 전제가 깔려 있다. 인간은 태어났으니 당연히 일을 해야 하고, 일을 하지 않으면 존재가치가 의심받는 구조가 형성되어 있다. 실업자에게 의지가 부족하다며 낙인찍는 사회적 분위기도 같은 맥락이다. 그러나 AI가 대규모로 일자리를 대체하게 되면, 일하고 싶어도 할 수 없는 사람들이 급증하게 될 것이다.

이처럼 노동이 희소해지는 시대에서 왜 일하지 않는가라는 질문은 더 이상 타당성을 잃게 된다. 우리가 이 시점에서 던져야 할 질문은 왜 일하는가이며, 인간이 일을 통해 얻는 의미와 가치는 무엇인가라는 문제로 초점을 전환해야 한다.

노동의 본질적 가치와 의미 재정립

왜 일하는가라는 질문에 답하기 위해서는 노동의 본질적 가치와 목적을 재정의할 필요가 있다. 만약 생계유지가 더 이상 노동의 필수적인 목적이 아니라면, 인간은 어떤 일과 어떤 동기로 일을 수행해야 할까? 예술·취미·봉사·돌봄 등에서 현재는 시장 가치가 높지 않은 활동들이 새로운 노동의 형태로 부각될 수 있다. 문제는 현재의 경제 체제가 이러한 활동들을 적절히 인정하고 보상할 수 있을지에 대한 불확실성이다.

기존 패러다임에서 노동은 인간 삶의 중심축으로 기능해왔다. 일자리를 통해 자존감을 형성하고, 사회에 기여하며, 필요한 수입을 확보했다. 그러나 기계가 인간보다 훨씬 효율적으로 생산을 담당하게 되면, 이러한 역할은 축소되거나 심지어 불필요해질 가능성이 크다. 결국 사회적 인정과 자존감을 어디서 얻을 것인가라는 새로운 윤리적 질문이 필연적으로 대두된다.

과거 어느 때보다도 인류가 노동하지 않아도 되는 사회를 맞이할 가능성이 커지고 있다. 중요한 문제는 그러한 상황에서 인간이 무엇을 하며 살아갈 것인지, 일하지 않아도 되는 자유를 진정으로 누릴 수 있는 사회 시스템이 마련될 수 있을지에 달려 있다. 개인의 재능, 놀이, 창조성을 충분히 발휘할 수 있는 환경이 조성되지 않는다면, 일자리에서 배제된 다수는 실업과 무기력 속에 방치될 위험이 크다. 이것이 바로 왜 일하지 않는가보다 왜 일하는가를 질문하는 논의가 시급히 필요한 이유다.

AI시대의 새로운 노동윤리와 사회적 과제

AI시대에서 일은 더 이상 필수적으로 해야만 하는 것이 아니라 자발적으로 하고 싶은 것으로 변모할 수 있다. 핵심적인 문제는 이러한 과정에서 기본적인 생계 보장이나 사회적 인정 없이 인간이 과연 자발적으로 의미 있는 일에 몰두할 수 있을지에 달려 있다는 점이다.

왜 일하는가라는 질문에 대해 여러 가지 답변이 가능하다. 첫째, 자아실현을 위해서다. 예술 활동이나 학문 연구, 발명과 같은 창조적 행위는 경제적 수익과 무관하게 그 자체로 큰 의미를 갖는다. 둘째, 타인과 사회에 기여하기 위해서다. 돌봄 노동, 봉사활동, 지식 공유와 같은 활동은 개인적 이윤과 상관없이 공공의 이익을 증진시킨다. 셋째, 단순히 즐거움이나 놀이를 위해서다. 인간은 창조적 놀이와 일의 경계를 허무는 경험을 통해 삶의 본질적 의미를 발견할 수 있다.

이러한 답변들이 현실적으로 가능하려면, 일하지 않아도 충분한 생계가 보장되는 조건이 선행되어야 한다. 이것이 바로 협력적 분배체제와 AI 기술의 공공재화가 AI시대의 노동 담론에서 필연적으로 함께 논의되어야 하는 이유다.

노동의 의미가 근본적으로 변화하는 시점에서, 사회는 새로운 윤리 체계를 필요로 한다. 예를 들어, 만약 어떤 사람이 한 달 내내 오직 취미 활동만 하며 경제적으로 생산적인 기여를 전혀 하지 않는다면, 우리는 여전히 그 사람을 '게으르다'라고 단정지을 수 있을까? AI시대의 윤리는 개인이 행복을 느끼고 공동체에 해를 끼치지 않는다면 충분히 가치 있는 삶으로 인정될 수 있는 방향으로 진화할 수 있다.

기술이 인간의 기본적 필요를 대부분 충족시킨다면, 인간은 자아실현·창조·종교·놀이·돌봄·연대와 같은 보다 풍요로운 활동에 시간을 투자할 수 있게 된다. 놀이와 예술, 돌봄, 자원봉사 등 기존 경제 체제에서 저평가되었던 활동들이 사실은 인류의 삶의 질과 행복에 결정적인 영향을 미친다는 사실을 깨닫게 될 수도 있다. 왜 일하는가라는 질문은, 일은 어떤 가치를 실현하기 위해 필요한가라는 보다 확장된 질문으로 발전할 수 있다.

그러나 이러한 낙관론이 현실화되기 위해서는 부의 균점적 분배와 근본적인 인식 전환이 반드시 수반되어야 한다. 그렇지 않으면 일자리를 잃은 오직 소수의 디지털 엘리트만이 풍요로움을 누리는 극단적 불평등 사회가 도래할 위험이 크다. 그렇게 되면 왜 일해야 하는가라는 질문은 특권층만의 사치스러운 고민이 되고, 대다수는 여전히 어떻게 생존할 것인가만을 걱정해야 하는 상황이 지속될 수 있다.

왜 일하는가라는 질문은 인간이 일을 통해 추구하는 본질적 의미를 재정립하는 핵심적인 윤리적 과제다. AI시대의 노동윤리는 경쟁과 효율 중심에서 자율성과 의미 중심으로 전환되어야 한다.

어떤 제도나 정책이 도입되든, 그 궁극적인 목적은 인간에게 노동의 자유를 부여하고, 새로운 가치 창출 활동으로 채우는 데 있어야 한다. 이를 위해서는 왜 일을 하는가에 대한 새로운 사회적 합의가 필요하다. 즉, 노동이 '단순히 자본주의적 임금노동만을 의미하지 않는다'라는 인식의 확장이 선행되어야 한다.

이러한 합의가 이루어지지 않는다면, 노동을 하지 않는 사람을 무가치한 존재로 간주하는 기존의 편협한 인식이 지속되면서, 기계에 의해 대체된 수많은 실업자들이 부당한 죄책감과 소외감을 안고 살아가야 할 것이다. 이는 개인의 심리적 건강뿐만 아니라 사회 전체의 안정과 통합에도 심각한 악영향을 미친다. 즉, 일자리가 구조적으로 감소했음에도 불구하고 왜 일하지 않느냐는 비난이 계속되면, 많은 사람들이 자신의 가치와 정체성을 심각하게 의심하게 될 것이다.

마르셀 모스(Marcel Mauss)는 호혜적 증여(reciprocity and gift exchange)의 개념을 통해 인간이 경제적 이윤 외의 동기로도 상호 협력할 수 있다고 주장했다. 왜 일하는가라는 질문은 궁극적으로 인간이 어떤 내적 동기로 행동하며, 무엇을 서로 주고받을 때 진정한 만족감을 느끼는지를 탐구하는 과정이다. 임금노동이 아닌 활동도 충분히 의미 있고 가치 있는 일이 될 수 있음을 깨달을 수 있다.

왜 일하는가를 진지하게 묻는 것은, 인간이 자유롭고 의미 있는 방식으로 일할 수 있는 길을 모색하는 과정이다. 이 근본적인 질문을 소홀히 한다면, 왜 일하지 않느냐는 시대착오적 프레임이 계속해서 작동하게 되고, 대규모 실업자들을 비난하거나 사회적으로 배제하는 구조적 문제가 지속될 것이다.

왜 일하는가를 묻는 것은, AI시대가 직면한 본질적 과제를 정확히 짚어낸다. 인간이 일을 통해 무엇을 실현하고자 하는지, 경제적 생계와 분리된 노동이 어떻게 사회적 인정을 받을 수 있는지, 자발적이고 창조적인 활동이 공동체 안에서 어떤 가치를 가지고 어떤 공공선을 추구할 수 있는지를 명확히 재정립해야만, 점점 확대되는 자동화와 감시 자본주의 체제 속에서도 인간의 근본적인 존엄성과 자부심을 지켜나갈 수 있을 것이다.

2. 인간의 고유성과 노동의 해방적 재구성

노동은 그동안 인간 생존과 사회 발전의 핵심 수단으로 기능해왔지만, 더 이상 생계를 위한 의무적 노동이 아니라, 인간이 하고 싶은 일을 중심으로 한 해방적 재구성의 가능성이 열리고 있다. 인간의 고유성이 무엇인지를 명확히 규명하고, 이를 기반으로 노동의 해방적 재구성을 설계하는 작업이 시급한 시점이다.

이러한 해방적 재구성의 개념은 '휴식(여가)=배움'이었던, 고전 철학에서도 그 단초를 찾아볼 수 있다. 아리스토텔레스는 여가 시간을 유의미하게 활용하는 삶(스콜레·*schole*)을 이상적인 삶의 형태로 간주했으며, 육체노동의 부담에서 벗어난 귀족 계층이 예술과 철학에 몰두하는 것을 최상의 삶으로 평가했다. 당시에는 노예 제도가 이러한 이상적 삶을 가능하게 했지만, 이제 기계가 노예의 역할을 대신할 수 있게 되면서 인류 전체가 더 높은 차원의 활동에 참여할 수 있는 기회가 열리고 있다.[161)]

그러나 모든 사람이 이러한 고차원적 자유를 누릴 수 있을지에 대한

161) 아리스토텔레스(Aristotle)는 『니코마코스 윤리학(Nicomachean Ethics)』에서 여가 시간(스콜레·leisure)과 철학적 관조(觀照·contemplation)가 고귀한 활동이라고 강조했다(Book X, vii). 고대에는 노예 제도가 소수 자유민의 이러한 활동을 가능하게 했으나, AI가 유사한 역할을 담당한다면 이러한 고차원적 활동이 보다 많은 사람들에게 가능해질 수 있다는 현대적 해석이 가능하다. 삶의 의미를 성찰하고 지혜를 얻기 위해서는 여가·여유(leisure)가 필요하고, 이것이 곧 배움, 스콜레(*schole*)다. 라틴어 '*schola*', 영어 'school', 'scholar'가 모두 같은 뿌리에서 나온 말들이다.

의문은 여전히 남아있다. 현재의 감시 자본주의와 기술 독점 체제에서는 소수의 계층만이 AI 기술과 자본을 독점하게 될 가능성이 크며, 대다수의 사람들은 여전히 저임금 임시직 등으로 내몰릴 위험이 존재한다. 따라서 인간의 고유성에 기반한 해방적 노동이 실제로 구현되기 위해서는, 기술과 자본의 혜택이 소수가 아닌 공동체 전체에 고르게 분배되는 구조적 변화가 수반되어야 한다.

인간 고유성의 핵심 가치와 노동의 새로운 의미

노동이 해방적으로 재구성된다는 것은 과거의 생존을 위한 강제된 노동에서 벗어나 자발적으로 선택하며, 인간적 가치와 즐거움을 창출하는 활동으로 전환되는 것을 의미한다. 즉, 단순히 임금을 위해 소외된 노동을 수행하는 것이 아니라, 자신의 본질과 의미를 실현하는 형태의 일을 추구하게 된다. 이 과정에서 인간의 고유성이 온전히 발현되며, 이는 궁극적으로 삶의 질을 향상시키는 방향으로 이어질 수 있다.

역사적으로 놀이, 철학, 돌봄, 자원봉사와 같은 활동들은 시장에서 낮은 가치로 평가되어 왔으나, AI시대에는 오히려 이러한 활동들이 인간에게 제공할 수 있는 진정한 가치로 재조명받을 수 있다. 예를 들어, 아이를 단순히 지켜봐줄 수 있는 로봇과 달리 인간은 아이와의 직접적인 정서 교류를 의도적으로 선택함으로써 자신에게 환희심을 가져올 수 있다. 이러한 영역에서 인간의 고유성을 발휘할 수 있는 해방적 노동의 가능성이 열리고 있다.

또한, 인간은 기계적 효율성을 넘어 공동체적 유대와 호혜적 관계를 형성하는 능력을 지니고 있다. 이는 단순한 생산성을 초월하는 가치로서, 기계가 쉽게 모방하기 어려운 영역이다. 사람들 간의 연대, 상호 지원과 즐거움을 나누는 문화, 예술과 놀이의 공유는 인간다움이 발현되는 중요한 장(場)이다. 노동이 해방적으로 재구성된다는 것은 이러한 활동들이 더 이상 단순한 취미나 여가가 아닌, 사회의 핵심적 가치로 인정받게 됨을 의미한다.

인간 고유성을 중심으로 노동을 재설계한다는 것은, 반복적이고 자동화 가능한 작업을 기계에게 맡기고 인간은 환희적, 창조적, 정서적, 협력적 영역에 집중한다는 의미이다. 예를 들어, 기계가 효율적으로 공장 생산과 사무 업무를 처리하는 동안, 인간은 자신이 원하는 분야에서 고유한 잠재력을 발휘할 수 있다.

노동의 해방적 재구성을 위한 사회적 과제

AI가 대부분의 물질적 생산을 담당하게 된다고 해서 인간이 쓸모없는 존재가 되는 것은 아니다. 오히려 인간이 수행하는 일은 자동화가 불가능하거나, 기계보다 훨씬 의미 있는 가치를 창출하는 영역으로 전환될 수 있다. 이것이 바로 해방적 재구성의 핵심이다. 생존을 위한 반복적 노동은 기계가 담당하고, 인간은 자신의 고유한 가치를 실현하는 활동에 집중하게 되는 것이다.

이러한 변화에서 가장 중요한 문제는 경제적 보상과 사회적 인정 체계의 전환이다. 현재 시장경제에서는 생산성과 이윤 창출 능력이 보수와 사회적 지위를 결정한다. 그러나 기계가 생산성의 대부분을 담당하는 미래 사회에서, 인간이 수행하는 활동들은 기존 시장의 관점으로는 저평가되거나 수익성이 낮다고 간주될 가능성이 크다.

사회적 가치 평가의 기준이 근본적으로 변화해야 한다. 인간 고유성을 발휘하는 활동은 단순한 생산물의 교환가치가 아니라, 공동체적 연대, 개인적 성취감, 문화적 발전 등을 포괄하는 새로운 지표로 평가되어야 한다. 이를 위해서는 인식의 패러다임 전환과 함께, 자율적이고 창조적인 활동을 적극적으로 장려하고 충분히 생계를 보장하는, 새로운 정치체제로의 변화가 뒷받침되어야 한다.

노동의 해방이라는 개념은 전통적으로 착취와 소외로부터의 해방을 의미했지만, AI시대에는 생존을 위한 노동 자체가 불필요해질 수 있으므로 노동은 인간다움을 실현하기 위한 자발적 활동으로 재정의될 수 있다.

한나 아렌트(Hannah Arendt)의 노동(labor)과 작업(work), 행위(action)의 구분은 AI시대에 더욱 중요한 의미를 갖는다. 노동(labor)은 생존 유지를 위한 반복적 활동으로, 기계가 가장 쉽게 대체할 수 있는 영역이다. 작업(work)은 도구와 상품을 제작하는 과정으로, 이 역시 상당 부분 자동화될 가능성이 높다. 반면 행위(action)—즉, 인간적 관계 형성, 소통, 정치적 참여, 예술적 표현 등—는 기계가 완전히 대체하기 어려운 영역이다.[162] 노동의 해방적 재구성은 바로 이러한 행위 중심으로 일의 개념을 확장하는 시도라고 볼 수 있다.

인간 고유성의 또 다른 중요한 측면은 관계성이다. 공동체 속에서 협력하고, 갈등을 조정하며, 호혜적 대화를 발전시키는 능력은 단순한 기계적 효율성과는 근본적으로 다르다. 노동이 해방적으로 재구성된다면, 사람들은 경쟁이나 성과 압박이 아닌, 협동과 연대의 원리에 기반하여 일할 가능성이 높아진다. 이를 실현하기 위해서는 기업 구조와 사회적 제도의 근본적인 변화가 필요하다.

예술과 문화 영역에서 인간이 발휘하는 고유한 심미적 감각과 감수성은 AI가 어느 정도 가깝게 모방할 수 있을 것이다. 그러나 그 본질적 가

162) 한나 아렌트는 생존을 위한 노동(Labor)이 자율적·창조적 활동과 구분되며, 소외는 이러한 차이를 더 극명히 만든다고 보았다. 작업(Work)은 생존의 문제로부터 어느 정도 자유로워진 인간이 예술적, 생산적 물건을 만드는 시도, 즉 인간적 삶에 필요하지만 생명 유지를 위한 긴급성을 요구하지는 않는 일이며, 행위(Action)는 인간의 다양한 욕구 충돌을 극복하기 위한 소통으로 사물이나 물질의 매개 없이 인간 사이에 직접적으로 수행되는 유일한 활동이다. 한나 아렌트, 『인간의 조건』, 이진우 옮김, 한길사, 2017.

치를 완전히 복제하기는 어렵다. AI가 그림 그리기, 문학 창작, 음악 작곡과 같은 활동에서 AI가 놀라운 결과물을 생성할 수 있지만, 그 과정에 담긴 인간의 체험과 감정, 철학적 맥락까지 기계가 자율적으로 구현하기는 어렵다. 인간은 바로 이러한 인간적 흔적을 더 가치 있게 여기게 될 것이다.

노동의 해방적 재구성은 자본주의 논리에 종속된 노동을 인간 고유성을 실현하는 장으로 전환하는 과정이다. 기계가 경제적 효율성을 중심으로 한 생산 영역을 상당 부분 담당한다면, 인간은 보다 깊은 차원의 가치를 창출하는 방향으로 나아갈 수 있다.

그러나 현실적으로, 기계가 대규모 고용을 대체하여 많은 사람들이 직업을 잃게 되면, 이들이 자발적으로 의미 있는 활동에 참여할 수 있도록 하는 사회적 안전망이 반드시 필요하다. 자본주의적 분배체제의 근본적 변화 없이는, 대다수의 사람들은 여전히 기본적인 생계 문제에 직면하게 될 것이며, 그 결과 해방적 노동의 이상(理想)은 소수의 특권층만이 누릴 수 있는 공허한 구호로 남게 될 위험이 있다.

인간의 고유성은 경제적 생존 이상의 가치를 추구한다. 전통 사회에서도 의례, 종교, 축제, 돌봄, 장인 문화 등은 공동체 유지와 자아실현의 중요한 수단이었다. 기계가 둔질적 생산의 부담을 덜어준다면, 현대 사회에서도 이러한 공동체적 활동을 부활시키고 창의적인 교류를 촉진할 수 있는 가능성이 열린다. 이러한 활동들은 임금노동의 범주를 넘어, 사회적으로 큰 의미와 가치를 창출할 수 있다.

생태 환경 복원, 지역공동체 프로젝트 등과 같은 활동들 또한 기존 자본주의 논리에서는 비효율적으로 평가될 수 있지만, 실제로는 장기적인 지속가능성과 공동체 복원에 기여한다. 기계가 대량 생산 체제를 담당하게 되면, 인간은 이러한 느린 속도의 노동을 선택할 여유를 가지게 되고, 그 과정에서 더 깊은 환희와 만족을 경험할 수 있다.

이러한 재구성의 성공 여부는 AI 기술이 어떻게 관리되고 분배되는지에 달려 있다. 만약 거대 기업이 AI 기술을 독점하게 된다면, 노동의 해방이 아닌 새로운 형태의 계급사회가 형성될 위험이 있다. 따라서 진정한 노동 해방을 실현하기 위해서는 AI 기술의 공공재화와 협력적 분배체제를 통해 공동체 구성원 모두에게 차별 없이 충분한 생계 보장이 필수적이다. 인간 고유성에 기반한 노동이 번창할 수 있도록 제도적, 경제적 기반이 마련되어야 한다.

인간 고유성을 발휘하는 노동에 대한 사회적 인정 체계도 중요하다. 예술, 교육, 돌봄, 문화 기획과 같은 활동들은 전통적인 시장 가치로 측정하기 어렵지만, AI시대에는 오히려 이러한 인간적 온기와 정서적 교류가 더 큰 가치를 지닐 수 있다. 이로 인해 더 많은 사람들이 이러한 영역에서 해방적이고 의미 있는 노동을 수행할 기회를 가질 수 있을 것이다.

물론, 개인마다 고유성의 발현 방식은 다양하다. 창의적 예술에 매력을 느끼는 사람이 있는가 하면 종교, 사회봉사나 철학, 과학 연구에 흥미가 있는 사람도 있다. AI가 기본적인 효율성과 생산성을 담당한다면, 각 개인은 자신만의 고유한 역량과 관심사를 발전시키는 일에 집중할 수 있게 된다. 이는 단순한 개인적 취향의 문제가 아니라, 사회 전체가 다양한 형태의 가치 창출 활동을 인정하고 지원하는 방향으로 나아갈 때 비로소 실현 가능해진다.

노동을 더 이상 생존을 위한 불가피한 의무가 아니라 자유로운 창조와 의미 있는 관계 형성으로 재정의할 때, 인간은 진정한 자기 결정권을 회복할 수 있다. 과거에는 생계유지를 위해 원치 않는 직업을 감수해야 했다면, 해방적 노동의 패러다임에서는, 특정 활동을 통해 내가 얻는 의미는 무엇인가, 또는 나와 타인, 그리고 사회 전체에 어떤 가치를 제공하는가라는 질문을 기준으로 자신의 활동을 선택할 수 있게 된다.

이러한 맥락에서, AI시대에는 노동(labor) 개념이 활동(activity)이나 행위(action)의 개념으로 확장될 가능성이 크다. 앞서 언급한 아렌트의 행위(action) 개념이나 마르셀 모스의 호혜적 증여 이론 등이 새로운 노동 윤리의 토대가 될 수 있다.[163] 핵심은 인간이 서로 교류하고 의미를 창출하는 행위 자체가 사회의 중심적 활동으로 인정받게 된다는 점이다.

이런 관점에서 인간 고유성은 단순히 기계가 모방할 수 없는 특성을 의미하는 것이 아니라, 인간만이 발휘할 수 있는 예측 불가능한 창발성[164)]을 포함한다. 기계는 방대한 데이터를 통해 패턴을 학습하지만, 인간이 보여주는 급진적 변화, 예상치 못한 감정적 반응, 직관적 통찰, 심지어 실수에서 비롯되는 혁신까지도 완벽하게 재현하기는 어렵다. 해방적 노동의 패러다임에서는 이러한 특성들이 결함이 아닌 고유한 자산으로 인정받게 된다.

이런 측면에서, 예술, 문화, 지역 공동체 활동 등이 사회적으로 더욱 중요한 위치를 차지하게 될 것이다. 과거에는 예술가나 장인이 되는 길이 경제적으로 불안정하다고 여겨졌지만, 기계가 기본적인 생산을 담당하게 되면, 오히려 이러한 예술적 창조와 장인 기술이 '진정한 인간 고유성'의 표현으로서 새롭게 평가받을 수 있다. 만약 이러한 영역에서 자유롭게 활동하면서도 충분한 생계가 보장된다면, 노동은 창작과 놀이가 융합된 새로운 형태로 진화할 수 있을 것이다.

인간 고유성은 단순히 기계와의 대립 속에서 정의되는 것이 아니라,

---

163) 마르셀 모스(Marcel Mauss)의 호혜적 교환과 공동체적 유대 개념은, AI가 물질적 생산의 대부분을 담당하게 되는 사회에서 인간이 발전시킬 수 있는 자발적이고 의미 중심적인 활동의 이론적 기반으로 재해석될 수 있다. 마르셀 모스, 『증여론』, 이상률 옮김, 한길사, 2011.

164) 개별적인 요소들이 상호작용하면서 전체적으로 새로운 형태나 특성이 나타나는 현상을 말한다.

오히려 기계와의 상호보완적 관계 속에서 더욱 풍부하게 발현될 수 있다. 예를 들어, 기계가 음악 연주의 기술적 측면을 보조하고 작곡의 기초 작업을 지원하더라도, 최종적인 음악적 해석과 감정적 표현은 예술가의 몫으로 남을 수 있다. 이러한 협업 모델에서는 기술적 효율성과 인간적 고유성이 조화를 이루며, 결과적으로 인간의 창조적 잠재력이 더욱 확장될 수 있다.

노동의 개념이 이처럼 확장되고 재정의되면, 사람들은 단순한 생존의 필요성을 넘어 자아실현, 사회적 공감, 문화적 창조, 공공선 추구와 같은 더 깊은 동기에서 활동하게 될 것이다. 수행하는 활동을 통해 어떻게 '나'의 고유한 잠재력을 어떻게 발휘하고, 동시에 공동체에 기여할 수 있을지에 대한 새로운 윤리적 질문을 중심으로 형성될 것이다.

이러한 변화의 핵심은 적절한 제도적 지원이다. AI시대 패러다임 전환에 상응하는 혁신적 제도에 대한 사회적 논의가 더 실질적으로 진행되어야 하지만 현실에서는 자본의 집중화, 감시 자본주의의 심화, 불평등의 확대와 같은 상반된 경향도 동시에 진행되고 있다. 따라서 인간 고유성을 중심으로 노동을 해방적으로 재구성하기 위해서는 강력한 정치적, 사회적 의지와 실천이 요구된다.

인간 고유성과 해방적 노동의 결합을 위해 필수적인 또 하나의 가치는 자율성이다. 기존의 임금노동 체제에서는 기업이나 조직이 목표와 방식을 결정하고, 노동자는 그 지시에 따라야 했다. 그러나 해방적 노동의 패러다임에서는 개인의 자발적 동기와 사회적 필요가 유기적으로 결합되는 환경을 조성하는 것이 핵심이다. 이를 위해서는 민주적 의사결정이 가능한 협동조합, 시민 참여형 프로젝트, 지역 공동체 네트워크와 같은 다양한 자율적 조직 형태가 발전되어야 한다.

AI 기술에 대한 지나친 의존은 역설적으로 인간의 자율성을 제한할 위험이 있다. 만약 기계가 특정 활동에 대해 가치가 낮다고 판단하고, 사회가 이를 맹목적으로 수용한다면, 인간의 자발적 시도와 창의적 모험은 심각하게 제약될 수 있다. 해방적 노동은 단순한 효율성을 넘어 인간다운 시도와 실패의 가능성을 존중하는 태도에서 출발한다. 이것이 바로 진정한 인간 고유성을 지키는 방법이다.

이러한 맥락에서 해방적 재구성은 단순히 외부의 통제와 강제로부터의 자유뿐만 아니라, 자신의 활동에 대한 의미와 목적을 스스로 설정할 수 있는 적극적 자유를 의미한다. 물론 완전히 독립적인 활동은 존재하기 어렵기 때문에, 결국 개인의 자율성과 공동체적 협력이 조화를 이루는 새로운 모델이 필요하다. 협동조합, 커먼즈(commons·공유) 기반 생산, 사회적 기업 등은 이러한 새로운 형태의 경제적, 사회적 조직의 가능성을 보여주는 실험들이다.

인간 고유성과 노동의 해방적 재구성을 연결하는 이러한 접근은 노동을 단순한 생존 수단으로 여기는 전통적 관념을 넘어서, 인간다움을 실현하는 창조적이고 관계적인 활동으로 재정의하는 새로운 패러다임을 제시한다. 이러한 관점이 사회 전반에 확산된다면, 기계가 담당할 영역과 인간이 주도적으로 참여할 영역이 자연스럽게 상호보완적으로 발전하는 미래를 구현할 수 있을 것이다.

마르셀 모스의 『증여론(*The Gift*)』이 제시하는 통찰을 현대적 맥락에서 재해석하면, 인간은 단순한 경제적 이윤을 추구하는 존재가 아니라, 호혜적 관계를 통해 공동체적 유대감을 형성하고자 하는 본질적 욕구가 있다. 기계가 기본적인 물질 생산을 담당하게 된다면, 인간은 이러한 증여에 가까운 활동(예술 창작, 돌봄 제공, 지식 공유, 자원봉사 등)에 더 많은 시간과 에너지를 투입할 수 있게 된다. 이는 노동의 해방적 재구성의 핵심 요소로, 자발적이고 의미 중심적인 활동을 통해 개인과 공동체가 함께 풍요로워지는 새로운 패러다임을 의미한다.

데이비드 그레이버(David Graeber)가 지적한 '불쉿 잡'(무의미한 직업 - *Bullshit Jobs*) 현상—사회적으로 불필요하지만 관료제와 경제 구조 때문에 존재하는 직업들—을 극복할 수 있는 기회도 열리게 된다. 기계와 자동화에 효율적으로 위임할 수 있는 업무는 과감히 위임하고, 인간은 진정으로 인간다움을 발현할 수 있는 본질적이고 의미 있는 활동에 집중한다면,

현대 사회에 만연한 무의미한 직종들은 자연스럽게 감소할 것이다. 이는 인간 고유성을 바탕으로 한 진정한 가치 창출을 지향하는 새로운 방향성을 제시한다.

이것이 바로 기계에 의해 주도되는 것이 아닌, 인간 중심적 미래를 구축하는 핵심 원리가 될 것이다. 궁극적으로 인간 고유성이 충분히 존중받고 발현될 수 있는 해방적 노동의 시대를 여는 것은 21세기 인류가 직면한 가장 중요한 과제 중 하나가 될 것이다.

4부

어떤 사회를 구성할 것인가:

탈노동 시대의 공동체 상상

1장 과학의 전환, 인식의 전환

2장 경제의 재구성: 교환양식 D 그리고 협력적 분배

3장 윤리의 재구성: 누미노제와 탈자본 공동체

4장 미래 인간의 모습: '변형된 유한계급'으로 살기

1장
과학의 전환, 인식의 전환

1. 기술만으로는 사회를 바꿀 수 없다

탈노동 시대라는 화두가 던져지고 있다. AI와 자동화 기술의 급격한 발전으로 오랫동안 생존의 필수 활동으로 여겨졌던 노동이 크게 축소되거나 심지어 불필요해질 수 있다는 전망이 현실감 있게 다가온다. 그러나 과연 기술의 발전만으로 사회가 바뀔 수 있을까?

기술 발전은 분명히 물질적 풍요와 생산성 향상을 가져올 수 있다. 그러나 그 자체가 인간의 존엄과 자유를 중심에 놓은 사회로 이어지지는 않는다. 역사적으로 기계와 과학기술의 발달은 있었지만, 그 결과는 항상 예측과 달랐다. 때로는 풍요가 아닌 계급 격차, 소외, 새로운 지배 구조를 초래했다.

궁극적으로 사회 변화를 위해서는 기술적 혁신만이 아니라, 인간이 세계를 바라보는 관점과 공동체를 구성하는 방식이 근본적으로 재편되어야 한다. 즉, 과학기술이 아무리 발전해도 그 사용과 목적을 결정하는 것은 결국 인간의 몫이다. AI시대라 해도 인간의 인식이 낡은 틀에 갇혀 있다면 사회는 바뀌지 않는다.

우리는 과거에도 기계 혁신이 인류를 해방할 것이라는 낙관론을 여러 차례 접해왔다. 산업혁명 시기에 증기기관이 인간 노동을 덜어줄 것이라는 기대가 있었지만, 실제로는 대량 실업과 도시 빈민이 생겨났고, 자본가와 노동자 사이의 계급투쟁이 심화되었다. 당시 기계만 믿고 제도나 인식을 따라잡지 못한 결과, 불평등이 더 심해지는 부작용이 나타났다.

AI와 자동화도 비슷한 전개를 보일 수 있다. 순수 기술만 놓고 보면 반복 작업이나 위험 업무를 기계가 대신해서 인간이 편해질 것 같지만, 현실에서는 새로운 계급 구조가 생기고 감시 자본주의가 대두하며, 오히려 인간이 일자리를 잃는 결과로 이어질 수도 있다.

탈노동 시대 공동체를 상상할 때도 마찬가지다. 기계가 모든 생산을 맡으면 인간은 자유롭게 살 수 있다는 단순 도식이 성립하려면, 생산 수단의 소유와 운용이 소수에게 집중되지 않고 그 혜택이 모든 사람에게 균등하게 돌아가야 한다. 또한 인간이 더 이상 일하지 않아도, 그것을 서로 인정하고 존중하는 가치관이 필요하다. 이러한 인식의 전환이 없다면 기술 자체만으로는 결코 사회가 새롭게 구성되지 않는다.

기술 발전은 사회 변혁의 필요조건일 수는 있어도 충분조건은 아니다. 우리는 로봇·AI·빅데이터를 개발·보급할 수 있지만, 그 사용 방향과 결과는 제도·정치·문화적 힘에 달려 있다. 사회 구성원들의 인식과 합의가 뒷받침돼야만 인간의 존엄과 자유를 보장할 수 있다.

인간과 노동, 공동체에 대한 근본적인 재고가 필요하다. 만약 AI가 육체·정신 노동 대부분을 대체할 수 있다면, 인간은 무엇을 할 것인가? 일하지 않아도 되는 자유를 누릴 준비가 되어 있는가? 노동이 개인 정체성과 사회적 인정의 근간이었던 구조가 깨질 때, 우리는 서로 어떻게 연대하고 협력해야 하는가?

탈노동 시대 공동체를 상상하려면, 먼저 일하지 않아도 죄책감 없이 살아갈 수 있다는 가치관을 수용해야 한다. 생계를 위해 일을 해야만 사회적 동등성을 인정받았지만, AI가 대부분 생산을 맡게 되면 그 논리는 무의미해질 수 있다.

또한, 인간 존엄과 자유가 탈노동 시대 공동체의 핵심이라면 공동체는 AI 기술을 통제하는 규범과 제도를 갖춰야 한다. 예컨대 데이터 독점이나 감시 자본주의를 방치하면 사람들은 일자리뿐 아니라 사생활, 의사결정권 등도 침해당할 위험이 크다. 이런 문제는 단순히 더 진보된 기술로 해결할 될 수 없으며, 사회적 합의와 제도적 대응이 필요하다.

극적으로 상승하게 될 부가가치의 균등한 배분도 기술 발전만으로 자동 실행되지 않는다. 시민들이 인간 존엄과 자유를 지향하는 인식에 도달해 정치적으로 압박하고 제도화 과정을 거쳐야 가능하다.

이렇듯 탈노동 시대를 현실화하려면, 과학기술이라는 하드웨어와 사회문화적·정치적 기획이라는 소프트웨어가 결합되어야 한다. 소위 혁신이라는 말이 흔히 기술 발전만을 가리키지만, 사실상 인식의 혁신—인간과 공동체에 대한 새로운 이해와 실천—이 동반되지 않는다면 혁신은 공허해질 수 있다. 'AI가 모든 문제를 해결해줄 것'이라는 기대가 아니라, '사회 전체가 과연 그 혜택을 어떻게 공정하게 누릴 것인가'가 핵심이다.

과거 기술 결정론이 유행한 적이 있었다. 특정 기술이 등장하면 역사 방향이 자동으로 바뀐다는 시각이다. 그러나 실제로는 기술이 동일해도 사회마다 받아들이는 양상과 결과가 달랐다. 예컨대 인터넷이 민주화와 평등을 가져올 것이라 전망했지만, 어떤 나라는 검열을 강화하고, 또 어떤 나라는 플랫폼 독점이 심해져 감시와 불평등이 심화됐다. 기술은 단지 도구일 뿐, 그 도구를 어떻게 사용하고 제어하느냐에 따라 결말은 크게 갈라진다.

우리는 과학기술을 대하는 태도도 새롭게 해야 한다. AI가 거의 전능한 것처럼 선전되고 해결책을 모두 제공할 것처럼 여겨질 때, 정작 윤리·철학·정치 차원의 점검이 없다면 그 기술은 소수 지배층의 이익을 확대하는 방식으로만 작동할 수 있다.

단지 효율성과 이윤 극대화를 위한 과학기술이 아니라, 인간 삶의 존엄, 자유, 연대를 위한 과학기술 활용이 강조되어야 한다. 기존 과학기술관—중립적 도구라는 인식—을 넘어, 과학기술도 윤리적·사회적 책임이 있다는 각성이 필요하다.

이미 과거에 기계가 인간을 해방시키리라 믿었지만, 실제로는 기계 소유주가 이윤을 독점하고 노동자는 해고와 빈곤으로 내몰린 사례가 많다. 이는 기술 자체가 문제라기보다, 기술 도입의 과정과 결과를 조정하는 제도·문화·인식이 뒤따르지 못했기 때문이다. 다시 말해, 사회를 바꾸는 힘은 기술 그 자체가 아니라, 기술을 활용하는 인간의 선택에 달려 있다.

결국 인간의 민주적·윤리적·문화적 각성이 필수이다. 만약 감시 자본주의가 AI를 통제수단으로 삼으면 개인의 자유와 존엄을 억압하는 전례 없는 독재체제가 나타날 수도 있다. 인식이 따라가지 못하거나 지배층이 기술을 악용하면 인간 존엄과 자유는 기술 발전과 반비례할 수도 있다. 이는 탈노동 시대가 아니라 극소수 지배 시대로 가는 길일 뿐이다.

노동자와 시민도 스스로 기술에 대해 주체적 발언권을 가져야 한다. AI 도입이 어떻게 이뤄지는지, 어떤 방식으로 공정을 재설계하는지, 노동자·시민 대표도 참여해 결정해야 한다. 그렇지 않으면 기업 경영진이나 기술 엘리트가 일방적으로 노선을 정하고, 다수는 따르거나 배제되는 운명을 맞게 된다.

탈노동 시대 공동체에서 가장 중요한 것은, 왜 인간이 함께 살아가야 하는가, 어떤 가치와 목표를 향해 협력할 것인가라는 근본 물음이다. AI 시대 과거와 같은 자본주의적 경쟁이 줄어들 수 있지만, 재화와 권력을 독점하려는 인간의 욕망이 사라지는 건 아니다. 인간 내부에 존재하는 이기심, 지배 욕구, 권력 추구 등도 인식 전환을 통해 변화가 필요하다.

사회가 변화한다는 것은, 구성원 모두가 내 삶과 공동체가 어떻게 돌아가야 하는가에 대해 합의점을 찾는 과정이다. AI가 경제문제를 해소해준다고 해도 사람 간의 권력관계, 문화적 습관, 제도적 장벽이 바뀌지 않으면 궁극적 변화는 일어나지 않는다. 따라서 탈노동 시대에는 특히 사람에 대한 인식이 달라져야 한다—일하지 않아도 존엄, 자유를 누릴 권리가 있다는 인식 말이다.

일각에서는 언젠가 AI가 인간보다 더 현명해지면 최적 해법을 제시해 모든 문제를 풀어줄 것이라고 말하기도 하지만, 윤리적·정치적·사회문화적 결정은 숫자로만 최적화할 수 없다. 인간 존엄과 자유를 최우선 가치로 삼으려면 인간이 스스로 토론하고 결정하는 민주적 과정이 필요하다. 기계가 결론을 낸다고 우리가 그대로 수용할 수는 없다.

인간이 어떤 존재인가, 어떤 가치를 추구해야 하는가라는 인식이 달라져야 한다. 인식이 달라져야 한다는 것은 사람을 보는 관점부터 바뀐다는 뜻이다. 사람은 로봇과 달리 감정·창의·윤리가 결합된 존재이므로 노동력 이상의 가치를 인정받아야 한다. 노동이 아니어도 인간은 그 자체로 존엄성을 지닌다—이것이 인식 전환의 핵심이다.

또 공동체는 생산을 위해 협력하는 집단이라는 기존 인식도 바뀌어야 한다. 효율적 생산과 분업을 통한 이윤 창출을 목표로 하는 협업이 아니라, 함께 살아가는 것 자체를 목표로 삼아야 한다. 이를 위해 문화·예술·의례·놀이·돌봄·연대 등 가치와 목적을 새롭게 설정해야 한다.

AI가 자동으로 행복 공동체를 실현하지 않는다. 결국 탈노동 시대에 어떤 공동체를 구성할지 결정하는 것은 가치와 제도, 그리고 교육·문화에 달려 있다. 인간 존엄과 자유를 확립하려면 예컨대 협력적 분배체제로 충분한 생계를 보장하고, 시민들이 자발적으로 협력 프로젝트나 돌봄, 창작 등에 참여하도록 장려하는 문화가 정착되어야 한다. 즉, 과학과 사회의 상호작용이 필요하다.

우리 사회가 왜 노동해야 하는지, 노동이 없이도 살 수 있다면 인간의 의미는 무엇인지를 묻기 시작하면, 곧 인류 역사의 전환점이 될 수 있다. 수천 년 동안 노동은 생존의 필수였고 노동하지 않으면 먹지 못한다는 압박이 지배했지만, AI가 이 전제를 무너뜨릴 때 인류가 새롭게 받아들여야 할 과제는 인간이 어떻게 삶을 풍요롭게 구성하느냐이다.

인간은 무엇을 위해 사는가라는 화두를 스스로 던져왔다. 산업사회의 답은 더 많은 재화 생산, 더 높은 GDP였다. 하지만 탈노동 시대는 그 목표가 무의미해질 수 있다. 그 대신 인간답게 살기 위한 목적을 재설정해야 한다.

인간다움에는 다양성이 존재한다. 누군가는 예술·철학·과학 연구에 몰두하고, 누군가는 돌봄·봉사·문화·종교 활동에 헌신할 수 있다. 시장 경제 논리로는 효율성이 낮아 보여도, 공동체 삶을 풍요롭게 한다. 이런 활동을 자유롭게 하려면, 사회의 중요한 가치로 인정되어야 한다.

이 가치 전환이 없으면, 기계가 대체하든 말든, 결국 사람들은 돈이 되는 일자리를 찾아 경쟁하면서도 기회가 줄어들어 좌절하는 악순환에 갇힐 가능성이 높다. 기계가 일자리를 만들고 없애는 것을 떠나, 인간이 어떻게 인식하고 제도를 설계하느냐가 결정적이다.

기술이 모든 것을 바꿔줄 것이라는 착각에 빠져선 안 된다. 과학의 전환에 맞물린 인식의 전환, 즉 노동·공동체·가치관을 새롭게 정의해야만 AI와 자동화는 인간 존엄과 자유를 실현하는 도구가 될 수 있다. 만약 이 전환에 실패한다면, 아무리 뛰어난 기술을 확보해도 사회는 본질적으로 바뀌지 않을 것이다. 결국, 사회를 구성하는 주체는 어디까지나 인식과 가치를 공유한 인간 공동체이다.

2. 사회 전체의 패러다임 전환

탈노동 시대에 관한 구상은 사회 전 분야—정치, 경제, 문화, 교육, 제도—에서 인식이 전환되는 전체적인 전환이 필요하다. 단순히 한두 부문을 수정하는 수준으로는 부족하다. 특정 엘리트나 기술 분야만이 아니라, 모든 구성원이 왜 함께 살아가야 하며, 어떤 목표를 추구해야 하는가라는 근본적 질문에 대해 새로운 답을 공유해야 한다는 뜻이다. 이 질문에 대한 합의가 없으면, AI시대를 맞이해도 낡은 제도와 가치관이 반복될 뿐이다.

노동 없는 사회 가능성을 진지하게 논의하려면, 패러다임 전환은 곧 노동을 통한 생존에서 인간의 존엄과 자유를 위한 활동으로 초점을 옮기는 것이어야 한다. 이러한 전환에는 인간에 대한 새로운 이해가 포함된다. 단순히 직업 유무가 아니라 각 개인이 왜, 무엇을, 어떤 방식으로 활동해야 하는가를 다시 정의해야 한다. 인간이 자유롭고 창조적인 존재로서 재인식되는 패러다임이다.

이러한 전환은 전체 사회가 공유해야 할 합의이기도 하다. 정치·경제·교육 등 모든 영역이 기존 틀에서 벗어나, 인간이 노동 외에도 다양한 활동을 통해 존엄과 자유를 실현할 수 있다는 인식을 수용해야 한다. 이는 문화적 충격을 수반할 수 있고, 짧은 기간에 달성하기 어려울 수 있다.

역사적으로 패러다임 전환은 큰 저항을 불러왔다. 예컨대 코페르니쿠스적 전환(지동설)이 교회 등 기존 권력의 강력한 반발을 일으켰듯, 탈노동 시대 패러다임 전환 역시 자본주의적 가치관, 경쟁·효율 중심 사고방식과 충돌할 것이다. 인류는 오랫동안 더 많은 생산과 성장을 위해 일하는 체계를 당연시해왔기 때문이다.

패러다임 전환은 생존 경합 대신 협동과 연대가 핵심이 되어야 한다. AI시대 일자리가 크게 줄어들거나 그 성격이 달라지면, 경쟁 대신 협동을 통해 새로운 공동체 가치를 창출하는 모델이 필요하다.

여기서 주목해야 할 점은, 아무리 기술이 발전해도 자연스럽게 이런 협동의 시대가 오는 것은 아니라는 사실이다. 기존의 자본주의적인 배타적 이윤 논리의 흐름을 바꾸려면, 사회 전체가 기술 이윤은 모두의 것이라는 공감대를 형성해야 한다. 인식 전환 없이 변화는 불가능하다.

교육 체계도 패러다임 전환의 핵심이다. 과거에는 좋은 직장에 취업하기 위해 지식을 습득했다면, 이제는 자유롭고 창의적으로 자신을 실현하기 위해 학습하는 접근이 필요하다. 생존을 위한 직업교육이 아닌, 공동체 속에서 다양한 관심과 재능을 발굴하고, 자율적 활동을 할 수 있도록 지원하는 교육이 중요해진다. 새로운 인식 틀에서는 '노동=생존 수단'이 아니라, '활동=자아실현·공동체 기여'라는 구조가 자리 잡을 수 있다.

정치적 측면에서도 패러다임 전환은 큰 저항을 일으킬 것이다. 현재

국가는 세수 확보와 경제 발전을 위해 국민에게 일을 독려하고, 기업 투자를 유도한다. 그러나 탈노동 시대에는 국가가 어떤 역할을 해야 하는지, 일하지 않아도 괜찮다는 사회를 어떻게 운영할지에 대한 새로운 구상이 필수다. 세금·재정 정책, 복지 정책, 노동법 등이 근본적으로 재설계돼야 한다. 결국 어떻게 AI 이윤을 사회 전체가 공유할 것인가라는 체제 전환 아이디어들이 또 다른 쟁점이 될 것이다.

기존 패러다임에서 성실히 일하면 누구나 성장의 열매를 나눌 수 있다는 신화가 있었다. 하지만 탈노동 시대 AI가 열매를 수확할 때, 인간은 어떻게 분배 구조를 만들지, 또 어떻게 인간만의 활동 영역을 찾을지 고민해야 한다. 이는 경제·사회·정치를 아우르는 종합적 전환을 요구한다.

문화적 차원에서도, 패러다임 전환은 중대한 과제다. 근면·노력·성취를 최고의 미덕으로 삼는 문화는 변화해야 한다. 노력 자체가 아니라, 인간 내면의 즐거움·연대·공감·창조가 중심 가치로 자리 잡아야 한다. 즉, 노동하지 않아도 괜찮다고 믿을 수 있는 안전망과 문화를 마련해야 한다.

새로운 패러다임은 인간의 존재를 이성적, 도구적, 경제적 존재에서 자유로운 관계적 존재로 재정의한다. 이는 개인주의적 경쟁 구도를 넘어, 함께 의미를 찾는 공동체 패러다임으로 이어진다. 이렇게 노동이 사라진 미래가 디스토피아가 아니라, 새로운 인류 문화의 탄생이 되기 위해서는,

사회 전체의 상상력과 합의가 필요하다. 결국, 우리가 어떤 가치와 목표를 위해 우리가 살아갈 것인지에 대한 거대한 패러다임 전환이 요구된다.

물론 너무 이상적이라는 반론도 가능하다. 그러나 패러다임 전환은 현실을 그대로 두고 약간의 수정을 하는 것이 아니라, 근본적 틀을 다시 짜는 시도다. 과거에도 노예제 폐지, 여성 참정권, 8시간 노동제 등은 처음에는 무모해 보였으나, 사회 전체의 인식이 바뀌어 실현되었다. AI시대 탈노동 공동체도 비슷한 맥락에서 가능성을 논할 수 있다.

중요한 점은, 이 패러다임 전환이 위로부터의 지시나 기술 엘리트가 주도 하에 이루어져서도 안 된다는 사실이다. 사회 전체 구성원—노동자, 시민, 정치·경제 주체, 문화·예술가 등등—이 민주적으로 토론하고, 합의점을 찾아나가야만 온전한 전환이 가능하다. 그렇지 않으면, 새로운 독재나 감시 체제가 탄생할 위험이 있다.

일부에서는 게으름에 대한 비판을 제기할 수 있다. 그러나 게으름이 꼭 나쁜 것인가? 게으름을 혐오하기보다는 휴식과 느림, 자발적 창조가 새로운 사회의 주춧돌이 될 수 있다는 인식이 필요하다. 이것도 하나의 패러다임 전환이다. 게으름도 존엄을 지닌다는 관점이다.

물론 모든 사람이 창작이나 돌봄만 하며 살지는 않을 것이다. 누군가는 여전히 생산적 노동에 흥미를 느낄 것이고, AI와 협업해 새로운 직업을 만들 수도 있다. 패러다임 전환은 노동하지 말자는 것이 아니라, 노동 외에도 다양한 활동을 값지고 자유롭게 할 수 있다는 선택지 확장을 의미한다.

이 확장 안에서, 인간이 하고 싶은 일, 잘할 수 있는 일, 공동체에 도움이 되는 일을 찾는 문화가 형성된다면, 탈노동 시대는 디스토피아가 아니라 새로운 르네상스가 될 가능성도 열릴 것이다.

인류가 함께 사는 이유를 생각해야 한다. 인간은 이윤 창출을 위해 태어난 존재가 아니다. 인간은 마음과 몸을 가지고 서로를 돕고, 놀이하며, 문화를 꽃피우는 존재이다. 인간은 이제 영혼 혹은 정신적 충족을 추구하는 단계로 나아가야 한다. 이것이 바로 패러다임 전환의 핵심 명제다. 이는 피상적 개혁이 아니라 근본적 혁명에 가까운 변화이다.

2장
경제의 재구성: 교환양식 D 그리고 협력적 분배

1. 자본이 아닌 인간을 중심에 둔 경제

자본이 아닌 인간을 중심에 두는 경제는 경제활동의 목적이 이윤 극대화나 자본 축적이 아니라, 인간의 삶을 풍요롭게 하고 공동체를 지속 가능하게 만드는 데 있다는 관점에서 출발한다. 기존 자본주의 체제는 투자 수익과 효율성을 최우선 가치로 삼아왔지만, 이 방식만으로는 불평등과 환경 파괴, 그리고 탈노동 시대의 문제를 해결하기 어렵다는 비판이 제기되고 있다. 따라서 인간이 직접 주체가 되어 협력적 분배와 상호 돌봄을 실현할 수 있는 새로운 경제 모델이 필요하다.

가라타니 고진(柄谷行人)은 인류 역사에서 나타난 교환양식을 A(부족-호혜·증여), B(국가-재분배·지배), C(자본주의-상품교환·자본)로 구분하고, 각각에 공동체, 국가, 시장을 대응시킨다.

교환양식 A는 선물 교환·증여 등을 중심으로 한 '쿨라(Kula) 교환 시스템'을 통해 집단 결속을 다지고 네트워크를 유지시킨다는 마르셀 모스의 주장을 생각해 볼 수 있다.

교환양식 B는 하나의 공동체(국가)가 다른 공동체를 약탈하는 것에서 시작되는데, 약탈을 감행하거나 방어하기 위해서는 '지배-복종'의 교환이 이루어진다. 지속적인 약탈을 통해 국가에 의한 재분배(국가에 의한 사회복지 등)가 다시 이루어진다. 홉스의 '리바이던'이나 베버의 '물리적 폭력을 독점'하는 국가 개념을 떠올릴 수 있다.

교환양식 C는 시장에 의한 상품경제를 생각할 수 있는데, 아무런 대가 없이 증여하는 선의(善意)도, 신세진 빚을 갚아야 한다는 의무감도 없고, 화폐가 모든 것을 해결한다. 가라타니는 생산물의 비축이 아니라 화폐의 축적으로 부의 축적이 시작되었고, 과거 강제력(힘)에 근거하는 계급 지배와는 다른 종류의 계급 지배를 초래하게 되었음을 주장한다.

이러한 교환양식은 역사적으로 다양한 조합 형태로 존재해 왔는데, 그 가운데 교환양식 C가 지배적인 자본주의 사회는 불평등과 소외를 심화시킨다면서 교환양식 D를 대안으로 제시한다. 이는 교환양식 A, B, C의 단순 결합이 아닌, 고차원적인 통합으로서 자유와 평등이 공존하는 협동적 연합의 단계이다.[165]

교환양식 D는 상품과 화폐를 매개로 한 교환이 아닌, 공동체 구성원 간의 상호 인정과 협력에 기반한 분배를 핵심으로 한다. 중요한 것은 이것이 원시 공동체(A)의 호혜와 증여로 돌아가자는 회귀가 아니라, 자본

165) 가라타니는 교환양식 D를 상호부조의 원리가 고차원적으로 회복된 상태로 정의하며, 이는 강제에 의한 분배가 아닌 자유로운 개인들의 연합에 의한 분배를 의미한다. 가라타니 고진, 『세계사의 구조(世界史の構造)』, 조영일 옮김, 비고, 2024.

(C)과 국가(B)의 지배를 넘어선 새로운 차원의 결합이라는 점이다.

자본 중심 경제 구조는 생산성을 높이는 데는 뛰어나지만, 인간의 존엄과 자유라는 관점에서는 심각한 제약을 가진다. 인간이 주도적 경제활동의 설계자로서 스스로 참여하지 못하고, 대다수가 고용 관계에서 소외감을 느끼거나 단순한 소비자로만 참여한다. 이는 인간의 창조력과 연대의식을 억압하고, 효율성과 경쟁 논리만을 부각시키는 결과를 가져온다.

필자가 주장하는 자본이 아닌 인간을 중심에 둔 경제는 생산과 분배에 있어 인간의 존엄을 지키고 자유로운 협력과 상호 돌봄을 우선시한다. 경제활동은 단순한 교환 과정이 아니라, 공동체 구성원 간의 관계를 재생산하고 모든 이가 주체가 되어 협력적 성취를 이루는 장이 된다. 가라타니의 교환양식 D가 지향하는 바와 같이 경쟁보다는 협동, 독점보다는 공유, 효율보다는 연대가 강조된다.

이러한 전환이 필요한 이유는, 탈노동 시대가 도래하면 기존 자본 중심 체제로는 대규모 실업이 발생할 가능성이 크기 때문이다. 이윤 중심이 아니라 인간의 기여와 필요를 중심에 둔 재구성 없이는 사회적 혼란은 피할 수 없을 것이다.

인간 중심 경제에서는 일자리를 단순히 투자 대비 수익의 관점에서 보지 않는다. 오히려 개인의 재능과 의지, 그리고 공동체가 필요로 하는 것을 조화롭게 연결하는 과정이 설계된다. 이윤이 적더라도 돌봄, 예술, 환경 보호 등 사회적으로 의미 있는 분야에 자원을 투입하고, 그에 따른 성과를 공동체가 공유하는 구조가 필요하다.

이 과정에서 협력적 분배는 핵심적 요소가 된다. 국가나 자본에 의한 분배가 아니라, 자유로운 개인들의 연합에 의한 분배를 지향한다. 자본 중심 체제에서는 수익이 투자자에게 집중되지만, 인간 중심 체제에서는 노동자와 협력자, 공동체 구성원이 함께 결과물을 나눈다. 이윤이나 생산물의 가치가 소수에 집중되지 않도록 배분 규칙이나 거버넌스 형태를 민주적으로 결정하는 구조가 요구된다.

탈노동 시대를 대비하는 핵심 방법 중 하나는 기술의 공공재화이다. 생산수단의 소유 방식 자체를 재구성해야 한다. AI나 자동화 기술을 독점 기업이 소유하는 것이 아니라, 협동조합이나 공공기관, 공동체가 소유·운영할 수 있도록 설계해야 한다. 이렇게 하면 AI가 만들어낸 생산력과 이익을 다수가 공유할 수 있다.

협력적 분배는 단순 복지 정책과 근본적으로 다르다. 복지가 기존 자본주의 체제에서 발생하는 문제를 보완하는 장치라면, 인간 중심 경제는 생산 과정 자체를 재조직한다. 사람마다 기여할 수 있는 일을 찾도록 돕고, 그 기여가 제대로 인정받으며, 그 성과가 공동체 전체를 풍요롭게 하는 구조를 목표로 삼는다.

자본 중심 경제는 자본가와 노동자가 수직적으로 대립하는 구도를 만들어왔다. 인간 중심 패러다임으로 전환하면 사람들은 생산과 분배에서 주권을 행사하며, 기술 발전이 모두를 위한 도구가 될 수 있다.

이러한 전환을 위해서는 인간이 단지 비용이나 생산 요소가 아니라는 인식이 확산되어야 한다. 오랫동안 경제학은 인간을 인적 자본, 노동력 등으로 범주화해왔지만, 이제는 인간이 존엄한 주체이자 협력자로 참여할 수 있도록 제도와 문화를 재구성해야 한다. 기업 운영 형태나 주주 이익 중심의 거버넌스 역시 대폭 바뀌어야 한다.

협력적 분배체제의 실현을 위해서는 경쟁보다 협동을 촉진하는 규칙을 마련해야 한다. 모든 기업과 단체가 공정 거래와 협동을 우선한다면, 가격과 물량으로만 경쟁하기보다 종사자 복지를 보장하고, 환경을 보호하며, 공동체 유대를 강화하는 방향으로 나아갈 수 있다. 이는 기존 시장 경쟁 논리와 대비된다.

이러한 구조에서는 효율성이 낮아질 수 있다는 우려가 있을 수 있다. 그러나 효율성 자체가 기존 자본주의적 가치 판단에 근거한 개념이다. 게다가 기계가 생산을 전담하는 상황에서는, 효율성 자체가 의미를 상실한다. 인간 중심 경제에서는 장기적 안정을 통한 공동체 유지, 생태 보존, 인간의 다면적 능력 발현 등을 중요한 평가 요소로 삼는다. 단기 이윤보다는 삶 전체의 질적 성장이 중요한 지표가 된다.

협력적 분배체제로 전환하려면, 정치·행정 영역에서 자본의 힘을 견제하고 인간 중심 의제에 힘을 실어줄 법·제도가 필요하다. 가라타니는 이를 위해 국민국가를 초월한 초국적 연합체를 제안했는데, 이는 국가와 자본의 결탁을 견제하기 위함이다.[166] 기업이 환경과 노동 조건을 제대로 지키고 협력 분배를 실천하는지 평가해 그렇지 않을 경우 제재를 가하는 방식도 필요하다. 공공 권력이 일정 시점까지는 적극 개입해 인간 중심 경제를 실행하는 환경을 조성해야 할 수도 있다.

자본 중심 체제에서 사람들은 임금노동을 통해 생계비를 벌고, 그 소득으로 소비를 하며 경제가 돌아간다. 그러나 AI가 대규모로 일자리를 대체하면 이 기제는 무너질 위험이 크다. 수많은 사람이 실직해 소비력이 떨어지면 시장도 정상적으로 작동하기 어렵다. 하지만 협력적 분배에 기반한 인간 중심 경제는 균점적·호혜적 분배 방식을 통해 구매력을 유지하고, 이웃과 협력해 새로운 형태의 생산·소비를 이어갈 수 있다.

인간 중심 경제는 탈노동 시대에 의미 있는 활동을 보장하는 역할도 해야 한다. 사람마다 관심사나 재능이 다르므로, 이를 최대한 존중하고 공동체와 연결해 자아실현과 사회 기여를 함께 달성할 수 있도록 구조화해야 한다. 경제활동은 더 이상 생존을 위한 것이 아니라 상호 돌봄과 문

---

166) 가라타니는 국민국가와 자본의 결합을 넘어서는 세계공화국이나 세계연방같은 초국적 연합체가 교환양식 D를 실현하는 정치적 형태가 될 수 있다고 주장한다.

화 창조, 환경 회복 등을 위한 협력으로 자리 잡게 된다.

이러한 구상은 이상론이라는 비판을 받을 수 있다. 그러나 가라타니가 지적했듯, 교환양식 D는 이미 역사 속에서 맹아적 형태로 존재해왔다.[167] 협동조합 운동이나 사회적 기업 모델도 예시가 될 수 있다. AI와 자동화로 기존 고용 체계가 흔들리는 상황일수록, 더욱 인간 중심 모델을 모색할 필요가 있다.

자본주의 대안으로 논의됐던 공산주의는 국가 소유와 계획 경제를 통해 자본의 독점을 방지하려 했지만, 결국 관료주의나 효율성 문제로 실패했다. 인간 중심 경제는 이와 달리 공공성과 협동을 중시하면서도, 개인의 자유와 창의를 무시하지 않는 형태를 지향한다. 과도한 국가 개입보다는 다양한 협동조합, 지역공동체, 분산된 거버넌스를 활용하는 것이 특징이다.[168]

이 모델에서는 재화와 서비스의 생산·분배 구조를 근본적으로 새롭게 설계한다. 생산물이나 이윤이, 오직 투자자의 몫이 아니라 생산 과정에 참여하거나 그 혜택을 필요로 하는 모든 사람들에게 균점적 돌아가게 하

---

167) 가라타니에 따르면 교환양식 D의 맹아적 형태는 역사 속에서 이미 여러 차례 나타났으며, 칸트의 영구평화론, 초기 기독교 공동체, 아나키즘 운동 등에서 그 흔적을 발견할 수 있다. 가라타니 고진, 『세계사의 구조(世界史の構造)』, 조영일 옮김, 비고, 2024.

168) 마르크스주의를 구현하려 시도했던 여러 사회주의 국가 사례는 국가 주도의 중앙계획이 개인 자유를 억압하고, 관료주의 비효율이 심각해지는 문제를 노출했다. 이를 교훈 삼아 현대에는 협동조합·분권형 거버넌스 방식이 대안으로 제안되고 있다.

는 것이 중요하다. 누구나 필요를 충족하고, 자아를 실현하며, 협력 관계를 맺는 기반이 마련되는 것이다.

노동 없는 시대가 확대되면, 지금의 재정·복지 구조로는 감당하기 어렵다. 단순히 세금으로 재원을 마련해 지급하는 기본소득 논의나 많은 실업자에게 실업수당을 지원하는 기존 고용보험 제도로는, 문제를 해소할 수 없다. 사람들은 일자리 자체가 줄어든 환경에서 어떻게 경제활동을 정의하고 생존을 보장할지를 고민해야 한다.

인간 중심 경제의 협력적 분배체제는 인간의 존엄과 자유를 보장하는 경제를 만드는 것을 목적으로 한다. 더 이상 자본을 가진 자와 그렇지 못한 자가 극렬히 구분되는 사회가 아니라, 사람과 공동체가 중심이 되어 협력적으로 생산·분배 과정을 이끌어가는 사회를 지향한다. 경제적 성과도 중요하지만, 사람의 행복과 공익을 우선하는 가치가 핵심이 된다.

인간 중심이라는 표현이 개인 이익보다 집단적 이익을 중시한다는 의미로 오해될 수 있다. 그러나 이는 정반대이다. 개인의 자유를 억압하는 것이 아니라 오히려 더 높은 차원에서 보장하는 개념이다. 자본 중심 체제에서는 개인이 임금노동에 의존해 생계를 유지해야 하므로 자유가 제한되었지만, 인간 중심 체제에서는 생존 자체가 공동체 보장 영역에 포함되어 개인이 원하는 활동을 할 수 있는 여지가 커진다.

이 과정에서 인간이 서로를 돌보고 연대하는 문화가 필수적이다. 협력을 토대로 더 큰 시너지를 낼 수 있다는 인식이 확산될 때, 자연스럽게 분배 과정에서도 상호 이해와 조정이 가능해진다.

이러한 협력적 분배 시스템이 이상적으로만 흘러가지는 않을 것이다. 인간의 욕망, 권력·부 추구 등 다양한 문제가 발생할 수 있다. 가라타니는 이를 위해 연합적 형태의 민주주의를 강조했다.[169] 구성원들이 모두 의사결정에 참여하고, 데이터와 회계가 공개되어, 자원이 공정하게 쓰이는지를 확인할 수 있어야 한다는 것이다. 이는 기존의 주주 자본주의와는 다른 모델이다.

협력적 분배를 위해서 인간의 욕구와 필요를 면밀히 분석하고, 이를 기업이나 조직이 아닌 공동체가 우선적으로 충족하는 모델도 가능하다. 예를 들어, 커뮤니티 주택, 돌봄 네트워크, 지역 예술 활동 등은 시장 가격으로 거래되지 않더라도, 공동체 내부에서 협력하며 그 공로를 공식적으로 인정받는 식이다. 즉, 시장 밖의 가치도 정당하게 평가된다는 것이다.

기술이 발전해 탈노동 시대가 와도, 전 세계가 동시에 인간 중심 경제로 전환하는 것은 쉽지 않을 것이다. 국가마다 이해관계, 정치 체제, 문화적 차이가 존재하기 때문이다. 글로벌 격차를 줄이려면, 인간 중심 가치를 공유하는 국제 협력이 필요하다. AI 윤리 규범, 국제적 데이터 공유·

169) 교환양식 D에서는 대의제 민주주의를 넘어 직접적인 참여와 협의가 중시되는 연합적 형태의 민주주의가 중요하다고 가라타니는 강조한다.

과세 협력 등이 중요해질 것이다.

이 과정은 갈등 없이 이뤄지지 않을 것이다. 기존 체제에서 기득권을 누리는 세력은 새로운 분배 방식을 거부할 가능성이 크고, 사람들 스스로도 경쟁 중심의 문화에서 벗어나 협력과 연대를 체화하는 데 시간이 걸릴 수 있다. 따라서 모든 변혁은 교육, 토론, 시민운동 등을 통해 서서히 확장해야 나가야 한다.

자본 중심에서 인간 중심으로의 경제 재구성이 성공한다면, AI시대 대다수 사람이 소외되지 않고, 노동에서 해방된 삶을 누릴 수 있을 것이다. 노동은 더 이상 생존의 굴레가 아니라, 창조와 돌봄, 관계 맺음과 가치 창출을 위한 자발적 활동이 된다. 돈보다는 사람에 초점을 맞추는 구조가 안착한다면, 사회적 갈등 요인도 상당 부분 해소될 것이다.

협력적 분배에 기초한 인간 중심 경제는 단순한 구호가 아니라, 탈노동 시대에 꼭 필요한 대안적 시스템이 될 것이다. AI와 자동화가 몰고 올 거대한 변화를 맞아, 생존의 사슬에서 벗어난 인간이 어떻게 존엄과 자유를 유지할지 고민할 때, 협력적 분배와 공동체적 연대는 가장 유력하고 유일한 답이 된다. 그 길을 구체화하고 제도화하는 것이 앞으로 우리의 숙명일 것이다.

3장
윤리의 재구성: 누미노제와 탈자본 공동체

1. 기술이 아니라 감동이 인간을 바꾼다

기술이 첨단화되고 자동화가 보편화되는 시대에도, 인간을 근본적으로 변화시키는 힘은 기술이 아니라 감동에 있다. 감동이란 우리의 내면을 흔들어 깨우고 가치를 재발견하게 만드는 힘이다. 자본주의가 아무리 발전해도 인간이 단순히 효율성이나 이윤 논리에 지배되지 않는 이유는 가슴 깊이 울리는 감동이 삶을 지배하는 순간들이 존재하기 때문이다.

여기서 말하는 감동은 엔터테인먼트나 일시적 자극이 아니라, 인간 내면을 근본적으로 움직여 새로운 행동과 인식을 이끌어내는 것이다. 이를 누미노제(*das numinose*)적 경험이라고 할 수 있다.[170] 누미노제는 신성하고 초월적인 감흥을 뜻하지만, 종교적 영역에만 국한되지 않는다. 본질은 '나를 초월하는 더 큰 무엇과 만나는 느낌'이다.

기술은 인간의 삶을 편리하게 할 수 있지만 삶의 목적이나 의미를 찾

170) 최영종은 누미노제적 경험을 거룩한 것, 성스러운 것과의 만남에서 오는 감정적 반응으로 정의하며, 이것이 종교적 영역뿐 아니라 일상에서도 발생할 수 있는 초월적 체험이라고 한다. 기술적 발전이나 물질적 풍요로는 대체될 수 없는 본질적 인간 경험이며, 이러한 경험이 윤리적 가치관 형성에 핵심적 역할을 한다고 강조한다. 또 일시적 감정이 아니라 인간 내면에 지속적 변화를 가져오는 계기로서, 이성적 판단보다 더 강력하게 행동 변화를 이끌어내는 힘을 지닌다고 주장한다. 최영종, 『신을 만난 이후에』, 가톨릭대학교출판부, 2024.

아주지는 못한다. 기계와 자동화가 일자리를 대체하고 자본이 부를 독점할 가능성이 우려되는 상황에서, 물질적·구조적 문제만큼 중요한 것은 개인과 공동체가 어떻게 감동을 통해 자기 변혁과 연대를 실천하느냐는 것이다. 이는 근본적으로 윤리와 가치관의 문제다.

자본주의 시스템은 소비 욕망을 자극해 경제 성장을 추구해왔다. 그러나 이런 욕망 자극은 인간을 외부 자극에 예속시키고, 진정한 감동이나 내면적 성찰을 억압하는 결과를 초래했다. 감동을 통해 스스로 변화하고 새로운 삶의 형식을 찾는 인간 본연의 능력에 주목할 필요가 있다.

그렇다면, 감동은 어떻게 인간을 변화시키고 윤리를 재구성할 수 있을까? 사람은 이성적 판단보다 가슴 속에서 일어나는 감동과 열정에 의해 더 강렬하고 지속적인 변화를 추구한다. 역사적으로 종교적 부흥운동이나 혁명, 사회운동의 동력은 그러했고, 독재에 맞선 민주화 운동도 함께 울고 분노하며 서로에게 감동받는 경험으로부터 폭발적 힘을 얻었다. 이처럼 기술적 논리나 데이터로만으로는 사회 변화를 이끌어내기 어렵다.

특히 누미노제적 체험은 인간 존재를 깨어나게 만든다. 롤랑 바르트가 말한 푼크툼(*punctum*)[171] 같은 순간이 있다. 감동이 깊은 울림을 주는 순

171) 롤랑 바르트가 제기한 철학적 개념으로, 사진을 감상할 때, 사진 작가의 의도나 사진의 상식적인 의미 보다는, 개인적인 경험에서 비롯된 감상 순간의 강렬한 충격과 여운의 감정을 말한다. 비슷하게 <스탕달 신드롬(Stendhal syndrome)>을 생각할 수 있는데, 『적과 흑』의 프랑스 작가, 스탕달이 미술작품을 보고 순간적으로 호흡곤란 등의 패닉을 경험한 것에서 유래된 것이다. 롤랑 바르트, 『밝은 방』, 김웅권 옮김, 동문선, 2006.

간, 그동안 당연하게 여겨왔던 가치와 습관이 해체되고 새로운 삶의 방향으로 나아가게 된다. 바로 이러한 경험이 사람을 진정으로 변화시키는 동력이 된다.

탈노동 시대에 기술 발전만으로 사회가 자동으로 바뀔 것이라는 낙관론에 집착하면, 인간 내면의 변화를 간과하기 쉽다. 기계적 효율성이나 경제 성장만으로는 인간의 윤리를 새롭게 만들지 못한다. 자본주의가 드러낸 모순은 물질적 풍요가 반드시 윤리적·정신적 풍요로 이어지지 않는다는 사실을 여실히 보여주었다.

감동을 통해 사람과 공동체는 근본적 변혁을 이룰 수 있다. 인간은 이윤만을 추구하는 존재가 아니다. 공감이나 연대감, 자기 초월적 열망 같은 것들이 행동을 이끌어내며, 이전과 전혀 다른 윤리 체계와 공동체 질서가 탄생한다.

이를 탈자본 공동체와 연결시키면, 단순히 자본 축적이나 효율적 생산을 추구하는 사회가 아니라, 공동체 구성원들이 서로에게 의미와 감동을 주고받을 수 있는 구조를 지향하는 것이다. 작은 마을에서 공동 예술 프로젝트를 진행하거나, 돌봄과 자원봉사가 활발해지는 모습을 상상해 보자. 이러한 상황에서는 기술이 아니라 사람 간 감동과 연대가 핵심이 된다. 억지로 강요된 희생이나 봉사가 아니라, 자발적 열정과 감동이 일어날 때, 사람들은 기꺼이 자신의 시간을 내어 공동체에 참여한다. 그 과정에서 얻은 충만함과 보람이 개인의 윤리를 바꾸는 계기가 된다. 탈노동 시대의 윤리는 이러한 감동과 자발성을 동력으로 삼는다.

누미노제적 체험은 종교에만 국한되지 않는다. 예술에서 절정의 감동을 느끼거나, 자연 속에서 깊은 경외감을 느끼는 순간도 포함된다. 중요한 것은 이 체험이 '나의 일상적 욕망이나 이익 추구를 넘어, 더 높은 차원의 가치와 맞닿게 해준다'는 점이다.

그렇다고 기술 발전이 무의미하다는 말은 아니다. 기계와 자동화가 사회 구조를 크게 바꿀 가능성이 있지만, 그 과정에서 인간이 자신을 어떻게 바라보고 어떤 공동체를 꿈꾸는지는 기술의 성능만으로 결정되지 않는다. 결국 사람들 간의 감동, 공감, 영감이 새로운 규범과 가치를 창출한다.

이런 방식으로 윤리가 재구성된다. 감동이 없는 윤리는 관념에 불과하다. 아무리 공동선을 외쳐도 개인이 실제로 감동하지 않으면 실천으로 이어지기 힘들다. 반면, 깊은 감동을 체험한 사람은 자발적으로 행동을 변화시킨다. 영화나 다큐멘터리를 보고 인간의 고통이나 자연의 위기를 깨닫게 된 사람들이 자원봉사나 기부 활동을 시작하는 모습이 그렇다. 감동은 사람들을 움직이는 원동력이 되어, 실제 행동으로 이어지게 한다.

탈노동 시대의 윤리는 경제적 이해관계를 초월한 감동을 통해 사람을 움직이는 구조에 가깝다. 충분한 생계를 보장하는 사회적 제도는 기본 전제이고, 그 위에서 인간은 누미노제적 경험을 통해 서로를 연결한다. 한 사람의 울림이 다른 사람에게 전파되고, 작은 연대가 퍼져나간다.

기술이 감동을 전혀 일으키지 못한다고 말할 수는 없다. 가상현실이나 메타버스에서 색다른 체험을 하고 감명을 받을 수도 있다. 그러나 그런 감동이 일회적 자극에 그치지 않으려면, 사람들 간의 진정한 공감과 연결이 필요하다.

핵심은 기계가 제공하는 콘텐츠가 아니라, 인간 사이의 대면과 깊은 교류다. 내면에서 윤리와 가치관을 바꾸려면 궁극적으로 다른 인간과의 정서적 연결, 혹은 자연·예술·성스러운 체험 같은 누미노제 요소가 필수적이다. 깊은 감동을 통해 '나와 너, 그리고 자연이 하나로 어우러지는 상호공존 감각'을 맛본다면, 탐욕적 경쟁보다는 공생의 길로 들어설 수 있다.

4장
미래 인간의 모습: '변형된 유한계급'으로 살기

1. 모두가 노동 없이도 문명을 향유하는 사회

탈노동 시대가 본격화되면, 모두가 문명을 함께 향유하는 사회가 가능해질 수 있다. '변형된 유한계급'으로 살아가는 공동체의 모습이다.

'변형된 유한계급'은 필자의 표현으로 소스타인 베블런(Thorstein Veblen)이 제시한 유한계급(有閑階級·leisure class)을 연상시키지만, 그 유한계급은 대부분 봉건적 혹은 자본주의적 특권을 누리는 소수였다는 점에서 본질적으로 다르다는 점과 과시적 소비(conspicuous consumption)와 과시적 여가(conspicuous leisure)가 아니라, 또 허영(vanity)을 보이기 위한 여가가 아니라, '환희심이 있는 노동', '환희심이 있는 여가'가 더 중요하다는 점을 강조하기 위해 사용했다.[172] 특히 노동과 여가의 경계를 넘나드는 미래를 부각시키기 위함이다.

따라서 '변형된 유한계급'은, AI와 자동화로 대부분의 생산을 기계가 떠맡는 사회에서, 인간 모두가 생계를 위한 노동 없이도 문화와 여가, 창의적 활동을 누리는 상태를 의미한다.

---

172) 소스타인 베블런, 『유한계급론』, 박홍규, 문예출판사, 2024.

이러한 사회에서는 기본적인 생존과 생활에 필요한 재화·서비스가 자동화 설비나 AI로 공급되고, 개인은 생존을 위해 임금노동을 할 필요가 줄어든다. 노동은 자유로운 선택지가 되며, 자아실현이나 공동체 기여를 위한 행위로 재해석된다. 결국, 모두가 노동 없이도 문명을 향유하는 형태를 띠게 된다.

AI와 로봇 공학이 급속히 발전하더라도, 이 기술적 가능성이 실제로 보편적 유한계급 사회로 이어질지는 별개의 문제이다. 오히려 기술이 독점이나 불평등을 심화시킬 수도 있기 때문이다. 그러나 인류가 인간의 존엄과 자유를 우선 가치로 삼고, 기술이 만들어낸 잉여를 균점적으로 분배한다면, 노동 없이 문명을 누리는 보편적 유한계급 상태로 나아갈 수 있다.

생존 때문에 어쩔 수 없이 일해야만 하는 구속에서 벗어나는 여건이 마련될 때, 그리고 최소한의 의식주, 교육 의료 등이 자동화 생산과 사회적 분배를 통해 보장될 때, 노동은 선택의 영역으로 남게 된다. 생존 때문에 어쩔 수 없이 일해야만 하는 구속에서 벗어나는 구조가 마련될 때, 노동은 선택의 영역으로 남게 된다. 인간은 스스로 하고 싶은 분야—창의성, 예술, 돌봄, 인간 간의 협동·공감—에서 자유롭게 일할 수 있을 것이다. 임금노동 대신 자발적 참여와 기여, 또는 공익 프로젝트나 예술·과학 실험 등에 몰두할 수도 있다.

시민 모두가 유한계급이 된다는 것은 베블런이 지적했던 돈 많고 할 일 없는, 소비와 여유를 과시하는 소수 귀족적 유한계급의 문화와는 다르다. 모든 사람이 생존을 넘어서는 삶을 누리게 되면, 과시적 소비 자체가 무의미해질 수 있다. 자본주의적 경쟁과 허영은 줄어들고, 대신 더 내면적이고 창의적인 활동이 중심이 될 수 있다.

일각에서 이를 두고 모두가 게을러지고 사회 발전이 멈출 것이라는 비판을 제기할 수 있다. 하지만 노동이 없어지는 것과 나태함이 꼭 일치하지 않는다. 사람은 생존이 보장돼도 창작과 탐구, 놀이와 봉사를 하며 삶을 풍요롭게 만들 수 있다. 모두가 스콜레(*schole*·여가, 사색)를 즐길 수 있는 유한계급이 되면, 오히려 창조적·문화적 성취가 늘어날 가능성도 크다. 문명은 오히려 새로운 아이디어와 문화적 시도로 더욱 번성할 수도 있다.

개인의 도덕적 해이에 대한 우려가 있을 수 있지만, 사실 도덕적 해이는 기존 시스템의 산물일 수도 있다. 사람들은 의미 없는 일에 묶이거나, 생존 압박에서 벗어나기 위해 치열한 경쟁을 내몰렸기 때문이다. 생존이 보장된다면, 인간은 오히려 자발적 성취와 자기계발, 사회 기여, 무위를 향해 나아갈 수 있다.

오히려 문제는, 이러한 문명 향유가 가능한 자동화 생산력을 독점하려는 세력이 나타날 수 있다는 점이다. 이미 빅데이터와 AI 기술을 소수 기업이 소유해 수익을 독점하는 추세가 보인다. 이 경우 다수는 일자리도, 소득도 없이 새로운 프롤레타리아트로 전락할 위험에 처할 수 있다.

모두가 보편적 유한계급이 되려면, 인식의 전환과 더불어 제도적 전환이 필수이다. 협력적 분배, 거버넌스 혁신, 감시 자본주의 해체 등 복합적 변화가 요구된다. 이상적 지향점은 인류가 기술 발전에 따른 잉여생산물을 균점적으로 나누고, 인간이 각자 하고 싶은 일을 자유롭게 선택하도록 보장해주는 구조를 구축하는 것이다. 그렇게 되면 개인은 생존 걱정을 덜고, 예술이나 종교, 봉사, 여행이나 취미 등 다양한 분야를 탐색하며 자아실현을 할 수 있다. 생활 수준이 충분히 보장되므로 과도한 생존 경쟁은 사라진다. 모두가 풍요롭게 살 수 있는 사회, 즉 창의적·지적 활동이 극소수 특권층의 전유물이 아닌, 일반 시민의 보편적 일상이 될 수 있다.

이런 구상은 공상적이라 비판받을 수 있다. 그러나 이미 산업화 초기에는 모두가 충분한 생활을 영위하는 풍요 사회가 가능해질 것이라는 예측이 있었다. 자본주의 구조 때문에 불평등이 심해졌을 뿐, 기술적으로는 점점 더 적은 노동력으로 더 많은 재화를 생산하는 추세는 분명하다. AI시대에 이 효율은 극도로 높아질 수 있다.

핵심은 바로 분배이다. 기술과 자본에 대한 민주적 거버넌스가 필수다. AI 기술의 공공재화, 협력적 분배, 협동조합형 AI 운영 등 다양한 체제 전환적 상상력이 필요하다. 그렇지 않으면, 유한계급은 여전히 소수만의 특권에 그칠 수 있다.

진화론적 차원에서 생각해 볼 때, 소수 특권을 부정하는 협력적 분배는 인류가 협력하고 보편윤리의 규범을 준수하는 성향의 개인들로 구성된 집단이 그렇지 못한 이기적인 성향의 집단 보다 훨씬 더 생존이나 세력확장에 더 유리했다는 점에서 정당성을 갖는다.

윤리적 차원에서 노동 없이 문명을 누리는 사회가 과연 정당한지 의문이 제기될 수도 있다. 그러나 AI가 노동을 담당하게 되면, 인간은 더 높은 정신적 활동을 추구할 기회를 얻는다. 이전 시대에는 소수 계층만이 누렸던 활동(예술, 철학, 취미 등)을 모두가 평등하게 할 수 있다는 점에서 윤리적 정당성을 찾을 수 있다.

이런 구조를 받아들이기 위해서는, 인류가 오래도록 노동이 곧 가치라는 관념을 재검토해야 한다. 마르크스 이후로도 노동을 통해 자아 정체성을 얻는 근대 윤리가 지배적이었지만, AI시대에는 자아실현이 반드시 임금노동과 연결되지 않는다. 개인의 창의 활동, 돌봄, 공동체 봉사, 종교 등도 충분히 의미 있고 인정받을 수 있다.

생존 노동이 사라진다는 것은 정체성과 관계 맺는 방식에 큰 변화를 일으킨다. 지금까지 사람들은 직업을 통해 자신을 정의했지만, 앞으로는 더 근본적으로 어떤 가치를 추구하고, 어떤 활동을 하고 싶은가로 스스로를 규명하게 될 것이다. 이런 변화는 심리적·문화적으로 엄청난 파장을 가져올 것이다. 그렇게 되면, 모든 사람이 풍요롭고 여유로운 일상을 산다는 말이 과장이 아니게 된다.

진정한 풍요는 무한 소비가 아니라 필요 이상을 갈망하지 않아도 되는 심리적 안정에 있다. 과거 유한계급은 과시적 소비를 통해 자신을 드러냈다면, 미래의 '변형된 유한계급'은 삶의 의미를 다른 곳에서 찾기 때문에, 소비는 더 이상 중요한 가치가 아니다.

모든 시민이 문명을 향유하고, 생존 걱정 없이 활동할 수 있다면, 그들의 세계관은 크게 바뀔 것이다. 타인을 경쟁자로 보기보다, 함께 공유할 파트너로 인식하고, 충돌보다 협력을 우선시하게 된다. 이는 사회 전체의 평화와 안정에 긍정적인 영향을 미친다.

모두가 노동 없이 문명을 향유하는 사회는 인류의 오랜 희망이었다. 신화와 종교에서 그리던 낙원의 상상, 이상향의 개념이 바로 그것이다. 이제 AI와 자동화를 통해 현실화될 가능성이 열려기 시작했다. 그러나 이는 기술 발전만으로 이루어지는 것이 아니라, 윤리·정치·문화적 변혁이 동반되어야 한다. 무엇보다 우리 사회가 천박한 자본주의, 과도한 경쟁과 소유 욕망에서 벗어나야 한다. 탈노동 시대를 제대로 준비해야 한다.

2. 게으름과 놀이, 여백이 삶의 중심이 되는 시대

게으름과 놀이, 그리고 여백이 삶의 중심이 되는 시대를 상상하는 것은 자본주의적 경쟁과 분주함에서 크게 벗어난다. 이는 단순히 일을 안 하는 것이 아니라, 자발적으로 필요한 활동과 놀이를 선택하는 자유가 크게 확장된 상태를 의미한다.

자본주의는 효율과 성과를 강조하며 게으름을 적으로 간주하기 때문에, 이러한 전환은 노동 중심 패러다임의 해체를 전제로 한다. AI와 로봇이 대부분의 생산을 담당하는 시대에는, 게으름이라는 개념 자체가 재정의될 수 있다. 일하지 않는다고 해서 잘못된 것이 아니라, 오히려 여백과 휴식을 통해 삶을 풍요롭게 만들 수 있다는 인식이 자리 잡게 되는 것이다.

임금을 위해 일하지 않아도 생계가 가능한 구조가 마련되면, 사람들은 삶을 경쟁이나 성과 대신, 흥미와 재미, 창조와 협동의 장으로 바라보게 된다. 놀이에는 이기거나 지는 결과가 있을 수 있지만, 근본적으로 강제와 억압 없이 자발적으로 즐기는 행위라는 점이 핵심이다. 이러한 놀이가 확산되면, 사회적 긴장과 스트레스는 줄어들고, 사람들 간의 유대와 협력이 더 자연스럽게 이루어지게 된다.

여백은 게으름과 놀이가 꽃피울 수 있는 공간이자, 개인이 허무함을 넘어 진정한 의미를 찾는 시간으로 기능한다. 일에 쫓기지 않고 멍하니 있을 자유가 주어지면, 인간은 내면으로부터 창의와 영감을 끌어낼 수 있다. 과거 특권층만 누렸던 사색의 시간과 공간이 모든 이에게 열리게 된다.

굳이 인간이 효율적으로 일할 필요가 줄어들면, 일은 생존 도구가 아니라 자아실현과 협동, 호기심 충족을 위한 수단으로 변화한다. 그 결과, 게으름과 놀이가 이 사회에서 죄책감을 동반하지 않고 자연스럽게 자리잡을 수 있게 된다.

모든 활동이 즐거움과 의미를 가진다면 일상과 놀이의 경계, 일과 여가의 구분이 허물어진다. 노동이 생존을 위한 임무가 아니게 되면, 놀이도 업무와 동등한 가치를 지니게 된다.

게으름의 가치는 종종 과소평가되어 왔다. 게으름은 단순히 움직이지 않는 상태가 아니라, 심리적 이완과 재충전의 시간을 확보하는 개념이다. 많은 예술가와 사상가가 무위 속에서 창의적 영감을 얻듯, 게으름은 무의미함이 아니라, 창조와 성찰의 전초가, 사회문화적·예술적 혁신이 될 수 있다.

디지털 기술이 발달할수록, 사람들은 이동이나 노동을 적게 해도 많은 정보를 얻고, 원하는 협업에도 쉽게 참여할 수 있다. 원격으로 공동 프로젝트를 진행하거나, 전 세계인과 놀이 문화를 공유할 수도 있다. 여기서 핵심은 기술 그 자체가 아니라, 생존 노동이 줄어들면서 생긴 여백을 어떻게 활용할지에 달려 있다.

놀이가 주류가 되면, 생산과 소비의 양상이 크게 달라진다. 이전에는 노동 → 임금 → 소비라는 자본의 고리가 경제를 움직였지만, 이제 놀이 → 창작 → 협업이라는 환희의 고리가 새로운 흐름을 만들어낼 수 있다. 사람들은 놀이 과정에서 직접 무언가를 창조하거나 공유하고, 그 가치를 공동체가 인정하고 함께 즐길 수 있다.

이러한 변화는 인간에게 정신적 건강과 자유를 안겨줄 것이다. 과로와 스트레스가 사라지고, 삶의 의욕이 상실되지 않는다면, 질 높은 놀이와 연대가 사람들을 심리적으로 풍족하게 만들 것이다. 정신적 여유는 곧 지식과 예술, 철학적 사유를 꽃피울 토대가 되기 때문이다.

여백은 멈춤과 공백 속에서 얻는 내면의 충실함이 핵심이다. 탈노동 시대 여백이 모든 사람에게 열릴 수 있다면, 집단적 창의가 폭발할 가능성이 높다. 일도 놀이처럼 자발적 참여로 이어질 수 있는 방식이 마련돼야 한다. 협동조합이나 지역 공동체가 그 해답이 될 수 있다. 자원봉사와 마찬가지로, 생존 압박이 없으면 사람들은 오히려 더 적극적으로 공동체를 위해 일할 수 있다는 역설적 사실들이 존재한다. 여백과 놀이를 보장받은 사람이 기쁨을 느끼고 의미를 발견하는 과정에서 공동체 공익 활동에 나설 가능성도 커진다. 바로 이런 점이 바로 게으름과 놀이가 자유로운 사람들이 자율적으로 협동하게 되는 이유다.

분명 경제구조에서 생산물을 어떻게 나누느냐가 선결 과제다. 이러한 흐름을 체계적으로 지원하는 제도적 상상력, 즉 협력적 분배체제와 AI 기술의 공공재화와 같은 변혁적 아이디어가 중요해진다.

모든 이가 충분한 생계를 보장받을 때 게으름과 놀이, 여백이 삶의 중심에 자리할 수 있다. 개인은 더 이상 자본주의적 생산의 도구가 아니라 자기 재능과 취향을 탐색하고 서로의 놀이와 창작에 호응하며 풍요로운 문화를 만들어가는, 공동체의 목적 그 자체로 올라서게 된다.

노동이 없으면 의욕과 창의력을 잃지 않을까 걱정할 수 있다. 그러나 아이들이 아무 강요 없이도 놀이와 호기심에 빠져들어 다양한 것을 시도하는 것처럼, 성인도 생존 압박이 사라지면, 유년기 같은 순수 놀이 본능을 되찾을 수 있다.[173] 무엇을 하든 즐거움과 의미가 있으면 충분하다. 그렇게 얻은 즐거움과 발견이 오히려 문화와 과학을 발전시킬 수 있다. 모든 것이 유희가 될 때, 그 과정에서 개인의 자발성과 공동체의 합의가 균형을 이룰 때, 진정한 의미의 자유 공동체가 실현될 수 있다.

여백은 생각보다 강력한 영향을 미친다. 만약 모두가 풍족한 여백을 누릴 수 있다면, 사회에 얼마나 많은 혁신이 일어날지 알 수 없다. 인류

---

173) 요한 하위징아는 인간이 본성적으로 놀이적 존재임을 강조했다. 생존 노동에서 자유로워진 환경에서 그 놀이 본성이 더 크게 발현될 수 있다. 요한 하위징아, 『호모 루덴스』, 이종인 옮김, 연암서가, 2018.

지성이 비약적으로 다양화될 가능성은 충분하다.

소규모 공동체나 예술가을 등 이미 일과 놀이의 경계를 허물며 창조적이고 평화로운 생활을 부분적으로 실현하는 현실이 존재한다. 결코 도달하지 못할 상상이 아니라, 아직 선택되지 않은 미래일 뿐이다.

국가 단위에서 AI 기술의 공공재화와 협력적 분배체제가 실현되면, 우리는 여백 속에서 내면적 성장과 공동체 협력을 찾는 '변형된 유한계급'으로 살아가는 일상을 맞이할 것이다. 이제 자본주의 독점을 끝내고, 인간과 공동체 중심의 새로운 체제로 전환할 때가 다가오고 있다.

제레미 리프킨은 이러한 전환, 변화가 안전한 천국으로 인도할 것인지, 아니면 무서운 지옥으로 인도할 것인지의 여부는 문명화가 앞으로의 시대를 어떻게 준비하느냐에 달려 있음을 지적했다. "노동의 종말은 문명화에 사형 선고를 내릴 수도 있다. 동시에 새로운 사회 변혁과 인간 정신의 재탄생의 신호일 수도 있다. 미래는 우리 손에 달려 있다(The future lies in our hands)."고 결론지었다. 어떤 새로운 체제로의 전환을 설계하고 의도할 것인가를 다시금 고민해야 할 때다.

맺음말

노동의 굴레에서 해방된 인간의 모습을 상상해보자. 이제 더 이상 생존을 위한 강제된 노동이 아닌, 창조와 환희를 위한 자발적 활동만이 존재하는 세계. 우리가 이 책에서 탐구해온 질문 '인간은 노동해야 하는가'는 이제 그 답을 찾아가고 있다. 그 답은 단순한 '예', '아니오'가 아니라, 인간과 노동, 자유의 관계에 대한 근본적인 재정립이다.

호메로스의 『일리아스』에 등장하는 황금 하녀들은 단순한 신화적 상상이 아니었다. 그것은 인간의 가장 근원적인 꿈, 즉 노동으로부터의 해방에 대한 염원이었다. 이제 피지컬 AI와 AGI의 발전으로 그 꿈이 실현될 기로에 우리는 서 있다. 그러나 이 기술적 혁명이 가져올 미래는 기술 자체가 아니라, 우리가 형성할 사회적 체계와 가치관에 달려 있다.

현대 자본주의 사회에서 우리는 자유롭게 노동력을 팔고 있다고 믿어왔다. 그러나 그 자유는 허구였다. 노동하지 않으면 생존할 수 없는 체제 속에서, 우리의 선택은 실상 강제된 것이었다. 진정한 자유란 노동의 강제로부터 해방되어, 자신의 본질과 잠재력을 발휘할 수 있는 상태를 의미한다. AI시대는 이러한 진정한 자유를 가능하게 할 물질적, 기술적 토대를 제공한다.

협력적 분배체제와 AI 기술의 공공재화는 이러한 유토피아적 전환의 핵심이다. 이는 단순히 기술적 혁신을 넘어, 세계를 바라보는 패러다임의 전환을 요구한다. 자본, 국가, 공동체의 한계를 뛰어넘는 새로운 사회 구성 원리로서, AI시대에 더욱 강력한 현실성을 가질 수 있다.

경쟁이 아닌 협력이, 소유가 아닌 공유가, 배제가 아닌 포용이 중심 가치가 된다. AI와 로봇이 창출하는 가치는 더 이상 자본의 논리에 따라 소수에게 집중되지 않고, 사회 전체의 공유 자산으로 인식되고 분배된다. 이러한 협력적 분배체계는 균점적이고 호혜적인 특성을 지니며, 모든 구성원에게 충분한 생계를 보장한다. 이는 단순한 재분배 정책이나 기본소득을 넘어서는, 생산과 분배, 소유의 근본적인 재구성을 의미한다.

AI 기술의 공공재화는 그저 AI 알고리즘이나 하드웨어의 공유에 그치지 않는다. 그것은 AI가 창출하는 모든 생산력과 풍요로움을 인류 공동의 자산으로 인식하고, 그 혜택이 모든 이에게 개방되는 체제를 의미한다. 이러한 체제에서 AI는 더 이상 자본 축적의 도구가 아니라, 인간 해방의 도구가 된다.

협력적 분배체제는 AI시대에 '노동의 종말'과 '불평등의 심화'라는 두

가지 위기를 동시에 해결할 수 있는 유일한 대안이다. 이 체제에서는 AI가 인간의 노동을 대체함에 따라 발생하는 생산력의 증대가 소수에게 집중되지 않고, 모든 이들에게 자유와 풍요를 제공하는 토대가 된다.

더욱 주목할 점은, 협력적 분배체제와 AI 기술의 공공재화가 만들어낼 사회가 단순한 물질적 풍요를 넘어설 것이라는 점이다. 그것은 인간성의 회복과 확장, 진정한 자아실현이 가능한 사회다. 노동의 강제로부터 해방된 인간은 자신의 본질적 욕구와 잠재력에 집중할 수 있게 된다. 이는 마르크스가 꿈꿨던 필요의 왕국에서 자유의 왕국으로의 이행, 즉 생존을 위한 노동에서 자기실현을 위한 자유로운 활동으로의 전환을 의미한다.

누미노제 정치는 이러한 전환을 위한 정신적, 문화적 토대를 제공한다. AI시대의 위기와 가능성 앞에서, 우리는 집단적 각성과 초월적 경험을 통해 새로운 가치관과 연대의식을 형성할 수 있다. 이러한 각성은 단순한 기술적, 경제적 변화에 그치지 않고, 존재론적 변화를 동반한다. 우리는 더 이상 '노동하는 존재', '소비하는 존재'가 아닌, '창조하는 존재'이자 '관계 맺는 존재'로서 우리 자신을 재정의하게 된다.

'변형된 유한계급'으로서의 새로운 인간상은 베블런이 비판한 유한계급의 과시적 소비와 게으름과는 본질적으로 다르다. 그것은 모든 인간이 물질적 궁핍과 노동의 강제로부터 해방되어, 진정한 의미에서 자유롭고 창조적인 활동에 전념할 수 있는 상태를 의미한다. 이 상태에서 노동과 놀이의 경계는 사라지고, 모든 활동은 자발적 환희와 자기실현의 표현이 된다.

물론, AI가 인간의 노동을 대체한다고 해서 모든 노동이 사라지는 것은 아니라는 사실이다. 오히려 AI시대 인간은 환희심 노동이라는 새로운 형태의 노동을 경험하게 된다. 환희심 노동이란 생존을 위한 강제가 아닌, 자기실현과 창조적 충동에서 비롯되는 자발적 활동을 의미한다. 인간은 AI가 대체할 수 없는 창조성, 공감, 관계적 가치를 중심으로 스스로 원하는 노동을 자유롭게 선택하고 수행한다. 이는 노동의 종말이 아니라, 노동의 본질적 변화와 해방을 의미한다.

협력적 분배체제와 AI 기술의 공공재화가 만들어낼 유토피아는 플라톤이 꿈꿨던 유토피아와는 근본적으로 다르다. 플라톤의 유토피아가 노동 계급의 존재를 전제로 했다면, AI시대의 유토피아는 모든 인간이 노동의 강제로부터 해방된 상태를 지향한다. 이는 소수의 특권층이 아닌, 모든 인간이 자유와 창조성, 자기실현의 가능성을 누릴 수 있는 진정한 의미의 유토피아다.

이러한 유토피아는 단순한 이상이 아니라, 현재의 기술적 발전이 제공하는 실질적인 가능성이다. AI와 로봇 기술의 발전은 인류 역사상 처음으로, 모든 인간이 생존을 위한 노동에서 해방될 수 있는 물질적 토대를 제공한다. 문제는 이 기술적 가능성을 어떤 사회적, 경제적, 정치적 체제 속에서 실현할 것인가에 달려있다.

협력적 분배체제는 단순히 경제적 분배의 문제를 넘어, 권력과 지식, 기회의 분배까지 포괄하는 총체적 체제다. 이 체제에서는 AI 기술의 개발과 활용에 대한 결정권이 소수의 기업이나 국가에 집중되지 않고, 시민사회 전체에 분산된다. 이는 기술 발전의 방향과 속도, 그 혜택의 분배에 대한 민주적 통제를 가능하게 한다. 이러한 균점적이고 호혜적인 분배체제는 모든 구성원에게 안정적인 생계를 보장할 뿐만 아니라, 각자가 자신의 잠재력을 최대한 발휘할 수 있는 물질적, 사회적 토대를 제공한다.

AI 기술의 공공재화는 이러한 민주적 통제의 필수적 전제다. 기술이 소수에 의해 독점될 때, 그 혜택 역시 소수에게 집중된다. 반면, 기술이 공공재가 될 때, 그 혜택은 모든 이에게 개방된다. 이는 단순히 기술적 인프라의 공유를 넘어, 기술 발전의 방향과 목적 자체를 재정의하는 과정까지 포함한다.

우리가 지향하는 유토피아는 정적이고 완성된 상태가 아니라, 끊임없는 창조와 혁신, 자기 초월의 과정이다. 이러한 창조적 과정의 물질적, 제도적 토대 위에서 인간은 더 이상 생존과 경쟁에 매몰되지 않고, 자신의 본질적 잠재력과 창조성을 실현할 수 있게 된다.

결국, 인간은 노동해야 하는가라는 질문은 인간은 어떻게 자유로울 수 있는가라는 더 근본적인 질문으로 확장된다. AI시대의 도래와 함께, 우리는 역사상 처음으로 이 질문에 대한 실질적 답을 찾을 수 있는 기회를 맞이했다. 그 답은 협력적 분배체제와 AI 기술의 공공재화를 통한 진정한 자유와 창조성을 구현하는 데 있다.

지금 우리 앞에 놓인 갈림길은 유토피아와 디스토피아 사이의 선택이 아니라, 어떤 미래를 구축할 것인가에 대한 선택이다. AI 기술이 인류의 공유 자산이 되고, 그 혜택이 협력적 분배체제를 통해 모든 이에게 개방될 때, 우리는 진정한 의미의 유토피아로 가는 첫걸음을 내딛게 될 것이다.

소외된 노동과 자본의 착취로부터 해방된 인간은, 이제 자신의 본질적 존재와 잠재력을 실현할 수 있는 새로운 자유를 얻게 된다. 이는 단순한 물질적 풍요나 여가의 증대를 넘어, 인간 존재의 질적 변화를 의미한다. 노동하지 않아도 되는 자유는, 곧 진정으로 창조하고, 관계를 맺으며, 존재할 수 있는 자유이다.

우리는 지금, 인류 역사상 가장 혁명적인 전환점에 서 있다. 이는 노동의 종말이 아니라, 강제된 노동의 종말이며, 진정한 자유의 시작이다. AI 시대의 도래와 함께, 우리는 인간의 본질과 가능성에 대한 근본적인 재정의를 시도할 수 있게 되었다. 그리고 그 재정의의 핵심에는 협력적 분배체제와 AI 기술의 공공재화가 있다.

이 책은 단순한 기술적, 경제적 분석을 넘어, 인간 존재의 근본에 대한 철학적 탐구였다. 그리고 그 탐구의 끝에서 우리는 하나의 희망적인 결론에 도달한다. 인간은 더 이상 노동하지 않아도 된다. 그러나 그것은 무기력과 공허함이 아닌, 진정한 자유와 창조성, 연대의 실현이다.

이제 남은 것은 우리의 선택이다. 우리는 AI 기술을 소수의 이익과 권력 강화를 위한 도구로 삼을 것인가, 아니면 모든 인간의 자유와 창조성 실현을 위한 공공재로 만들 것인가? 우리는 경쟁과 소외의 체제를 심화시킬 것인가, 아니면 협력과 연대의 새로운 체제를 구축할 것인가?

이 선택은 단순한 정책적, 제도적 선택을 넘어선다. 그것은 우리가 어떤 존재가 되기를 원하는지, 어떤 사회에서 살기를 원하는지에 대한 근본적인 선택이다. 그리고 그 선택에 따라, AI시대는 인류 역사상 가장 암울한 디스토피아가 될 수도, 가장 희망찬 유토피아가 될 수도 있다.

균점적이고 호혜적인 협력적 분배체제와 AI 기술의 공공재화를 통한 유토피아적 전환은 단순한 꿈이 아니다. 그것은 현재의 기술적 발전이 제공하는 실질적 가능성이며, 우리의 집단적 선택과 행동을 통해 실현될 수 있는 구체적 대안이다. 이제 우리에게 필요한 것은 그러한 전환을 위한 집단적 의지와 행동이다.

인간 노동을 넘어, 이것이 우리가 함께 나아가야 할 방향이다. 노동의 종말을 두려워하는 것이 아니라, 그것을 통해 열리는 새로운 자유와 창조성의 가능성을 포용하는 것 그리고 그 가능성이 모든 인간에게 열릴 수 있도록, 협력적 분배체제와 AI 기술의 공공재화를 실현하는 것, 이것이 AI시대의 진정한 과제이며, 우리가 함께 나아가야 할 길이다.

후기

인간 존립에 대한 본질적인 고민. 지금까지도 필자가 천착하고 있는 이 실존적 화두가 집필 여정의 시작이었다. 자유로운 인간, 사람과 사람을 잇는 연대의 힘, 모두가 자유롭게 상생 성장하는 공동체는 이 책을 쓰게 된 이유이자 내가 정치의 길을 선택한 뿌리 신념이기도 하다.

진정한 공동체는 자유의 질서로 움직이는 협동 사회이며, 인간의 가능성이 전면 해방된, 그로 인해 모두의 자율이 보장되는 세상이다. 외조부 '우촌 전진한'은 그런 자유평등사회를 꿈꿨다.

"영리를 목적으로 하는 사기업에 있어서는 근로자는 법률의 정하는 바에 의하여 이익의 분배에 균점할 권리가 있다." 제헌헌법 제18조에 담긴 그의 정신은 국민 생활의 기본적 수요를 충족시킬 수 있는 새로운 경제질서의 원칙이었고, 그 패러다임은 모두의 경제적 자유를 지향했다.

처음 겪어보는 AI 세상을 현명하게 풀어갈 실마리를 그의 혜안에서 탐색했다. 지정학(地政學) 시대에서 기정학(技政學) 시대로, 새로운 패러다임이 압도하는 현실을 타개할 지향점은 그가 꿈꿨던 개인과 사회가 원융(圓融)된 세상이 출발점이 될 수 있다고 생각했다.

즉, 생존을 위해 투쟁할 필요가 없는 세상이다. 기술의 공공재화로 진정한 자유를 찾고, 균점적이고 호혜로운 생존 기반인 협력적 분배체계로 스스로 환희심을 선택하고 즐길 수 있는 자유로운 사회이다. 그런 세상을 살아갈 개개인의 인간으로서 갖는 자유와 AI와의 공영(共榮)을 많은 분과 함께 이야기하고 싶었다.

그리 길지 않았던 집필의 시간, 매우 특별한 경험이자 도전이었다.

조사 하나를 쓸 때도 몇 날 며칠을 고심한다던 작가들의 고통이 무색하게, 생성형 인공지능 챗봇은 출시 3년도 채 되지 않은 시간 속에서 더 고도화된 추론 능력으로 글을 쓰기 시작했다. <인간은 노동해야 하는가>는 최신 버전인 Chat GPT-o3, Claude 3.7 Sonnet을 활용했다.

물론 기술이 업그레이드되었지만, 오직 학습된 데이터 중심으로 추론하는 AI는 아직은 정교함이 부족했고, 일관되지 않는 흐름과 그럴듯하게 내민 수많은 거짓 자료 등 기술적 한계는 있었다.

목차의 전반적인 구성과 글의 첫머리인 '들어가는 말'은 필자가 직접 작성했다. 본문은 목차에 따라 챗봇이 초안을 작성하면 필자가 오류를 수정하고 새로 원고를 작성해 내용을 추가 보완하였고, 또 논의의 방향에서 벗어나지 않도록 수 차례 명령어를 추가해 심화시켰다. 맺음말은 핵심 주제어만 가이드라인으로 제시하고 챗봇이 작성한 것이다.

AI는 질문 한 번에 전체 흐름을 구조화하는 빠른 정보 처리 능력을 지녔고, 비록 생소한 개념일지라도 명령어 반복을 통해 나름대로 최선의 결과물을 도출했다. 분명 논리적 추론이나 자료 정리에 있어서 무리는 없었지만, 존재하지 않거나 잘못된 정보를 내놓는 할루시네이션(Hallucination) 현상이나 자기 교정에 있어서는 아직은 불완전했고, 역부족이었다. 하지만 무서운 학습 역량과 기술 고도화로, 머지않아 인간 이성과 합리의 한계를 뛰어넘는 영역으로, 인간이 할 수 있는 일만이 아니라 할 수 없는 일도 이뤄내는 수준까지 우리의 세계를 확장할 가능성을 명확히 증명했다.

지치지 않는 기계는 내용을 빠르게 구성해 주었다. 고도의 지적 능력이 필요한 영역, 인간 고유의 영역이라 여겨졌던 분야까지 파고든 AI의 현실이다.

이 책은 AI가 던지는 묵직한 전언이자 당면한 AI시대의 증명이다. 화려한 팡파르 이후 빛의 속도로 진일보하는 AI 기술이 인간의 삶에 어디까지 관여하고 파고들 수 있을지 우리는 온전히 자각해야 할 것이다.

다가올 미래는 분명 더 빠르고, 더 예측 불가능할 것이다. AI는 더 영리해질 것이고, 인간은 더 많은 것들을 위임하게 될 것이다. 아마 다음 책을 쓸 때쯤이면, AI는 지금보다 더 깊이 인간의 생각을 짐작하고, 더 섬세하게 인간의 문장을 대신할 것이다.

AI의 시대, 이미 시작된 확고한 변화 앞에서 이 책이 많은 사람들에게 새로운 세상을 준비할 화두가 될 수 있기를 기대한다.

AI와 공저(共著)를 마치며